Jamie Walker (Hrsg.)
Mediation in der Schule

Autorenverzeichnis

Helga Baumann ist Projektleiterin von JuSt (Jugendliche schlichten Streit) beim Arbeitskreis Neue Erziehung in Berlin.

Alwine Bonjer ist Lehrerin am Lilienthal-Gymnasium in Berlin-Steglitz und Moderatorin am Landesinstitut für Schule und Medien in Berlin.

Petra Eggebrecht ist Lehrerin an der Rütli-Oberschule in Berlin-Neukölln.

Petra Exner ist Lehrerin an der Sophie-Scholl-Oberschule in Berlin-Schöneberg.

Marina Genz ist Lehrerin an der Paul-Löbe-Oberschule in Berlin-Reinickendorf.

Ortrud Hagedorn ist Leiterin der Arbeitsgruppe „Gewaltfreie Schulkultur" am Landesinstitut für Schule und Medien in Berlin.

Hilde Holtmanns ist Lehrerin an der Rütli-Oberschule in Berlin-Neukölln.

Peer Kaeding ist Schulpsychologe in der Beratungsstelle Gewaltprävention der Behörde für Schule, Jugend und Berufsbildung in Hamburg.

Rainer Lange ist Lehrer an der Rütli-Oberschule in Berlin-Neukölln.

Margit Leiß arbeitet als Personal- und Organisationsentwicklerin in einer Hamburger Unternehmensberatung.

Helga Uli Lipp ist Lehrerin an der Sophie-Scholl-Oberschule in Berlin-Schöneberg.

Manja Mai arbeitet in der mobilen Jugendarbeit in Berlin.

Angela Marx ist Lehrerin an der Schweizerhof-Grundschule in Berlin-Zehlendorf.

Helmolt Rademacher ist Projektleiter für Konstruktive Konfliktbearbeitung und Gewaltprävention im Hessischen Landesinstitut für Pädagogik (HeLP), Frankfurt am Main.

Angela Schrickel ist pädagogische Leiterin der Hector-Peterson-Oberschule in Berlin-Kreuzberg.

Walter Taglieber ist Lehrer, Psychodramaleiter und Moderator am Landesinstitut für Schule und Medien in Berlin.

Jamie Walker ist freiberufliche Dozentin und Co-Leiterin des MediationsBüros Mitte in Berlin.

Brigitte Zipperlen ist Mitarbeiterin und Trainerin bei JuSt (Jugendliche schlichten Streit) beim Arbeitskreis Neue Erziehung in Berlin.

Kontaktadressen (für Projekte, Beratung und Ausbildung) über den Bundesverband Mediation e.V., Geschäftsstelle, Fachgruppe Schule und Jugend, Kirchweg 80, 34119 Kassel, E-mail: info@BMeV.de

Jamie Walker (Hrsg.)

Mediation in der Schule

Konflikte lösen
in der Sekundarstufe I

Cornelsen online http://www.cornelsen.de

Gedruckt auf chlorfrei gebleichtem Papier ohne Dioxinbelastung der Gewässer

Die Deutsche Bibliothek – CIP-Einheitsaufnahme
Mediation in der Schule:
Konflikte lösen in der Sekundarstufe I /
Hrsg.: Jamie Walker. – Berlin: Cornelsen Scriptor, 2001
ISBN 3-589-21420-1

Dieses Werk berücksichtigt die Regeln der reformierten Rechtschreibung und
Zeichensetzung.

5.	4.	3.	2.	1. ✓	Die letzten Ziffern bezeichnen
2005	2004	2003	2002	2001	Zahl und Jahr der Auflage.

Redaktion: Marion Clausen, Göttingen
Satz: Hans Reichert, Frankfurt am Main
Umschlagentwurf: Bauer+Möhring, Berlin,
unter Verwendung einer Zeichnung von Roland Beier, Berlin
Zeichnungen: Roland Beier, Berlin
Druck und Bindearbeiten: Clausen & Bosse, Leck
Printed in Germany
ISBN 3-589-21420-1
Bestell-Nr. 214201

Inhaltsverzeichnis

Alle namentlich nicht gekennzeichneten Beiträge in den Kapiteln 1 bis 4 stammen von *Jamie Walker*

Vorbemerkungen

Schon bei meiner Auseinandersetzung mit Modellen schulischer Gewaltprävention in den Achtzigerjahren machten mich amerikanische Kolleginnen auf die Mediation aufmerksam. Als in meinen Fortbildungsseminaren in Deutschland zunehmend die Frage nach praktikablen Verfahren der konstruktiven Konfliktbewältigung im Schulalltag auftauchte, arbeitete ich mich in die Methode der Mediation ein. Anfang der Neunzigerjahre boten Angela Mickley, Ortrud Hagedorn und ich die ersten Seminare dazu im Rahmen der Lehreraus- und -fortbildung in Berlin an; zu der Zeit wurde Mediation nur vereinzelt an deutschen Schulen praktiziert. In meinem 1995 veröffentlichten Buch *Gewaltfreier Umgang mit Konflikten in der Sekundarstufe I* umschrieb ich das Verfahren der Mediation mit dem Begriff „Konfliktgespräche führen", da Mediation noch weitgehend unbekannt war. Inzwischen hat sich die Lage völlig geändert: Es gibt zahlreiche Publikationen (vgl. z. B. Hagedorn 1995, Noack/Jeffreys 1995, Faller/Kerntke/Wackmann 1996, Faller 1998, Hagedorn u. a. 2000), und vor allem in der Folge unzähliger Fortbildungsveranstaltungen hat sich nach dem Vorbild der USA eine regelrechte pädagogische Bewegung entwickelt. In Berlin wurden in den letzten Jahren über Tausend Lehrerinnen in Mediation fortgebildet; inzwischen gibt es an über 60 Berliner Schulen Konfliktlotsenprogramme.

Meine Erfahrungen mit Schulmediation reichen von der direkten Vermittlung in zahlreichen Konflikten vor Ort bis zur Durchführung von Schülerworkshops und Fortbildungsveranstaltungen, an denen nicht nur Lehrerinnen und Schulleiter, sondern auch Schulpsychologen, Schulsozialarbeiterinnen, Erzieherinnen, vereinzelt auch Schulsekretärinnen und Eltern teilnehmen. Außerdem berate ich Schulen, Jugendämter und freie Projekte beim Aufbau von Schulmediations- und Konfliktlotsenprogrammen. Bei der Konzipierung des Buches war es mir ein Anliegen, unbedingt auch die Erfahrungen von Kolleginnen und Kollegen zu berücksichtigen, die Mediation im Schulalltag praktizieren, sowie derjenigen, die sich auf die Ausbildung von Schüler- und Lehrermediatoren spezialisiert haben. Da ich vor allem in Berlin und Umgebung arbeite, ist das Buch zugegebenermaßen etwas „hauptstadtlastig" geworden.

Bedanken möchte ich mich bei meinen Mitautorinnen und Mitautoren für ihre Beiträge, besonders bei Helmolt Rademacher vom Pädagogischen Institut Frankfurt für die fachliche Überarbeitung des Textes. Last but certainly not least: Ohne die Offenheit und Bereitschaft der vielen Lehrerinnen und Lehrer (zu 90 Prozent Frauen), mit denen ich in den letzten Jahren zusammengearbeitet habe, Konflikte im Schulalltag zu thematisieren und auch eigenes Verhalten zu hinterfragen, wäre dieses Buch in der vorliegenden Form nie zustande gekommen. An alle also ein herzliches Dankeschön!

Das leidige Problem der Ansprache beider Geschlechter haben die Mitautorinnen, Mitautoren und ich gelöst, indem wir abwechselnd die weibliche und die männliche Form benutzen. Mit „Lehrerinnen" oder „Schülern" sind also beide Geschlechter gemeint; wenn das Geschlecht wichtig ist, schreiben wir „Frauen" oder „Männer" bzw. „Mädchen" oder „Jungen".

Zuschriften, Briefe, Anregungen und Anfragen bitte an das MediationsBüro Mitte, Zionskirchstraße 18, 10119 Berlin-Mitte.

Jamie Walker

1 Chancen und Grenzen von Mediation in der Schule

1.1 Konflikte und Konfliktaustragung im Schulalltag

In den letzten zehn Jahren ist das Thema „Gewalt an der Schule" nicht nur in der Presse, sondern auch in Lehrerzimmern, unter Schülerinnen und unter Eltern zum Dauerthema geworden. Dabei wächst das Bewusstsein, dass Gewalt unterschiedliche Formen annimmt: Sie kann in verbaler, physischer oder psychischer Gestalt vorkommen. Je nach Alter, Sozialisation und Geschlecht greifen sich Jugendliche zunächst mit Worten und Blicken an. Lehrkräfte beklagen sich zunehmend über den rauen Umgangston ihrer Schüler untereinander; für sie ist es schwer nachvollziehbar, wie eine einfache Beleidigung oder ein schiefer Blick einen Konflikt auslösen bzw. schnell eskalieren lassen können. Was beispielsweise als vermeintlich harmlose Rangelei unter Jungen anfängt („Das ist doch nur Spaß!"), kann schnell zu einer ernsthaften Schlägerei ausarten. Aber nicht nur Worte und Schläge tun weh – auch Ausschluss aus der Gruppe und die Verbreitung böswilliger Gerüchte (verbreitete „Waffen" unter Mädchen) können Konflikte bewusst eskalieren lassen.

Hier einige Beispiele von konfliktauslösenden bzw. konfliktverstärkenden Verhaltensweisen unter Schülern:

- Beleidigungen, z. B. wegen Aussehen, Kleidung, Herkunft oder Verhalten („Krass bist du fett", „Du stinkst aus'm Maul!", „Du armes Schwein – kannst du dir keine besseren Marken leisten?", „Du dumme Ossi", „Schleimer", „Streber", „Opfer"); Beleidigung durch Tier- oder Furzgeräusche
- Beleidigungen im Sexualbereich („Du Schwuchtel", „Dreckiges Fotzenkind", „Du läufst mit gespreizten Beinen durch die Welt")
- Beleidigungen der Familie („Fick dich, du Hurensohn", „Gib die 10 Cent deiner Mutter für gestern Nacht")

- Sexuelle Belästigungen, z. B. durch Anfassen, obszöne Bewegungen oder Briefe, Jungen kommentieren öffentlich die körperliche Entwicklung eines Mädchens
- Übergriffe an persönlichen Sachen: wegnehmen, verstecken, andere bewerfen, persönliche Gegenstände wie Rucksäcke absichtlich beschmutzen
- Spott, sich über andere lustig machen, andere auslachen, z. B. wenn sie im Unterricht einen Fehler machen oder mit Akzent sprechen
- Verweigerungen, z. B. nicht mit anderen in der Kleingruppe oder bei der Partnerarbeit zusammenzuarbeiten oder neben ihnen zu sitzen
- Überschreitung persönlicher Grenzen: jemanden verfolgen, sehr nah an jemanden herankommen
- Üble Nachrede: bewusst falsche Gerüchte über eine Mitschülerin verbreiten.

Schüler bedrohen sich nicht nur gegenseitig, sondern sie werden auch manchmal von schulfremden Jugendlichen bedroht und angegriffen, z. B. bei Ausflügen und Klassenreisen. Besonders ausländer- oder fremdenfeindliche Angriffe bzw. die Angst davor verunsichern Lehrer, Schülerinnen und Eltern. Und – noch vor einigen Jahren in Deutschland fast unvorstellbar – Schüler greifen auch Lehrer verbal und tätlich an. Spätestens seit dem Tod einer Gymnasiallehrerin in Meißen durch das Messer eines erbosten Schülers haben auch hierzulande die berüchtigten „amerikanischen Verhältnisse" angefangen Einzug zu halten. Als Reaktion auf diese Entwicklung befasste sich die Erziehungswissenschaft in den letzten Jahren in mehreren größeren Untersuchungen mit dem Phänomen „Gewalt in der Schule" (vgl. Tillmann u. a. 1999).

Reaktionen auf Konflikte

Gewalt als Mittel der Konfliktregelung in allen gesellschaftlichen Bereichen muss verhindert werden, Konflikte gehören aber zum Alltag und damit auch zum Schulalltag. Doch wo besteht in der Schule die Möglichkeit, Konflikte – unter Schülerinnen, im Kollegium, zwischen Schülern und Lehrern, zwischen Lehrerinnen und Eltern – konstruktiv auszutragen oder gar in beiderseitigem Einvernehmen beizulegen? Tatsächlich erleben Erwachsene Konflikte im Schulalltag häufig als negativ, als Störung oder Belastung. Beleidigungen, Gemeinheiten und Grenzübertretungen halten den Schulbetrieb auf und vermiesen die Stimmung in der Klasse. Lehrkräfte sehen zwar die Notwendigkeit, Konflikte auszutragen, nach Lösungen zu suchen, finden aber im stressigen Schulalltag keine Zeit dazu. Sie ärgern sich über einzelne Schüler, die immer wieder in Streit geraten, und stellen bei vielen Schülerinnen eine geringe Fähigkeit oder Bereitschaft fest, ihr eigenes Verhalten kritisch zu überdenken bzw. dieses zu verändern.

In meinen Fortbildungsveranstaltungen fragte ich Lehrerinnen, was sie bei Konflikten in der Schule stört, was ihnen Angst macht und was sie an Konflikten spannend finden. Hier eine Zusammenfassung der Antworten – vielleicht teilen Sie einige der Empfindungen:

Konflikte – gerade die im Kollegenkreis – werden häufig ignoriert und verdrängt bzw. nicht offen ausgesprochen und ausgetragen. Schwelende Konflikte bleiben ungelöst; es mangelt an gegenseitiger Unterstützung und Solidarität unter und zwischen Lehrkräften, Schulleitung und Eltern. Kolleginnen schauen teilweise bei Auseinandersetzungen in der Schülerschaft weg, rasten selbst aus, halten sich nicht an bestehende Regelungen bzw. Vereinbarungen.

Auf Konfliktursachen wie z. B. das soziale Umfeld, der (empfundene) Realitätsverlust von Kindern durch Medienkonsum, räumliche Enge oder überfüllte Klassen haben Lehrkräfte kaum Einfluss. Sie versuchen, den Werten einer „Ellenbogengesellschaft" entgegenzuwirken, in der alle auf der Gewinner- und keiner auf der Verliererseite stehen will. Lehrerinnen fühlen sich durch die Übernahme von Erziehungsaufgaben überlastet und ärgern sich über Eltern, die sich ihrer Verantwortung entziehen.

Tatsächlich sind der Konfliktaustragung enge strukturelle Grenzen gesetzt: Es besteht permanenter Zeitdruck, es mangelt an Zeit und Raum für die Konfliktbearbeitung. Durch die Beschäftigung mit Konflikten fällt manchmal der Unterricht aus, auch für unbeteiligte Schüler. Interventionen sind ständig gefordert, Fortschritte aber schwer zu erkennen.

Viele Lehrkräfte sind unzufrieden mit ihrem eigenen Verhalten bei schulischen Konflikten – ihnen fehlen effektive Handlungsmöglichkeiten zur Intervention. Nicht immer wollen sie der Erwartung der Schüler nachkommen, Schiedsrichter zu spielen. Sie ziehen sich auf eine Machtposition zurück, fühlen sich aber dabei unwohl: Angedrohtes oder angewendetes Machtverhalten greift nicht, was zu einem Gefühl der Macht- oder Hilflosigkeit führen kann, besonders in Situationen, in denen einzelne Schülerinnen massiv psychisch unter Druck gesetzt werden. Lehrerinnen haben manchmal Angst davor, den Überblick bzw. die Kontrolle über eine Konfliktsituation zu verlieren, d. h. Angst, dem Konflikt nicht gewachsen zu sein, sich falsch zu verhalten. Sie haben Angst vor Eskalation und Gesichtsverlust, auch Angst davor, selbst bedroht oder verletzt zu werden. Besonders Frauen fehlt oft der emotionale Abstand zum Konflikt: Sie erschrecken über die Ausweglosigkeit mancher Schülerschicksale und können dann schlecht abschalten. Manchmal sehen Lehrkräfte Konflikte oder Gewalt, die nach Ansagen der Schüler unproblematisch sind.

Oft erschwert die Konfliktdynamik eine konstruktive Konfliktaustragung: Aufgrund mangelnder Konfliktfähigkeit bzw. -kompetenz hören sich Schüler (und Lehrer!) häufig gar nicht zu, sind nicht bereit, einen Perspektivwechsel vorzunehmen, zeigen keine Betroffenheit, bagatellisieren Konflikte, streiten jegliche (Mit-) Verantwortung für den Konflikt ab bzw. verleugnen den eigenen Anteil am Konflikt und zeigen kein Unrechtsbewusstsein. Manche Jugendliche verwickeln ihre Lehrerinnen in endlose Diskussionen darüber, wer an der Situation schuld sei, jeder will Opfer, keiner Täter sein, Angriffe werden als Reaktion verteidigt. Die Schüler suchen üblicherweise Lösungen nach dem Muster „gewinnen-verlieren"; die Konflikte wiederholen sich, einmal gefundene Lösungen greifen nicht, die Konflikte lassen sich nicht schnell und rezeptartig lösen. Konfliktsituationen eskalieren sowohl durch Gruppenbildung bzw. Parteinahme unter den Schülern als auch durch das Anheizen sensationslustiger Mitschülerinnen. Als sehr belastend empfinden Lehrkräfte die zunehmende Brutalität, auch bei jüngeren Schülern beiderlei Geschlechts. Lautstarke verbale Entgleisungen und mutwillige Sachbeschädigungen gehören in manchen Klassen zum Umgangston, diese arten teilweise in körperliche Auseinandersetzungen aus.

Kurz: Lehrkräfte erleben Konflikte im Schulalltag vor allem als anstrengend, aber auch als belastend und beängstigend. Daneben beinhalten Konflikte aber auch spannende Momente. Denn wenn Konflikte die Chance zu einer notwendigen Veränderung in sich bergen, wie die Konflikttheoretiker behaupten, können sie nicht nur als negativ erlebt werden – weder von den Betroffenen noch von denen, die bei der Konfliktlösung behilflich sein wollen.

Konflikt als Chance

Durch Konflikte gewinnt man Erkenntnisse über das Erleben von Kindern und Jugendlichen; man nimmt Anteil am Leben der Beteiligten. Man erfährt Neues über sich selbst, lernt eigene Grenzen kennen und kann verschiedene Methoden ausprobieren. Spannend sind die Reaktionen aller Beteiligten im Konflikt: Schülerinnen, Kollegen und Eltern.

Bei der Konfliktaustragung erfährt man Ursachen und Entstehungsgeschichte des Konfliktes. Die Konfliktdynamik wird aufgearbeitet, verändert sich aber auch im Laufe der Bearbeitung. Gefühle werden ausgesprochen, die Kontrahenten nehmen Blickkontakt auf, die Stimmung schwenkt um und langsam baut sich Vertrauen auf. Es beginnt sich etwas zu bewegen, Schüler zeigen unerwartete Reaktionen, man ahnt, welches Potenzial in ihnen steckt („Hinter jedem Rowdy steckt ein Mensch"). Die Suche nach Lösungen gestaltet sich als Prozess: Kinder entwickeln eigenständig kreative Lösungen – manchmal schneller und einfacher als Erwachsene. Sie arbeiten nicht mehr gegen-, sondern miteinander. Interventionen wirken sich positiv aus; die Wirksamkeit vereinbarter Lösungen wird erfahrbar.

Durch Konflikte lernen Schüler einander besser kennen und einschätzen. Sie erwerben soziale Kompetenzen und werden selbstständiger. Nicht selten schaffen sie es, Konflikte allein, d.h. ohne Erwachsenenunterstützung zu regeln. Die gemeinsame Konfliktbewältigung stärkt die Beziehungen und fördert die Solidarität unter den Jugendlichen. Gelöste Konflikte setzen Energie frei; Atmosphäre und Lernklima verbessern sich. Konflikte halten die Schule lebendig und bieten eine Möglichkeit, Veränderungen in Gang zu setzen.

Auf der Suche nach Möglichkeiten, das Potenzial von Konflikten für die Schule und für das persönliche Wachstum aller Beteiligten zu nutzen, bin ich mit anderen auf die Mediation gestoßen. Mediation ist kein Allheilmittel: Viele, jedoch nicht alle Schulkonflikte können durch Schüler- oder Erwachsenenmediation geklärt werden. Es liegt in der Natur der Sache, dass man Mediation nicht aus einem Buch lernen kann. Mit diesem Buch möchte ich Sie informieren und ermutigen, Mediation – oder zumindest Elemente davon – auszuprobieren. Kein Buch kann eigene Erfahrungen ersetzen: Wer es mit der Mediation ernst meint, muss in die Fortbildung gehen, sich Verbündete vor Ort bzw. in der eigenen Schule suchen und langfristig an Supervision oder kollegialer Beratung (Intervision) teilnehmen.

Bei der Konzipierung des Buches war es mir wichtig, aus der Praxis und für die Praxis zu schreiben. Es ging mir nicht nur darum aufzuzeigen, woher Mediation kommt und welche Chancen sie bei der Konfliktbewältigung im Schulalltag bietet, sondern auch um die Rolle der Mediation als Teil eines Schulkonzepts zur Schaffung einer konstruktiven Konfliktkultur (Kapitel 1). Im Kapitel 2 beschreibe ich zunächst die Ziele und den Ablauf einer Mediation; es schließen sich zahlreiche Beispiele von Mediationen von mir und anderen an. Kapitel 3 beschäftigt sich mit Mediation durch Erwachsene; Kapitel 2 und 3 enthalten mehrere Übungen und Fragen zur Anregung der eigenen Vermittlungsfähigkeit. Im 4. Kapitel zeige ich auf, wie man ein Peer-Mediationsprogramm initiieren und am Leben halten kann; Trainerinnen und Lehrkräfte berichten über ihre Erfahrungen mit Streitschlichtern und Konfliktlotsen. Das Kapitel 5 enthält schließlich ein komplettes Grundtraining für Peer-Mediation. Insgesamt möchte ich mögliche Wege beschreiben und Mut machen, sowohl denjenigen Leserinnen, die am Anfang stehen, als auch denjenigen, die bereits Schulmediation praktizieren.

1.2 Mediation als alternatives Verfahren der Konfliktaustragung

Mediation ist die Vermittlung in Konfliktfällen durch unparteiische Dritte. Anders als bei der herkömmlichen Schlichtung hilft die Mediatorin den Konfliktparteien – die aufgrund gestörter Kommunikation nicht (mehr) in der Lage sind, direkt bzw. ohne Hilfe von außen miteinander zu verhandeln –, eine selbstbestimmte Lösung für ihr gemeinsames Problem zu finden.

Mediation bezieht möglichst alle Konfliktparteien ein. Diese nehmen freiwillig an der Mediationssitzung teil. Die Mediatorin bleibt neutral und un- bzw. allparteilich. Sie bewertet nicht das Verhalten oder die Gefühle der Streitparteien, sondern hilft ihnen, sich über ihre Gefühle, Interessen und Positionen klar zu werden. Sie ist verantwortlich für den Verlauf des Gesprächs, nicht aber für den Inhalt. Sie fungiert als eine Brücke in der Kommunikation zwischen den Streitenden und versucht, Machtgefälle auszugleichen. Mediation ist zukunftsorientiert, d. h., das vorhandene Problem wird aufgearbeitet, vor allem wird aber nach einer fairen, realistischen und ausgewogenen Lösung für die Zukunft gesucht. Eine Grundannahme der Mediation ist, dass die Beteiligten sich eher an eine Abmachung halten, die sie selbst ausgearbeitet haben. Außerdem helfen die in der Mediation erlernten Verhandlungsfähigkeiten den Streitparteien bei der Lösung zukünftiger Konflikte (vgl. Christoph Besemer 1993, S. 37). Mediation ist besonders sinnvoll mit Streitparteien, die ein Interesse daran haben, ihre Beziehung weiterzuführen, oder die ihre Beziehung weiterführen müssen, wie z. B. Nachbarn, geschiedene Eltern, Arbeitskolleginnen oder Kinder, die dieselbe Schulklasse besuchen.

Geschichte und Anwendungsgebiete der Mediation

Der Gedanke, eine neutrale dritte Person einzuschalten, um Streitende bei der Konfliktlösung zu unterstützen, ist alles andere als neu: In vielen traditionellen Gesellschaften existierten bzw. existieren Formen der Konfliktregelung, die gerichtsunabhängig und ohne Sanktionen arbeiten. Als geistiges Vorbild für die moderne amerikanische Mediationsbewegung dienten sowohl die traditionellen Friedenskirchen wie Quäker und Mennoniten als auch japanische und chinesische Einwanderer, die Mediation und Schiedsverfahren zur Regelung eigener Streitigkeiten anwendeten. Das gegenwärtig verbreitete Konzept der Mediation in den USA entsprang der Bürgerrechts- und Antikriegsbewegung der Sechziger- und Siebzigerjahre (vgl. Besemer 1992, S. 46 f.). Hintergrund war einerseits ein gewisses Misstrauen in die Fähigkeit staatlicher Strukturen (wie z. B. Gerichte), faire Lösungen herbeizuführen, andererseits der Anspruch, Menschen zu befähigen, ihre eigenen Belange in die Hand zu nehmen, d. h., ihre Konflikte ohne einen autoritären Eingriff zu lösen. Inzwischen hat sich die Bewegung der „Alternative Dispute Resolution" (ADR – Alternative Streitbeilegung) in der amerikanischen Gesellschaft fest etabliert. Besonders Mediation als ein Verfahren zur konstruktiven Konfliktaustragung wird in vielfältigen Lebensbereichen angewendet. In den Achtzigerjahren sprang der „Mediationsfunke" nach Deutschland über.

Seit Anfang der Siebzigerjahre hat sich die *Community-* oder *Gemeinwesen-Mediation* in den USA etabliert. In „Community Mediation Centers" werden ehrenamtliche Mediatoren aus unterschiedlichen Bevölkerungsschichten, Ethnien und Berufsgruppen in Kurzlehrgängen ausgebildet, die anschließend in den Bereichen Nachbarschafts-, Familien-, Trennungs- und Scheidungs-, Mieter-Vermieter-Konflikten, sowie bei Konflikten aus der Arbeitswelt, in öffentlichen Verwaltungen und im Täter-Opfer-Ausgleich tätig werden. Manche Centers arbeiten mit lokalen Gerichten im zivilrechtlichen Bereich zusammen (vgl. Besemer 1996, S. 14); viele bieten zusätzlich Trainingsprogramme für Schulmediation an. In den Mitgliedsorganisationen des Dachverbandes National Association for Community Mediation wurden bisher mehr als 76.000 ehrenamtliche Mediatoren ausgebildet, ca. 20.000 davon sind noch aktiv. Es kommt jährlich zu über 97.500 Anfragen, daraus werden mehr als 45.000 Mediationsfälle. Die Erfolgsquote der Community Mediation ist sehr hoch: 85 Prozent der Mediationen enden mit einer Einigung, wovon 90 Prozent sich als dauerhaft erweisen; 95 Prozent der Streitparteien sagen, sie würden wieder eine Mediation machen. In Deutschland steckt die Bewegung der Gemeinwesen- oder Stadtteilmediation noch in den Kinderschuhen. Seit Mitte der Neunzigerjahre arbeiten mit diesem Konzept die Mediationsstelle Brückenschlag e.V. in Lüneburg und das Projekt Stadtteilvermittlung, das beim Amt für Multikulturelle Angelegenheiten der Stadt Frankfurt am Main angesiedelt ist. Zunehmend viele Stadtteilprojekte bemühen sich um die Umsetzung von bürgernaher Mediation (vgl. Metzger 2000). *Familien-, Trennungs- und Scheidungsmediation* ist in Deutschland inzwischen bekannt und wird besonders seit der Einführung des neuen Kindschaftsrechts 1998 immer häufiger in Anspruch genommen. Psychologinnen, Sozialarbeiter und Juristinnen bieten *Familienmediation* in Beratungsstellen und Privatpraxen an. *Erbschaftsmediation* wird vor allem von Anwälten oder Notaren vorgenommen. Auch *Mediation in der Arbeitswelt* ist hierzulande zunehmend gefragt, z. B. bei Konflikten zwischen Abteilungen in einem Betrieb oder bei der Zusammenlegung zweier Unternehmen. Zerstrittene Mitarbeiter und Teams sozialer Einrichtungen und Projekte nehmen Mediation immer öfter in Anspruch. Mediation im beruflichen Umfeld wird sowohl von betriebsinternen als auch von freiberuflichen Mediatorinnen angeboten.

Täter-Opfer-Ausgleich (TOA) wird in Deutschland von der Bewährungshilfe oder von unabhängigen Stellen angeboten. Hier werden auf Vorschlag der Staatsanwaltschaft meist jugendliche Täter mit ihren Opfern im geschützten Rahmen zusammengebracht, wenn eine zivilrechtliche Klage droht. Ziel ist es, direkt miteinander über den (meist gewalttätigen) Vorfall zu sprechen und einen Ausgleich auszuhandeln, der es dem Opfer ermöglicht, dem oder den Tätern in Zukunft ohne Angst zu begegnen. Für den Täter lässt sich in vielen Fällen eine Einstellung des Verfahrens oder eine Strafmilderung erreichen.

Weitere Tätigkeitsfelder der Vermittlung sind *Umweltmediation* und *politische Mediation*. In Deutschland haben *Fort-* und *Weiterbildungsseminare* wesentlich zur Verbreitung der Mediation beigetragen. Mediatorinnen und Einrichtungen aus verschiedenen Bereichen haben sich im Bundesverband Mediation e.V. zusammengeschlossen. Eine gesetzliche Regelung für die Ausübung von Mediation gibt es noch nicht.

1.3 Mediation in der Schule

Die Institution Schule hat ein festes soziales Gefüge mit viel Konfliktpotenzial. Das Besondere an der Schulmediation ist, dass sie sowohl von Erwachsenen als auch von Kindern und Jugendlichen selbst – „Konfliktlotsen" oder manchmal „Streitschlichter" genannt – durchgeführt wird. Durch Mediation werden vor allem Konflikte unter Schülerinnen, gelegentlich aber auch Konflikte zwischen Lehrkräften und Schülerinnen, zwischen Lehrkräften und Eltern und im Kollegenkreis geregelt.

Mediationsgespräche mit Jugendlichen sind meistens kurz. Nachgespräche sind sehr wichtig, da sie die Verbindlichkeit der Vereinbarungen erhöhen. Gruppen- oder Klassenmediationen dauern in der Regel länger. Zu Anfang der Mediation ist die freiwillige Teilnahme der Schüler nicht immer gegeben: Manchmal werden sie in eine Mediation geschickt – es ist dann die Aufgabe der Mediatorin, die „Freiwilligkeit innerhalb der

Unfreiwilligkeit" herzustellen, also herauszufinden, was die Beteiligten in der Mediation klären möchten. Mit jüngeren Kindern und Jugendlichen mit begrenzten verbalen Fähigkeiten ist es hilfreich, Konfliktabläufe und Gefühle beispielsweise durch Zeichnungen zu visualisieren. Im Gegensatz zur Mediation in anderen Bereichen besteht oft zwischen den Konfliktparteien und der Mediatorin eine Beziehung unabhängig von der Mediation – die Mediatorin ist zusätzlich Mitschülerin, Lehrerin oder Sozialarbeiterin.

Ein Machtungleichgewicht – eigentlich unerwünscht in der Mediation - ist vorhanden zwischen den Konfliktparteien bei der Lehrer-Schüler-Mediation und zwischen Mediatorin und Streitparteien bei Mediation durch Erwachsene. Erwachsene setzen in der Schule Verhaltensnormen, sollen aber bei der Mediation neutral bzw. allparteilich bleiben. Vielen Erwachsenen fällt es bei der Mediation mit Kindern und Jugendlichen schwer, nicht zu beurteilen und keine Vorschläge zu machen.

Weil sie ein konkretes Handwerkszeug zum Umgang mit Konflikten im Schulalltag bietet, entwickelt sich Schulmediation in Deutschland trotz dieser Schwierigkeiten immer mehr zu einer Bewegung. Was sind die spezifischen Wurzeln dieser Bewegung? Was können wir aus den USA lernen, was läuft hier anders?

Entwicklung und Verbreitung in den USA

Auf dem Hintergrund der tief greifenden sozialen und politischen Veränderungen der Sechziger- und Siebzigerjahre und mit dem Anspruch, die Methoden des gewaltfreien Trainings zur Vorbeugung von Gewalt auf Schulen zu übertragen, gründeten amerikanische Quäker Anfang bzw. Mitte der Siebzigerjahre die ersten Projekte zur Förderung gewaltfreier Konfliktaustragung an Schulen (vgl. Walker 1986 b). Die spätere Ansiedlung des als Quäkerprojekt gegründeten Programms „Children's Creative Response to Conflict" beim amerikanischen Versöhnungsbund ist bezeichnend für die ideologische Nähe zur historischen Friedensbewegung.

Parallel zu dieser Entwicklung wurde in den USA das Problem „Gewalt in der Schule" zum Gegenstand einer breiten öffentlichen Diskussion, ähnlich wie in Deutschland in den Neunzigerjahren. 1978 erschien unter dem Titel „Violent Schools – Safe Schools" eine umfangreiche Studie des Department of Health, Education and Welfare (vgl. Walker 1986 a, S. 13). Die Schulen sahen sich mit zunehmender Gewalt und fehlenden sozialen Fähigkeiten der Jugendlichen konfrontiert (vgl. Arnold P. Goldstein, Steven J. Apter und Berj Harootunian 1984). Diese Probleme machten sie für innovative Lösungswege offen.

Seit den frühen Achtzigerjahren bestehen Bemühungen, Mediation an Schulen zu etablieren. Bei diesem zweiten Schwerpunkt gewaltfreier Arbeit in Schulen werden sowohl Lehrkräfte als auch speziell ausgebildete Schülerinnen („peer mediators") vermittelnd tätig. Diese pädagogische Bewegung hat sich inzwischen so weit etabliert, dass Tausende von Schulen „conflict resolution" und „peer mediation programs" eingeführt haben (vgl. Richard Cohen 1995, S. 44).

Mehrere Untersuchungen belegen die Wirksamkeit von Konfliktbewältigungsprogrammen und Mediation an Schulen. Im Rahmen einer Zusammenfassung vorliegender Forschungsergebnisse resümierten Johnson und Johnson 1996 (S. 63 ff.) trotz methodologischer und konzeptioneller Probleme der Untersuchungen:

- Konflikte kommen in Schulen häufig vor; Schülerinnen und Schüler ohne Training neigen dazu, destruktive Konfliktstrategien wie Rückzug, Vermeidung und Aggression anzuwenden, die den Stellenwert langfristiger Beziehungen außer Acht lassen.
- Konfliktbewältigungs- und Peer-Mediations-Programme vermitteln meist erfolgreich integrative Verhandlungs- und Mediationstechniken.
- Nach dem Training neigen die Schülerinnen und Schüler dazu, diese Konfliktstrategien erfolgreich anzuwenden.
- In der Folge nimmt die Anzahl der Konflikte innerhalb der Schülerschaft ab, die Lehrkräfte und Schulleitung regeln müssen, dadurch kommt es seltener zu Suspendierungen von Schülern.

Typische Konflikte, die durch Peer Mediation gelöst werden, sind Beleidigungen und verbale Auseinandersetzungen, Gerüchte und üble Nachrede, Schlägereien und Konflikte um Freundschaften/Beziehungen (Johnson and Johnson 1996, S. 14 ff.).

Entwicklung und Verbreitung in Deutschland

Im Rahmen der öffentlichen und fachlichen Diskussion über Gewalt in der Schule ist das Interesse an Konzepten der Gewaltprävention seit Ende der Achtzigerjahre auch in Deutschland enorm gewachsen.

1990 stellte die von der Bundesregierung eingesetzte „Unabhängige Regierungskommission zur Verhinderung und Bekämpfung von Gewalt" (Gewaltkommission) fest, „dass Gewalt an den deutschen Schulen grundsätzlich kein zentrales Problem ist" (Schwind/Baumann u. a. 1990, S. 70). Trotzdem: Viele Lehrkräfte betrachteten die Problematik zunehmend als eine Herausforderung an ihre pädagogischen Fähigkeiten. Die Empfehlungen der Kommission zur Vorbeugung und Bekämpfung von Gewalt in der Schule machen deutlich, welche Rolle der Erziehung zum gewaltfreien

Umgang mit Konflikten bei der Gewaltprävention zukommt. Unter der Überschrift „Rückbesinnung auf den Erziehungsauftrag der Schule" wurde Erziehung zur Konfliktfähigkeit ausdrücklich gefordert: „In einem sozialen Kompetenztraining (...) sollen die Schüler lernen, Konflikte, die zur Gewalt führen können, zu erkennen und zu entschärfen und in prosozialer, konstruktiver Weise zu lösen (...). Das gesamte Lehrerverhalten und das Schulklima müssen auf den konstruktiven Umgang mit Konflikten ausgerichtet sein." (Sondergutachten von Hurrelmann in Schwind u. a. 1990, S. 155 f.). Auch die Arbeitsgruppe „Schule" der 1991 gebildeten „Unabhängigen Kommission zur Verhinderung und Bekämpfung von Gewalt in Berlin" empfahl den Einsatz spezieller „Übungen zur friedlichen Konfliktbehandlung" und des Konfliktregelungsmodells „Mediation" (Vermittlung in Konflikten) als Maßnahmen einer verbesserten Konfliktkultur in der Schule (vgl. Hensel 1994, S. 44). Beide Kommissionen gaben zwar richtungsweisende Empfehlungen, überließen es aber weitgehend den einzelnen Schulbehörden bzw. Schulen und Lehrkräften, diese Empfehlungen in die Praxis des Schulalltags umzusetzen.

Konkrete Unterstützung bekamen bzw. bekommen Lehrerinnen und Schulen bei den Lehrerfortbildungsinstituten der einzelnen Bundesländer. Eine Vorreiterrolle in Sachen Gewaltprävention und Schulmediation spielten das Hessische Landesinstitut für Pädagogik (HeLP), das Landesinstitut für Schule und Weiterbildung in Nordrhein-Westfalen und das Pädagogische Zentrum Berlin/Berliner Institut für Lehrerfort- und -weiterbildung und Schulentwicklung (heute: Landesinstitut für Schule und Medien). Ab Mitte der Neunzigerjahre lag der Schwerpunkt dieser Arbeit immer stärker bei der Mediation. Inzwischen bieten sowohl staatliche Fortbildungseinrichtungen als auch freie Träger Seminare, Workshops und Lehrgänge zum Thema Schulmediation an (vgl. Kapitel 1.5 und 3.1 in diesem Buch). Sowohl das steigende Interesse an diesen Veranstaltungen als auch die steigende Zahl der relevanten Publikationen zeugen davon, dass man inzwischen auch in Deutschland von einer Schulmediationsbewegung sprechen kann. Die Zahl der Schulen, die bundesweit mit Mediation arbeiten, ist nicht bekannt. In Hessen sind es über 100, das sind etwa fünf Prozent aller dortigen Schulen.

1.4 Mediation als Teil einer Gesamtstrategie zur Schaffung einer konstruktiven Konfliktkultur in der Schule

Mediation – sei es durch Lehrer, Schulleitung, Schulsozialarbeiterin oder Schülerinnen – kann nur langfristig effektiv sein, wenn sie eingebunden ist in einer Gesamtstrategie zur Schaffung einer konstruktiven Konfliktkultur an der Schule. Es geht nicht nur darum, welchen Umgang die Schüler untereinander pflegen, sondern auch darum, welche Stimmung die Lehrer-Schüler-Beziehungen in einer Schule prägt, wie offen und ehrlich das Kollegium Konflikte untereinander austrägt, wie die Schulleitung mit aufgebrachten Eltern in einer Konflikt- oder Krisensituation umgeht. Denn Erwachsene sind Vorbilder in ihrem Konfliktverhalten. Es ist unglaubwürdig, respektvolles Miteinander von Schülerinnen zu verlangen, selbst aber einzelne Jugendliche vor anderen zu beleidigen oder bloßzustellen – was ich leider auch bei der Konfliktarbeit in Schulen erlebt habe.

Mediation setzt ein Grundvertrauen voraus, dass die an einem Konflikt Beteiligten in der Lage sind, ihren Konflikt mit Unterstützung einer außenstehenden Partei aufzuarbeiten und eine geeignete Lösung zu finden. Wenn ein Kollegium dieses Grundvertrauen in einen Großteil ihrer Schülerschaft nicht hat, wird kein noch so tolles Mediationsprogramm anschlagen.

Von Jugendlichen können Erwachsene lernen, Konflikte nicht zu unterdrücken, sondern offen anzusprechen. Das wird vielleicht kurzfristig zu dem Eindruck führen, die Konflikte hätten an Anzahl und Schwere zugenommen. Tatsächlich werden aber Konflikte ausgetragen, die schon lange schwelen, an die sich aber bisher keiner herangetraut hat. Wie oft bilden sich in Kollegien Fraktionen, die hinter den geschlossenen Türen von Raucher- oder Nichtraucherzimmern übereinander lästern, direkter Auseinandersetzung aber aus dem Weg gehen? Auch Mobbing unter Lehrerinnen ist ein ernst zu nehmendes Problem (vgl. Kasper 1998).

Es geht nicht darum, Konflikte im Schulalltag zu unterdrücken, sondern vielmehr darum, sich mit der bestehenden Konfliktkultur an der Schule auseinander zu setzen und – gemeinsam mit allen am Schulleben Beteiligten – eine konstruktive Konfliktkultur zu schaffen.

Ein solches Konzept sollte folgende Aspekte umfassen:

- Prävention
- Intervention
- Konfliktbewältigung, z. B. durch Mediation

Durch Prävention wird die Konfliktfähigkeit der Schülerinnen langfristig gefördert. Mit Intervention ist das kurzfristige Eingreifen gemeint, um Gewalt zu verhindern oder zu unterbrechen. Mittels Konfliktbewältigung, z. B. Mediation, werden Konflikte von den Beteiligten bewusst ausgetragen und gelöst (vgl. Glasl 1990, S. 289 ff.; Hagedorn 1997, S. 67 ff.).

Prävention

Durch *Maßnahmen der allgemeinen Prävention* schafft die Schule Strukturen, die langfristig gewaltvorbeugend wirken. Auf dem Hintergrund ihrer empirischen Ergebnisse empfehlen die Autorinnen der umfassenden hessischen Gewaltstudie folgende Maßnahmen:

- die Entwicklung der Lernkultur, da es häufig leistungsschwache (männliche) Schüler sind, die gewalttätig werden
- die Entwicklung des Sozialklimas
- die Einführung klarer Regeln und das Setzen von Grenzen, die allerdings flexibel gehandhabt werden sollen
- die Auseinandersetzung mit Geschlechterrollen, besonders durch gezielte Jungenarbeit
- die Auseinandersetzung mit Gewalt verherrlichenden Medien
- die Vermeidung von Etikettierungen im Umgang mit schwierigen Schülern
- die Kooperation im Stadtteil (vgl. Tillmann u. a. 1999, S. 297).

Spezifische Präventionsmaßnahmen beziehen sich auf das Verhalten in Konfliktsituationen. Im Rahmen der Klassengemeinschaft werden z. B. regelmäßig über einen längeren Zeitraum hinweg Spiele und Übungen zur Förderung der sozialen Kompetenz von Schülerinnen und Schülern durchgeführt. In meinem 1995 veröffentlichten Konzept *Gewaltfreier Umgang mit Konflikten* (Walker 1995 a und b) geht es dabei um die Themen Kennenlernen und Auflockern, Förderung des Selbstwertgefühls, Kommunikation, Kooperation, geschlechtsbezogene Interaktion und gewaltfreie Konfliktaustragung. Es gibt aber auch andere praxiserprobte Konzepte (vgl. Böttger/Reich 1998; Senatsverwaltung für Schule, Jugend und Sport Berlin 1998, Band 2). Wichtig ist, dass nicht nur einzelne Lehrerinnen, sondern Schulleitung und Kollegium gemeinsam überlegen, in welchem Rahmen solche Programme durchgeführt werden können, z. B. im Rahmen von Klassenleiterstunden, Einführungs- oder Projektwochen (vgl. Kapitel 1.5 in diesem Buch); manchmal stehen Schulsozialarbeiter oder Mitarbeiterinnen außerschulischer Einrichtungen zur Unterstützung zur Verfügung.

Maßnahmen spezifischer Prävention im Sinne des sozialen Lernens erreichen die gesamte Schülerschaft, wirken aber erfahrungsgemäß erst *langfristig.* Sie bereiten den Boden für Mediation, denn: Jugendliche, die sich bereits mit dem Thema „Konflikte" auseinander gesetzt haben und beispielsweise in der Lage sind, ihre Gefühle und Wünsche zu artikulieren, sind offener für Mediation.

Intervention

Selbst wenn man Prävention langfristig betreibt, bleiben verbal-tätliche Auseinandersetzungen, Gewaltandrohungen und Mobbing unter Schülern nicht immer aus. In solchen Situationen ist es unerlässlich, sofort und unmissverständlich normsetzend einzugreifen, indem man zunächst die Gewalt unterbricht, Opferhilfe leistet, ein klares Signal an den Täter gibt, Unterstützung holt und die Konfliktparteien beruhigt[1] (vgl. Walker 1995b, S. 39ff.; Hagedorn u. a. 2000, S. 9f.; Korn/Mücke 2000, S. 34ff.). Leider ist ein solches Eingreifen nicht in allen Kollegien selbstverständlich, obwohl die Notwendigkeit hierzu nicht nur auf der Hand liegt, sondern auch immer wieder von Wissenschaftlern betont wird (vgl. Olweus 1995, S. 75ff.; Tillmann u. a. 1999 S. 306ff.). Denn: Ein Nichteingreifen oder Wegsehen – auch wenn sie auf einer verständlichen Angst beruhen – signalisiert den beteiligten und zuschauenden Schülerinnen die eigene fehlende Bereitschaft bzw. die Unfähigkeit, gegen Gewalt Stellung zu beziehen. Damit wird die Botschaft vermittelt, Gewalt werde als ein legitimes Mittel der Konfliktaustragung akzeptiert. Um dem entgegenzuwirken, braucht man auch in der Schule Zivilcourage – seitens der Lehrkräfte und seitens der Schülerinnen.

Wie Mediation muss Intervention bzw. Deeskalation geübt werden. In manchen Städten bieten die Polizei oder andere Einrichtungen[2] Schülerseminare an, bei denen nicht nur über Straftatbestände aufgeklärt, sondern auch Übungen zum Umgang mit Gewaltsituationen durchgeführt werden. Im Rahmen von Lehrerfortbildungsveranstaltungen oder Pädagogischen Tagen können sich Lehrkräfte mit dieser Problematik auseinander setzen. Die Einigung eines Kollegiums darauf, in welchen konkreten Situationen wie vorzugehen ist, erfordert allerdings einen längerfristigen Prozess (vgl. Walker 1995b, S. 37ff.).

---

1 Falls es nach Beruhigung der Streitparteien zu einer Mediation kommt, sollte nicht die gleiche Person vermitteln, denn diese hat womöglich bereits in der Interventionssituation für das Opfer Partei ergriffen.

2 In Frankfurt am Main bietet beispielsweise das dortige Kinderbüro Kurse zur Deeskalation in Gewaltsituationen an.

Das „Eingreifen" bezieht sich aber nicht nur auf unmittelbar bedrohliche Situationen, sondern auch auf Erpressungs- und Mobbingfälle. Sobald die Schule mitbekommt, dass Jugendliche in Bedrängnis sind, sollte sie (in Absprache mit den Eltern) vertrauliche Hilfe anbieten. Auch in Auseinandersetzungen mit schulfremden Jugendlichen kann man einen Täter-Opfer-Ausgleich anregen oder im Falle einer Anzeige dem betroffenen Schüler anbieten, die Schuladresse statt seiner privaten Adresse bei der Polizei anzugeben. Um das Problem des Mobbings stärker ins Bewusstsein zu rücken, fanden an einer Schule in Brandenburg z.B. getrennte Workshops für interessierte Lehrkräfte und Schülerinnen zum Thema „Mobbing" statt; anschließend bildete sich eine Schüler-Lehrer-Arbeitsgruppe, die sich regelmäßig trifft, um vorbeugend tätig zu werden, wenn Mobbingfälle sich abzeichnen.

Konfliktbewältigung

Auch durch eine effektive kurzfristige Intervention ist der Konflikt, der ursprünglich zur Auseinandersetzung führte, nicht gelöst. Nun greift der dritte Aspekt des Schulkonzepts, die Konfliktbewältigung. Der erste Schritt ist, festzustellen, was überhaupt vorgefallen ist. Hier gilt es, Informationen zu sammeln und sich beide Seiten – je nach Schwere des Konflikts eventuell zunächst getrennt – anzuhören, auch wenn es zunächst so aussieht, als ob es sich um ein eindeutiges Täter-Opfer-Verhältnis handelt. In einem zweiten Schritt entscheidet die Lehrerin bzw. die Schulleitung möglichst in Absprache mit den Betroffenen, wie der Konflikt gelöst werden soll. Dabei sollen folgende Punkte bedacht werden:

- Ist eine Strafe unbedingt notwendig? Falls ja, welche Strafe wäre angebracht (Eintrag, Verweis, Klassenkonferenz, Suspendierung, Schulwechsel)? Was würde sie bewirken bei den Betroffenen, bei den anderen Schülerinnen (falls sie Signalwirkung haben soll)? Wird durch die Strafe der Konflikt gelöst? Wenn nicht: Wie soll er gelöst werden? Schließlich: Wie soll der „Übeltäter" nach erfolgter Strafe wieder in die Gemeinschaft integriert werden?
- Ist es sinnvoll, mit den Betroffenen ein Gespräch zu führen? Was ist das Ziel des Gesprächs? Wer sollte es leiten, was ist die Rolle dieser Person (normsetzend oder neutral)? Welche Vor- und Nachteile hätte es, weitere Personen, z.B. Eltern oder Zeugen des Vorfalls, an dem Gespräch zu beteiligen?
- Ist das ein Fall für die Mediation? Wenn ja, für die Lehrer- oder für die Schülermediatorinnen (oder beide)? Wer würde sich für den Fall eignen? In welchem Rahmen könnte die Mediation durchgeführt werden?

Jede Schule braucht Mechanismen zum Umgang mit Konflikten unterschiedlicher Schwere mit unterschiedlichen Konstellationen. Das heißt: Jede Schule hat diese Mechanismen – es gilt, sie bewusst zu machen, und sich in einer fortlaufenden Diskussion zwischen Schulleitung und Kollegium ehrlich zu fragen, wie erfolgreich diese sind. Sicher: Es gibt Fälle, in denen eine Strafe angebracht und notwendig ist. Es gibt aber auch sinnlose Strafen, die ihre Wirkung verfehlen; so ist es inzwischen manchen Jugendlichen egal, wenn sie einen Eintrag oder einen Verweis bekommen – einige provozieren sie geradezu heraus. Mit welchen Maßnahmen erreicht man das, was man erreichen will? Was ist als Reaktion angebracht, wenn beispielsweise ein Jugendlicher in die Suppe eines anderen gespuckt hat, wenn eine Schülerin eine andere bedroht, wenn ein Jugendlicher von mehreren aus seiner Klasse gemobbt wird, wenn ein Schüler die Lehrerin beschimpft oder angegriffen hat? Meines Erachtens sollten, falls irgend möglich, die Betroffenen zunächst die Gelegenheit bekommen, das Problem selbst zu lösen, ob durch persönliche Aussprache, Mediation oder Täter-Opfer-Ausgleich mit schulinternen oder -externen Vermittlern. Wenn das erfolgreich ist, erübrigen sich meistens weitere Maßnahmen.

Nicht jeder Konfliktfall in der Schule eignet sich für die Mediation. Die Grenzen dieser Methode können sowohl in dem Fall als auch an den beteiligten Personen liegen. Mediation ist beispielsweise nicht geeignet in Fällen, in denen Straftaten wie schwere Körperverletzung oder Drogenmissbrauch vorliegen. Mediation setzt die Fähigkeit voraus, sich sprachlich zu verständigen, funktioniert also nicht, wenn die Streitparteien und die Mediatorin keine gemeinsame Sprache bzw. nicht die Möglichkeit haben, eine Dolmetscherin zur Unterstützung des Prozesses hinzuzuziehen. Ferner müssen die Betroffenen in der Lage sein, mit Hilfe der Mediatorin eigenes Verhalten zu reflektieren, die Perspektive bzw. Erlebnisweise des Gegenübers nachzuvollziehen und sich an einfache Abmachungen zu halten; demnach hilft Mediation wenig im Umgang mit schwer verhaltensgestörten Kindern. Mediation ist kein Zaubermittel, wohl aber dazu geeignet, Alltagskonflikte in der Schule zu lösen.

1.5 Der systemische Ansatz in der Mediation – das hessische Modell „Mediation und Schulprogramm"

Helmolt Rademacher

Der Mediationsgedanke in den Schulen Deutschlands steht von seinem Entwicklungsstand her erst ganz am Anfang. In vielen Schulen sprießen zum Teil kräftige, zum Teil aber auch eher isolierte Pflanzen, die gut gehegt und gepflegt werden wollen, wenn sie denn auch nachhaltig blühen sollen. Bei aller Anfangseuphorie wird oft übersehen, wie man langfristig den Mediationsgedanken absichern kann, damit er wirklich im System Schule wirkt und dort eine neue Konfliktkultur entsteht. Damit ist gemeint, dass nicht nur Schülerinnen und Schüler lernen, zwischen Jüngeren, auch Gleichaltrigen, zu schlichten, sondern dass auch ernstere Konflikte zwischen Lehrkräften und Schülern oder zwischen Erwachsenen in einer Schule in konstruktiver Weise und ggf. auch unter Hinzuziehung eines neutralen Dritten gelöst werden. Um dies Realität werden zu lassen, ist ein stetiger und langer Prozess der Auseinandersetzung über den Umgang mit Konflikten an einer Schule notwendig. Das Ziel einer nachhaltigen Veränderung im Umgang mit Konflikten macht Sinn, denn die Kosten für ungelöste, vor sich hin schwelende Konflikte sind groß. Die Folge ist, dass die Zufriedenheit aller und die Lust zu lernen leidet und dass die gesundheitliche Belastung zumeist der Lehrkräfte und der Schulleitung stark zunehmen kann. Bis sich in dieser Frage eine größere Sensibilität, die die rechtzeitige Zuhilfenahme von Dritten zulässt, entwickelt, wird noch einige Zeit verstreichen. Auch die dauerhafte Einrichtung eines Peer-Mediations-Programms erfordert eine breite Unterstützung im Kollegium und in der Schülerschaft. Um dahin zu kommen ist vor allen Dingen zu Beginn eine stetige Überzeugungsarbeit mit langem Atem notwendig.

Zu Beginn der Neunzigerjahre begann die Schulmediation vor allen Dingen in Berlin. Während hier vornehmlich die Initiative von einzelnen Lehrkräften an ihren Schulen ausging, wurden die Schulmediationsprojekte in Hessen so angelegt, dass sie das Gesamtsystem Schule in den Blick nahmen. Aufbauend auf den Erfahrungen des Modellprojekts des Jugendbildungswerks (JBW) Offenbach wurde im Rahmen des Hessischen Landesinstituts für Pädagogik (HeLP) das Projekt „Mediation und Schulprogramm" entwickelt. Es geht davon aus, dass die Umsetzung von Peer-Mediation einen Zeitrahmen von mindestens vier bis fünf Jahren erfordert und dass es einer zwei- bis dreijährigen Vorbereitungs- und

Sensibilisierungsphase bedarf, bevor überhaupt Schülerinnen und Schüler zu Mediatoren ausgebildet werden. Diese Überlegungen erfolgen auf dem Hintergrund, dass Peer-Mediationsprojekte viel leichter zum Scheitern verurteilt sind, wenn nicht a) die Lehrkräfte und b) die Schülerschaft sich relativ intensiv (d. h. nicht nur durch einen Vortrag) mit konstruktiver Konfliktbearbeitung auseinander gesetzt haben. Erfolgt keine intensive Vorbereitung, so besteht die Gefahr, dass die Lehrerschaft den Mediationsgedanken ablehnt, die Schüler das Angebot der Peer-Mediatoren nicht annehmen und so die Mediatoren keine Aufträge haben und frustriert werden. Selbstverständlich bietet das hessische Modell keine Erfolgsgarantie, aber das Verhältnis von Aufwand zu Ertrag ist höher, wenn man zunächst die Voraussetzungen für eine Akzeptanz der Peer-Mediation schafft und nicht umgekehrt zunächst viel Zeit und Energie in die Ausbildung und den Aufbau von Peer-Mediationsgruppen steckt und dann hofft, dass sich die Akzeptanz im Laufe der Zeit entwickelt. Auch wenn vor der Einrichtung von Schüler-Streitschlichtern eine Abstimmung darüber im Kollegium erfolgt, ist dies aus meiner Sicht nicht ausreichend; die Chancen für eine spätere Akzeptanz nehmen erheblich mehr zu, wenn sich zunächst ein Teil des Kollegiums (mindestens 25 Prozent) intensiver mit dem Mediationsgedanken durch ein Basistraining beschäftigt hat und wenn die Schüler in längeren sozialen Lernprogrammen im Hinblick auf Mediation sensibilisiert worden sind.

Ausgehend von den oben genannten Überlegungen hat sich im hessischen Projekt „Mediation und Schulprogramm" folgende Struktur entwickelt:

Der erste Schritt bei der Realisierung des Projekts ist die Verbreitung des Mediationsgedankens in Schulen und ihrem Umfeld. Alle Maßnahmen in diesem Bereich dienen dazu, die Idee der Mediation bekannt zu machen, und zwar nicht nur den Schulleiterinnen und Lehrkräften, sondern auch den Schulpsychologinnen und den Mitarbeitern der Schulämter und der Lehreraus- und -fortbildung. Darüber hinaus sollen auch die Eltern und Sozialarbeiterinnen in Schulen sowie außerschulische Einrichtungen, die mit Schulen zusammenarbeiten, einbezogen werden. Zu Letzteren zählen u. a. allgemeine Sozialdienste, Jugendbildungswerke und Jugendtreffs. Aus dieser Aufzählung wird deutlich, dass Mediation umso effektiver wird und seine Wirkung ganz entfalten kann, wenn es zu einem Zusammenspiel unterschiedlicher Personen und Institutionen kommt, die in und mit Schulen wirken. Dies entspricht dem Ansatz der Gemeinwesenmediation. Die Information über Mediation erfolgt in den Schulen unterschiedlicher Schulformen (Grundschulen, Sekundarschulen und

Oberstufen- bzw. Berufsschulen) meist bei Pädagogischen Konferenzen oder Tagen. Neben der Verbreitung in den Schulen gibt es lokale, regionale und überregionale Veranstaltungen der Lehrerfortbildung, bei denen Interessierte in unterschiedlicher Intensität Mediation kennen lernen können. Dies reicht von Informationsnachmittagen und Tagestrainings über Akademietagungen bis hin zu dreitägigen Kompaktseminaren und Fortbildungsreihen. Bei den verschiedenen Veranstaltungen hat sich herausgestellt, dass die Vermittlung eines grundlegenden Verständnisses von Mediation erst durch das Probehandeln in Rollenspielen erworben werden kann. Vorträge machen kaum spürbar, was das Neue an Mediation ist.

Die einzelnen Bausteine

Mediation als Gesprächstechnik hat zwar eine Bedeutung, aber der verändernde Charakter von Mediation im Sinne der Etablierung einer neuen Konfliktkultur kommt erst dann zum Tragen, wenn eine qualifizierte Mehrheit im System Schule den Mediationsgedanken mitträgt. Um dies zu erreichen, wurden im Rahmen des Projektes verschiedene, zum Teil aufeinander aufbauende Bausteine entwickelt, die vom Basistraining bis zur Einrichtung einer Streit-Schlichter-Gruppe reichen.

1. Basistraining

Das Basistraining dient dazu, ein Grundverständnis von Mediation und konstruktiver Konfliktbearbeitung zu vermitteln, und ist eine wichtige Grundlage dafür, dass ein anderer Umgang mit Konflikten im Alltag der Schule möglich wird. In der Regel umfasst ein Basistraining zwei Kompakttage und vier Nachmittage über ein halbes Schuljahr verteilt (24 Stunden). Die Trainings werden schulintern von erfahrenen freiberuflichen Trainerinnen durchgeführt. Deren Finanzierung erfolgt durch Eigenbeiträge der Lehrkräfte und teilweise zu einem geringeren Teil mit Mitteln der Regionalstellen des HeLP. Ein Basistraining kommt erst zustande, wenn mindestens zehn Lehrkräfte (besser: 25%) aus einem Kollegium bereit sind, daran teilzunehmen. Diese Hürden erscheinen zunächst hoch, sie sind aber sinnvoll, wenn man Mediation unter systemischen Aspekten betrachtet: Zum einen wird dadurch eine Gruppe gewonnen, die in der Lage ist, den Mediationsgedanken ins gesamte Kollegium zu tragen, zum anderen wächst die Verbindlichkeit der Teilnahme bei der Übernahme eines finanziellen Beitrags. Am Ende des Basistrainings entscheiden die Beteiligten, ob und, wenn ja, wie die Weiterarbeit mit den Schülerinnen erfolgt. Günstig ist es, wenn sich in der Sekundarstufe I zunächst die Lehrkräfte der 5. oder der 7. Jahrgangsstufen bereit finden, in ihren Klassen ein Eingangs- bzw. Sensibilisierungsprogramm durchzuführen.

2. Vertiefungstraining und Selbstausbildungsgruppen

Da die meisten Teilnehmer nach dem Basistraining sich noch nicht sicher genug in der Mediationstechnik fühlen, wird an manchen Schulen auf Wunsch ein Vertiefungstraining mit einer Mediationstrainerin organisiert. Eine andere kostengünstigere Variante ist die, dass die Kollegen sich unter Anleitung einer von außen kommenden Mediatorin treffen, um mittels Rollenspielen immer nach dem gleichen Muster die Mediationstechnik weiter zu üben.

3. Klassenprogramme

In der Sekundarstufe I wird meist parallel zu den Vertiefungstrainings für die Lehrkräfte in den 5. Klassen ein so genanntes „Eingangsprogramm" und in den 7. Klassen ein „Sensibilisierungsprogramm" in Form von Projekttagen oder wöchentlichen Unterrichtsstunden durchgeführt. In einer Schule wurde beispielsweise in der 7. Klasse das Fach „Konflikte lösen lernen" (KLL) eingeführt. Diese Programme haben zum Ziel, die neu zusammengesetzten 5. Klassen und die Schülerinnen der 7. Klassen, die sich meist in einer Umbruchphase (Pubertät) befinden für den konstruktiven Umgang mit Konflikten zu sensibilisieren, um schon früh ein positives Bewusstsein für Mediation zu wecken.

4. SV-Trainings

Als sinnvoll hat es sich erwiesen, auch die Schülervertreter (SV) mit dem Mediationsgedanken vertraut zu machen, da sie eine Scharnierfunktion zwischen Schülern und Lehrkräften haben. Diese Trainings dauern 25 Stunden und mehr und dienen der Weiterqualifizierung der Schülervertreter. Ziel dieses Trainings ist es daher auch, neue Impulse in die SV-Arbeit zu geben und dadurch die SV-Aktivitäten neu zu strukturieren. Das Training dient nicht dazu, die Beteiligten zu Mediatoren auszubilden. Vielmehr sollen sie die Grundgedanken der Mediation in ihrer Arbeit nutzen, selbst Mediation in Anspruch nehmen und die Mediationsangebote (z. B. Peer-Mediatoren) unterstützen.

5. Ausbildung von Schüler-Streit-Schlichtern

Die Einrichtung von Schüler-Mediatoren ist erst dann sinnvoll, wenn genügend Schülerinnen im Hinblick auf konstruktive Konfliktbearbeitung sensibilisiert sind. Denn sonst besteht die Gefahr, dass die zukünftigen Mediatorinnen keine Fälle erhalten. Für ein Mediationsprojekt ist es wünschenswert, einen Raum einzurichten und die Fragen zu klären, ob Streit-Schlichtung während des Unterrichts erfolgen kann, welche Unterstützung die Schülermediatoren durch die Lehrkräfte erhalten, bei welchen Konflikten sie vermitteln usw. Hierfür ist eine Gruppe von Lehrkräften (ggf. unter Hinzuziehung von Schülerinnen) sinnvoll, die diese Fragen vorklärt und auch überlegt, welche Konflikte bearbeitet werden können und wo das Verfahren der Mediation nicht angesagt ist. Auch sollte die Gruppe – was bisher viel zu wenig geschieht – in Konfliktfällen, in denen eine Klassenkonferenz gefordert wird, überlegen, ob solch ein Fall nicht für eine Mediation geeignet ist.

Es ist wichtig, die verschiedenen Aktivitäten der Mediatorengruppe immer wieder in das Lehrerkollegium zurück zu vermitteln, damit dort die Akzeptanz und Unterstützung wächst. In der Albert-Einstein-Schule in Langen (Hessen) wird systematisch auf jeder Konferenz über die Arbeit der Peer-Mediatoren berichtet. Dies hat deren Arbeit deutlich in das Bewusstsein aller Lehrkräfte gebracht.

Diese Schritte – wenn sie denn nachhaltig verwirklicht werden sollen – benötigen einen Zeitrahmen von mindestens vier bis fünf Jahren, je nachdem wie groß die anfängliche Akzeptanz in der Schule ist. Die Praxis zeigt, dass es immer wieder Einbrüche und Widerstände gibt, die die Installation von Mediation an einer Schule behindern. Widerstände können sich so ausdrücken, dass Lehrkräfte die Arbeit der Peer-Mediatoren behindern (z. B. kein Verständnis für Mediationen, die in den Unterricht hineinreichen). Auch werden Konflikte, an denen Erwachsene beteiligt sind, eher nach der „herkömmlichen Methode" bearbeitet und nicht mit Mediation. Ebenso regt sich Widerspruch bei der Frage, welche Konflikte von Schülern gelöst werden sollen, bedeutet doch Schüler-Streitschlichtung einen realen Machtverlust der Lehrkräfte, auch wenn dem ein Gewinn durch Entlastung gegenübersteht.

2 Mediation in der pädagogischen Praxis

2.1 Ziele einer Mediation

Das erste Ziel der Mediation ist es, eine kooperative Konflikthaltung zu schaffen. Das bedeutet, dass die Konfliktparteien sich nicht einander als „das Problem" ansehen, sondern bereit sind, gemeinsam nach einer Lösung zu suchen.

„Du bist das Problem!"
(Destruktive Konflikthaltung)

„Gemeinsam schaffen wir es,
das Problem zu lösen!"
(Konstruktive Konflikthaltung)

Die konstruktive Konflikthaltung setzt allerdings voraus, dass beide bzw. alle Streitparteien überhaupt ihren eigenen Anteil am Konflikt erkennen wollen. Gerade dies ist häufig zu Anfang der Mediation nicht gegeben, sondern muss erst im Laufe des Gesprächs herausgearbeitet werden. In diesem Zusammenhang ist es wenig hilfreich, die Beteiligten unter Druck zu setzen, „Einsicht zeigen zu müssen". Meist können sie sich erst für die Sicht des anderen öffnen, wenn sie das Gefühl haben, selbst mit ihrer Wahrnehmung und ihrer Sichtweise verstanden zu werden.

Zweitens versucht man in der Mediation von der *Positions- zur Interessensebene* zu gelangen. Die Positionen werden zu Anfang des Gesprächs meist deutlich und in der Regel widersprechen sie sich. Aber: Die Interessen, die hinter den Positionen liegen, müssen sich nicht widersprechen. Das klassische Beispiel für dieses Dilemma ist das Orangenbeispiel: *Zwei Schwestern streiten sich über eine Apfelsine. Beide brauchen sie unbedingt – sie haben aber nur eine. Was tun sie? (Denken Sie sich mehrere Möglichkeiten aus!)*
Antwort:

Sie teilen die Apfelsine schwesterlich (Kompromiss): Eine nimmt ihre Hälfte, drückt den Saft aus, den sie trinken will und wirft die Schale weg. Die andere reibt die Schale ab, weil sie damit einen Kuchen backen will und wirft das Fruchtfleisch weg.
Oder: Sie tauschen sich darüber aus, wozu sie die Apfelsine brauchen, und stellen fest, dass die eine den Saft, die andere die Schale benötigt. („Win-win").

Auf die Schule bezogen bedeutet das beispielsweise: Zwei Schüler streiten sich um einen Sitzplatz in der ersten Bankreihe. Jeder will unbedingt vorne sitzen – das sind ihre Positionen. Was sind aber ihre Interessen? Der eine möchte vorne sitzen, weil er vorne besser sieht und sich vorne wohler fühlt. Der andere möchte vorne sitzen, weil er neben einem bestimmten Mitschüler sitzen will. Dabei ist es allerdings egal, ob sie in der ersten, zweiten oder dritten Reihe sitzen.

Um einen Konflikt durch Mediation lösen zu können, muss man sich drittens mit den *Gefühlen, Bedürfnissen und Interessen der Streitparteien* im Zusammenhang mit dem Problem auseinander setzen. Hierin liegt der entscheidende Unterschied zwischen Mediation und herkömmlichen Methoden der Konfliktbewältigung in der Schule. Denn: Es geht nicht um eine objektive Beurteilung der Geschehnisse, sondern um die subjektive Sicht und die Erlebnisse der am Konflikt Beteiligten.

Dies ist auch Voraussetzung, um viertens zu einer *gemeinsamen, selbstbestimmten* Lösung zu gelangen, die im Idealfall den Interessen und Bedürfnissen beider Seiten entgegenkommt („win-win"). Diese Lösung dient als Grundlage für den – je nach Konfliktlage – mündlichen oder schriftlichen, verbindlichen Vertrag.

2.2 Rolle, Aufgaben und Haltung der Mediatorin

Vorab eine kleine Übung, bei der Sie die Perspektive einer Betroffenen übernehmen und überlegen, unter welchen Umständen Sie selbst in einem Konflikt Hilfe von einer dritten, unbeteiligten Person annehmen könnten. *Erinnern Sie sich an einen Konflikt, den Sie in der Vergangenheit hatten. Vergegenwärtigen Sie sich den Streitgegenstand, Ihren „Gegner" und den Ausgang des Konflikts. Können Sie sich nun vorstellen, dass eine dritte Person Ihnen bei der Konfliktlösung hätte helfen können? Wie hätte diese Person sich verhalten sollen? Was wäre für Sie wichtig, damit Sie ihr Angebot hätten annehmen können? Was hätte diese Person auf keinen Fall tun dürfen? Stellen Sie sich auch Ihren Konfliktpartner zusammen mit dieser dritten Person vor.*

Die Mediatorin ist nicht in den Konflikt involviert und hat kein eigenes Interesse am Konflikt. Sie bleibt neutral und un- bzw. allparteilich, d. h., sie unterstützt die Beteiligten in ihrem ehrlichen Bemühen, sich ihrer Erfahrungen, Emotionen, Interessen und Bedürfnisse bewusst zu werden und diese zu artikulieren. Dabei nimmt sie sämtliche Standpunkte, Anliegen und Gefühle ernst. Sie bewertet und beurteilt die Streitparteien nicht; im Falle grober Regelverletzung macht sie jedoch auf die Einhaltung allgemein gültiger Normen aufmerksam (etwa: „Prügeln ist hier nicht erlaubt! Wie könntest du ihm sonst klarmachen, dass du das nicht willst?") Dabei gilt die Grundhaltung „Nicht der Mensch selbst, sondern sein Verhalten ist das Problem".

Die Mediatorin ist verantwortlich für den Verlauf des Gesprächs, nicht aber für den Inhalt – er wird von den Konfliktpartnern selbst geliefert, denn sie sind die „Experten" ihres eigenen Konflikts. Die Mediatorin dient als Brücke in einer (vorübergehend) blockierten Kommunikation zwischen den Beteiligten, die ohne ihre Hilfe nur schwer in der Lage wären, die Sache zu klären. Damit wird eine weitere Eskalation vermieden. Dabei gleicht die Mediatorin ein Machtgefälle aus, was nicht bedeutet, Machtunterschiede zu verleugnen. Diese können in der Sache (z. B. einseitige Gewaltausübung/eindeutiges Täter-Opfer-Verhältnis), im Status (z. B. Lehrer-Schüler) oder in der Beziehung (eine Streitpartei ist viel redegewandter oder viel beliebter in der Klasse als die andere) bestehen. Lösungsvorschläge sollen möglichst von den Streitparteien selbst kommen – dabei achtet die Mediatorin darauf, dass keine unrealistischen oder nutzlosen Vereinbarungen getroffen werden. Wenn sich abzeichnet, dass eine unvernünftige oder ethisch nicht zu verantwortende Lösung gefunden wird (etwa: Die Beteiligten einigen sich, einen Dritten zu verprügeln), kann sie das Gespräch abbrechen. Allerdings sollte die Mediatorin die Streitparteien nicht unter Druck setzen, etwas zu vereinbaren, was ihnen nicht entspricht: Entgegen der Vorstellung vieler Erwachsenen müssen sich die Streitparteien nicht unbedingt am Ende des Gesprächs entschuldigen, die Hand geben, in die Arme fallen oder gar ewige Freundschaft schwören. Manchmal ist es angebrachter zu vereinbaren, dass man sich in nächster Zeit aus dem Weg geht – allerdings sollte auch überlegt werden, wie die Streitenden sich begegnen, wenn sich eine Begegnung nicht vermeiden lässt.

Die Mediatorin wird von allen am Konflikt Beteiligten als kompetent akzeptiert und respektiert. Sie geht mit dem Erzählten vertraulich um, erzählt Kolleginnen oder Eltern nichts über das Gespräch, es sei denn, die Streitparteien bitten sie darum.

Schließlich ist die Haltung der Mediatorin zu den Konfliktparteien selbst und zum Ausgang des Gesprächs entscheidend. Respektiert und glaubt sie wirklich beiden bzw. allen Beteiligten? Wird dies auch durch ihre Wortauswahl, ihre Körperhaltung, ihre Mimik und Gestik deutlich? Möchte sie unbedingt, dass die Streitparteien zu einer gemeinsamen Lösung finden, auch wenn dies deren momentaner Gefühlslage nicht entspricht? Setzt sie sie unter Druck, am Ende des Gesprächs ein konkretes, möglichst harmonisches Ergebnis vorzuzeigen, oder ist sie bereit, die Wünsche der Beteiligten zu respektieren? Auch wenn die Mediation nicht „klappt" in dem Sinne, dass sich die Streitparteien einig werden, kann das Gespräch eine notwendige Aussprache gebracht haben. Manche angefangene und abgebrochene Mediation hat zumindest deutlich gemacht, wo der Konflikt liegt. Als Mediatorin ist es wichtig, sich immer wieder daran zu erinnern, dass nicht jeder Konflikt durch Vermittlung gelöst werden kann. Letztendlich sind die Streitparteien autonom und entscheiden jede für sich selbst, ob sie eine Lösung möchten. Über den eigenen Anteil am Misserfolg kann man in der Supervision oder kollegialen Beratung reflektieren.

Noch ein Wort zu Co-Mediation: Unter Co-Mediation verstehe ich, dass zwei Menschen zusammen vermitteln. Das können – je nach Konfliktlage – eine erfahrene und eine unerfahrene, zwei erfahrene oder auch zwei weniger erfahrene Mediatorinnen sein. Bei üblichen Alltagskonflikten in der Schule ist Co-Mediation nicht nötig – im Gegenteil, sie könnte auf Kinder oder Jugendliche eher einschüchternd wirken. Angebracht ist Co-Mediation auf jeden Fall

- in schwierigen Fällen, in denen z. B. Gewalt vorgekommen ist
- in Fällen, bei denen ein eindeutiges Machtungleichgewicht zwischen den Streitparteien existiert, z. B. eindeutiges Täter-Opfer-Verhältnis, Lehrer-Schüler-Konflikt
- bei Gruppenkonflikten.

Nach Möglichkeit sollte die Zusammensetzung des Mediationsteams der Zusammensetzung der Streitparteien entsprechen, z. B. ein Schüler- und ein Lehrer-Mediator beim Schüler-Lehrer-Konflikt. Selbstverständlich ist bei der Co-Mediation entscheidend, dass die Mediatoren sich gut verstehen. Co-Mediation ist meist weniger anstrengend und bietet die einmalige Gelegenheit, sich über Fälle intensiv auszutauschen (vgl. Kapitel 2.5.5 und 2.5.6).

2.3 Ablauf einer Mediation

Schritte des Mediationsverfahrens im Überblick

Vorlauf

Konfliktparteien beruhigen und an einen Tisch zusammenbringen

1. Schritt: Einleitung

Die Mediatorin heißt die Konfliktparteien willkommen, lobt sie für ihre Bereitschaft, eine Lösung für ihren Konflikt zu suchen, erklärt die Grundregeln und ihre eigene Rolle im Mediationsprozess und holt das Einverständnis der Konfliktparteien für die Mediation und deren Regeln ein.
   Die Grundregeln sind:
- Zusammenarbeit
- Offenheit und Ehrlichkeit
- Zuhören ohne Unterbrechungen
- Fairness (z. B. keine Beleidigungen oder Schuldzuweisungen, keine Gewalt)
- Vertraulichkeit und Verbindlichkeit

2. Schritt: Sichtweisen klären und das Problem definieren

Jede Partei schildert den Konflikt aus ihrer Sicht, ohne unterbrochen zu werden. Die Mediatorin spiegelt bzw. fasst die Sichtweisen zusammen und definiert den Konflikt in neutralen Worten.

3. Schritt: den Konflikt erhellen

Jede Partei benennt Gefühle, Anliegen, Wünsche und Bedürfnisse bezüglich des Konflikts, die von der Mediatorin gespiegelt werden.

4. Schritt: Lösungen suchen

Die Streitenden überlegen im Brainstormingverfahren Lösungsideen im Sinne einer Wiedergutmachung (falls erforderlich) sowie einer Zukunftsregelung.

5. Schritt: Vereinbarungen treffen

Die Parteien einigen sich auf eine faire, konkrete, realistische und ausgewogene Lösung. In der Regel schließen sie einen schriftlichen Vertrag ab.

6. Schritt: Nachtreffen zur Auswertung

Die vereinbarte Lösung wird zu einem späteren Zeitpunkt überprüft.

Ablauf der einzelnen Phasen

Vorlauf

Im akuten Konflikt müssen die Konfliktparteien zunächst getrennt werden und die Gelegenheit erhalten, sich zu beruhigen. Denn: Wer noch sehr aufgeregt ist, blutet oder weint, ist noch nicht in der Lage, den Konflikt zu klären. Anschließend klärt die Mediatorin mit den Streitparteien ihre Bereitschaft zum gemeinsamen Gespräch und verabredet sich mit ihnen. In besonders schwierigen Fällen, z.B. wenn ein großes Machtungleichgewicht zwischen den Streitparteien vorhanden ist, kann die Mediatorin getrennte Vorgespräche führen. Wenn ein Fall von den Streitparteien selbst oder von Dritten (z.B. der Klassenlehrerin) an den Mediator herangetragen wird, sollte er im Vorfeld nur klären, wer am Konflikt beteiligt ist, denn zu viel Vorwissen kann zur Voreingenommenheit führen.

1. Schritt: Einleitung

Gleich mit der Einleitung versucht die Mediatorin, eine offene und vertrauensvolle Atmosphäre zu schaffen. Dabei achtet sie darauf, dass Setting und Sitzordnung möglichst kommunikationsfördernd sind. Ideal ist ein Raum in der Schule, der nur für Mediation genutzt wird und entsprechend eingerichtet ist. Mediatorin und Streitparteien sitzen schräg zueinander im Dreieck, am besten um einen runden Tisch herum, so dass die Konfliktpartner gleich weit weg von der Mediatorin sind und sich direkt ansehen können, es aber nicht müssen. Bei einer Gruppenmediation sitzen die Teilnehmer meist mit den Mediatoren im Stuhlkreis ohne Tische;

wenn die Jugendlichen allerdings aggressiv sind, schafft ein Tisch notwendige Distanz.

In einem kurzen Einleitungsstatement bedankt sich die Mediatorin für die Bereitschaft der Streitparteien, am Konflikt zu arbeiten, und erzählt, worum es in der Mediation geht und was ihre eigene Rolle dabei ist. Sie erklärt kurz die Regeln und fragt beide Beteiligten, ob sie damit einverstanden sind. Grundsätzlich gilt: Je persönlicher der Konflikt, desto wichtiger die Vertraulichkeit. Andererseits hat jeder Mensch das Bedürfnis, mit anderen über Konflikte zu sprechen. Wichtig bei der Mediation ist, dass die Vereinbarung eindeutig ist – manchmal ist es notwendig, zum Schluss des Gesprächs noch einmal die Frage nach der Vertraulichkeit zu stellen.[1]

2. Schritt: Sichtweisen klären und das Problem definieren

Im Anschluss an die Einleitung bekommt jede Streitpartei die Gelegenheit, die Situation bzw. den Konflikt aus ihrer Sicht zu schildern. Die Mediatorin fragt, wer beginnen möchte, fasst zusammen, was sie vom ersten Konfliktpartner verstanden hat, gibt dem zweiten das Wort und spiegelt seine Aussage. Sie stellt fest, welche Gemeinsamkeiten und welche Unterschiede ihr bei den Aussagen auffielen. Danach versucht sie Konsens herzustellen über das, was bei der Mediation verhandelt werden soll. Handelt es sich um die Aufarbeitung einer Begebenheit oder einer Reihe von Ereignissen, so werden diese rekonstruiert. Dabei geht es nicht darum, eine objektive Wahrheit herauszuarbeiten, sondern die subjektive Sicht eines jeden Konfliktpartners zu erfragen. Auf jeden Fall muss am Ende dieser zweiten Phase klar sein, welcher Konflikt gelöst werden soll. Diese „Einigkeit in der Uneinigkeit" bedeutet meist den ersten Schritt aufeinander zu. Die Beteiligten kommen langsam von gegenseitigen Beschuldigungen weg. Sie erkennen, dass sie ein *gemeinsames* Problem haben, das nur gemeinsam gelöst werden kann.

Noch ein Wort zur Körpersprache: Am Anfang einer Konfliktbearbeitung sind die Streitparteien häufig (zu Recht!) noch sauer aufeinander. Das drückt sich unter anderem in ihrer Körperhaltung aus, z. B. indem sie sich voneinander wegdrehen. Es ist wichtig, diese Abneigung zunächst zu

---

1 Wenn Verdacht besteht, dass Straftaten im Zusammenhang mit dem Konflikt begangen wurden (z. B. bei Drogenkonsum), sollte die Mediatorin allerdings nach Selbsteinschätzung darauf hinweisen, dass an dieser Stelle die Vertraulichkeit endet bzw. enden würde. Es kommt zwar selten vor, aber hier könnte die Mediatorin in einen Gewissenskonflikt kommen zwischen ihrer Zusage der Vertraulichkeit den Streitparteien gegenüber und der Verpflichtung, Straftatbestände zu melden.

akzeptieren. Auf keinen Fall sollte man die Beteiligten zwingen, sich anzusehen oder sich zueinander zu drehen, wenn ihnen nicht danach zumute ist.

3. Schritt: den Konflikt erhellen

Bei den ersten Rollenspielen in der Lehrerfortbildung springen die Teilnehmerinnen gerne von der Konfliktdefinition zur Lösungsphase über *(„Jetzt wissen wir was los war – wie wollt ihr nun das Problem lösen?").* Angesichts des Zeitdrucks, unter denen Lehrkräfte häufig arbeiten, ist das verständlich – aber falsch. Das merken die Teilnehmerinnen, die die Streitparteien spielen, denn statt konstruktive Lösungsvorschläge zu machen, beharren sie auf ihren Standpunkten. Das tun sie, weil sie sich noch nicht gehört und verstanden fühlen. Ergebnis: Das Gespräch dreht sich im Kreis, Konfliktpartner und Mediatorin sind frustriert. Spätestens bei der Auswertung des Rollenspiels merken sie, was fehlte – die Thematisierung der Gefühle im Konflikt. Denn: Eine effektive Konfliktbearbeitung ohne die Auseinandersetzung mit den Gefühlen der Beteiligten gibt es nicht. Viele angehende Mediatorinnen müssen deshalb ihre erste Scheu überwinden und es wagen, direkt nach der Gefühlslage der Streitparteien zu fragen. Das setzt voraus, dass sie sich auch zutrauen, mit Gefühlsausbrüchen umzugehen.

Bei der Konflikterhellungsphase geht es also darum, die „Unterseite des Eisbergs" (s. S. 169), die Gefühle, Bedürfnisse, Anliegen und Wünsche der Beteiligten, zur Sprache zu bringen, und zwar während des aktuellen Streits und jetzt. Die Mediatorin spiegelt immer wieder das, was sie von den Streitparteien als Kernaussagen versteht, und fordert sie gelegentlich auf, einander zu spiegeln oder sich mit einer bestimmten Aussage oder einem Wunsch direkt an den anderen zu wenden. Erst wenn beide Konfliktpartner sich vom anderen verstanden fühlen, sind sie bereit, aufeinander zuzugehen und gemeinsam Lösungsideen zu entwickeln.

4. Schritt: Lösungen suchen

Entscheidend bei der Suche nach Lösungen ist, dass beide Streitparteien Ideen dazu entwickeln, wie der Streit beigelegt werden könnte. In einem Brainstorming kann die Mediatorin erst mal unzensiert und für alle sichtbar (am besten auf einem Flipchart) alles aufschreiben, was den Beteiligten einfällt. Gerade durch ungewöhnliche oder Quatsch-Vorschläge kommen die „kreativen Säfte" ins Fließen: Die Streitpartner lachen und schon ist die Stimmung gelöster, was die Suche nach Lösungen sehr erleichtert. Nach dem Brainstorming werden die Ideen ausgewertet bzw. auf ihre

Umsetzbarkeit hin überprüft; dabei werden die Ideen gestrichen, die für die eine oder andere Streitpartei absolut nicht akzeptabel sind. Meistens kombiniert man mehrere Ideen und handelt auf ihrer Grundlage eine Lösung aus.

Eine andere Möglichkeit ist, jede Streitpartei für sich mögliche Lösungsideen auf Karteikarten aufschreiben zu lassen, und zwar:

- Was wünsche ich mir vom anderen?
- Was bin ich bereit zu geben bzw. zu tun, um den Streit beizulegen?

Die Mediatorin achtet darauf, dass beide Seiten – je nach ihrem Anteil am Konflikt – zu der Lösung beitragen. Sie fasst zwischendurch immer wieder Übereinstimmungen zusammen und spricht die Bedenken der Streitparteien direkt an.

Es gibt zwei Arten von Lösungen: Wiedergutmachung und Zukunftsregelung. Häufig kommt es vor, dass ein Kind bzw. Jugendlicher von sich aus eine Entschuldigung anbietet, manchmal auch, dass einer eine Entschuldigung verlangt. Wichtig dabei ist zu fragen, ob der andere die Entschuldigung auch annimmt. Eine Wiedergutmachung kann aber auch andere Formen annehmen, z. B. die Reparatur oder den Ersatz eines zerstörten oder verlorenen Gegenstandes. Häufig wird aber keine Wiedergutmachung verlangt, denn die Situation hat sich bereits durch das Gespräch entspannt.

Entscheidend bei der Zukunftsregelung ist die Frage: *„Wie wollt ihr in Zukunft Streit verhindern?"* Oder: *„Was könnt ihr tun, dass so etwas zwischen euch nicht mehr passiert?"* Wenn die Streitparteien global oder ausweichend antworten *(„Jetzt verstehen wir uns wieder!"),* muss die Mediatorin sie durch gezielte Fragen dazu bewegen, ihre Ideen zu konkretisieren, beispielsweise: *„Wie sieht das aus, wenn ihr euch besser versteht?" „Was tust du, wenn du dich doch mal wieder über ihn ärgerst?".* Die Mediatorin achtet darauf, dass die vereinbarte Lösung realistisch ist.

5. Schritt: Vereinbarungen treffen

Schließlich einigen sich die Streitparteien auf eine Lösung, die beide Seiten als fair und ausgewogen empfinden. Die Mediatorin sorgt dafür, dass die Vereinbarung klar ausformuliert und für einen überschaubaren Zeitraum verbindlich ist. Je jünger die Schüler sind, desto unrealistischer ist es zu erwarten, dass sie ihr Verhalten aufgrund eines einzigen Gesprächs radikal ändern werden. Deshalb gilt es, konkrete Verabredungen zu treffen, bei denen klar ist, wer was bis wann zu tun hat.

Die Vereinbarung sollte positiv formuliert werden. Ob man die Vereinbarung zu Papier bringt und von den Streitparteien unterschreiben lässt, hängt von dem Fall ab. Eine unterschriebene Vereinbarung erhöht die Verbindlichkeit und Klarheit. Wenn der Konflikt aber vor allem emotional geprägt ist, ist eine schriftliche Vereinbarung eventuell nicht angebracht.

Zum Schluss des Gesprächs gratuliert die Mediatorin den Konfliktpartnern zur Vereinbarung und fragt vielleicht kurz nach, wie es ihnen jetzt geht (meist sind sie erleichtert). Sie vereinbart mit ihnen einen Termin, um zu überprüfen, ob es mit der Vereinbarung geklappt hat, und wünscht ihnen viel Glück.

6. Schritt: Nachtreffen zur Auswertung

Bei diesem Treffen, das meist nur kurz dauert, werten die Streitparteien die Vereinbarung aus: Haben sich beide daran gehalten? Gab es irgendwelche Schwierigkeiten? Wenn ja, wie sind sie damit umgegangen? Soll die Abmachung verlängert werden? Für wie lange? Falls es mit der Abmachung nicht geklappt hat: Woran ist es gescheitert und wie soll es geändert werden? Wenn die Antworten positiv ausfallen, hat sich das Treffen trotzdem gelohnt, denn es stellt eine Bestätigung der Streitparteien dar – immerhin haben sie es geschafft, ihren Konflikt zu lösen! Und wenn eine Korrektur nötig ist, ist es besser, sie gleich vorzunehmen, als auf die nächste „Explosion" zu warten.

Besondere Situationen

Bei schwerwiegenden Konflikten, z.B. wenn Gewalt im Spiel ist oder wenn die Beziehung zwischen den Streitparteien schon lange vor dem Konflikt belastet war, braucht man in der Regel mehr als eine Mediationssitzung. Die Abstände zwischen den Sitzungen sollten nicht zu lang sein. Wichtig ist, darauf zu achten, wie die Beteiligten bei den Einzelsitzungen auseinander gehen – wenn es sich um ein Täter-Opfer-Verhältnis handelt, fragt man also am Ende der Sitzung: *„Was brauchst du, um ohne Angst hier wegzugehen und dich bis zu unserem nächsten Treffen sicher zu fühlen?"*

Bei einem Gruppenkonflikt müssen die Methoden etwas abgewandelt werden: Oft legen die Schülerinnen viel Wert darauf, sich zunächst anonym äußern zu können. In der zweiten Phase lasse ich sie beispielsweise auf Kärtchen aufschreiben, was sie am Umgang miteinander in der Klasse stört. Meist gibt es viele Übereinstimmungen, was den Beteiligten das wichtige Gefühl vermittelt: *„Ich bin doch nicht alleine!"* Außerdem kommen Probleme auf den Tisch, die die Schüler vorher aus Angst vor Blamage nicht auszusprechen wagten. Ich lese die Punkte, die sie aufgeschrieben haben, vor und fasse sie zu einer neutralen Problemdefinition zusammen, der die Gruppe zustimmt oder die sie abwandelt. Somit ist klar, welches

Problem gelöst werden soll. Auf diese Weise ermutigt, erhalten die Teilnehmenden während der Erhellungsphase die Gelegenheit, Kränkungen und Ärger offen in der Gruppe auszusprechen, allerdings ohne den Anspruch, alle vorhandenen Probleme damit lösen zu können. Bei der Lösungssuche lasse ich die Schülerinnen wieder auf Kärtchen Ideen sammeln. Diese lese ich wiederum vor und formuliere daraus einen Vorschlag für eine Vereinbarung, den die Anwesenden abwandeln oder annehmen. Gruppenmediation sollte man möglichst zu zweit machen und von der Dauer offen halten, denn oft sind mehrere Sitzungen – auch mal getrennt mit verschiedenen Teilgruppen – notwendig.

Noch ein Wort zu „gescheiterten Mediationen": Nicht immer gelingt es, eine gemeinsame Lösung herbeizuführen. Das heißt aber nicht, dass die Mediation ergebnislos oder umsonst war. In ihrem Buch *The Promise of Mediation* kritisieren Baruch Bush und Folger die gegenwärtige Praxis der Mediation als zu vermittlergesteuert und lösungsorientiert. Statt sich auf die Suche nach Lösungen für den zukünftigen Umgang miteinander zu konzentrieren, sollten Mediatorinnen ihrer Meinung nach der Erhellung des Problems mehr Beachtung schenken. Wichtiger als eine Übereinkunft, die eventuell unter Druck des Mediators zustande kam, ist, dass die Beteiligten sich mit ihrem Konflikt auseinander gesetzt und die Entscheidungsmacht (Lösung oder keine) in ihrer eigenen Hand behalten haben.

2.4 Fragen in der Mediation

Die folgenden Fragen und Aussagen zu den Phasen der Mediation sind nicht dazu gedacht, auswendig gelernt zu werden, sondern sie sollen Ihnen einen Eindruck in die Fragetechniken geben – gerade im Vergleich zu den eher üblichen geschlossenen und bewertenden Fragen.

Unterstreichen Sie die passenden Aussagen oder Fragen grün, die unpassenden rot. (Zu dieser Übung gibt es keine „Auflösung".)

Vorlauf

Ziel: Konfliktparteien zur Teilnahme an einem Gespräch motivieren

- Ich habe gesehen, dass von dir ständig Streit ausgeht. Wir müssen mal drüber reden.
- Ich sehe dich sehr oft in Streitereien verwickelt. Würdest du gern mal darüber reden?
- Wir können den Konflikt jetzt nicht lösen. Wenn ihr damit einverstanden seid, reden wir nach dem Unterricht in Ruhe darüber.

- Ihr müsst heute nach dem Unterricht noch zu einem Gespräch dableiben. So geht das nämlich nicht weiter mit euch beiden.
- Ich habe bemerkt, dass ihr zwei ein Problem miteinander habt und euch nicht so recht wohl fühlt. Lasst uns doch mal darüber reden.

1. Einleitung

Ziel: geschützten Rahmen schaffen

- Seit Wochen störst du deine Mitschüler. Ich möchte, dass du uns dein Verhalten erklärst!
- Ihr hattet also schon wieder Streit und macht ständig in der Schule Ärger?
- Ich biete euch an, mit euch nach einer Lösung für das Problem zu suchen – die Lösung sollt ihr aber selbst finden.
- Ihr müsst jetzt miteinander reden!
- Ich freue mich, dass ihr bereit seid, über den Konflikt zu reden. Vielleicht finden wir eine Möglichkeit, dass ihr in der nächsten Zeit besser miteinander auskommt. Meine Aufgabe bei dem Gespräch ist ...
- Folgende Gesprächsregeln möchte ich mit euch vereinbaren: Jeder darf ausreden, keiner beleidigt den anderen, jeder hört dem anderen zu, alles Gesprochene bleibt unter uns. Ist das für euch o. k.?
- Seid ihr bereit, es mit dem Gespräch auszuprobieren?

2. Sichtweisen klären und das Problem definieren

Ziel: klären, welches Problem gelöst werden soll, gegebenenfalls Ereignisse rekonstruieren, Problem neutral definieren

- Berichtet doch bitte beide erst einmal, was genau vorgefallen ist! Wer will anfangen?
- Die anderen haben das aber anders erzählt.
- Mir scheint, du hast dich falsch benommen!
- Bist du mit seiner/ihrer Sichtweise einverstanden? Was war für dich anders?
- Wenn ich dich richtig verstanden habe, warst du gerade auf dem Flur als ...
- Das ist wieder typisch!
- Was hat er/sie genau gemacht?
- Das macht man nicht!

3. den Konflikt erhellen

Ziel: Gefühle, Interessen, Wünsche und Bedürfnisse zur Sprache bringen, Verständnis füreinander fördern

- Das ist doch nicht so schlimm!
- Hattet ihr schon immer Stress miteinander? Oder habt ihr euch auch mal gut verstanden? Wie war das?
- Hast du so etwas Ähnliches auch schon mal erlebt? Und was ist da passiert? Wie war das für dich?
- Warum hast du das gemacht?
- Verstehe ich das richtig, ihr spielt beide gern Fußball/hört beide gern Musik/wollt am liebsten beide gern der Star in der Klasse sein? (Gemeinsamkeiten finden)
- Wie war das, als ... passiert ist? ... als sie das gesagt hat?
- Ich merke, du ärgerst dich jetzt sehr ...
- Habe ich dich richtig verstanden, dass du dich dabei allein gelassen fühltest? ... Kannst du nachvollziehen, wie er sich dabei gefühlt hat?
- Ich habe den Eindruck, dass dich das sehr gekränkt hat. Ist das so?
- Versuche in die Haut des Gegners zu schlüpfen – wie geht es dir dabei?
- Sag ihr doch mal direkt, was du von ihr verstanden hast, wie es ihr in dem Moment ging!
- Was hast du dir gewünscht in der Situation?

4. Lösungen suchen

Ziel: Lösungsideen sammeln, kreativ werden

- Was haltet ihr davon, wenn ihr das so ... macht?
- Was könntet ihr tun, damit es nicht wieder passiert/so weit kommt?
- Was wünschst du dir von ... ?
- Was bist du bereit, selbst zu geben?
- Wie findest du die Idee von ... ?
- Wie könnte man die Sache anders lösen?
- Ich finde, ihr solltet vernünftig sein und euch jetzt vertragen.
- Welche Regel sollte es zwischen euch geben?

5. Vereinbarungen treffen

Ziel: konkrete, faire, ausgewogene und realistische Lösung vereinbaren.

- Ihr habt folgende Vereinbarung getroffen ...
- Könntet ihr mit diesem Ergebnis umgehen? Könnt ihr euch darauf einlassen?
- Wie lange soll die Vereinbarung gelten? Was ist realistisch?

- So wie X das vorschlägt, machen wir das. Der Vorschlag ist gut, seid ihr einverstanden?
- Ich glaube zwar nicht, dass ihr euch an die Vereinbarung haltet ...
- Toll, dass ihr das hingekriegt habt!
- Denkt daran, ich kontrolliere, ob ihr die Vereinbarung einhaltet!
- Wie geht es dir/euch jetzt? Wie begegnet ihr euch morgen in der Schule?
- Wollen wir uns in zwei Wochen wieder treffen? Dann sehen wir, ob euch die Lösung gelungen ist.
- Ich möchte nicht sehen, dass ihr euch wieder streitet!
- Ich bedanke mich für die gute Zusammenarbeit mit euch.

6. Nachtreffen

Ziel: nachfragen, ob der Lösungsweg funktionierte und wie es den Parteien miteinander geht

- Geht ihr nun vernünftig miteinander um?
- Wie hat es geklappt?
- Hast du ihn in Ruhe gelassen?
- Welche Punkte der Vereinbarung konntet ihr erfüllen/einhalten?
- Schön, dass ihr es hinbekommen habt!
- Woran lag es, dass es nicht geklappt hat?
- Sollen wir den Vertrag ändern/verlängern?

2.5 Fallbeispiele aus der Praxis

Vorbemerkung

Verschiedene Fallbeispiele aus der Praxis geben Ihnen ein realistisches und anschauliches Bild von den Möglichkeiten und Grenzen der Mediation in der Schule.

Zuerst beschreibe ich kurz einige Mediationsfälle aus meiner eigenen Praxis. Die Mediatorinnen kommen in diesen Beispielen von außerhalb der Schule. In diesen Fällen ist es trotz Vorgesprächen mit der Lehrkraft schwer einzuschätzen, welche Dynamik man vorfinden und wie sie sich entwickeln wird. In manchen Fällen hatte mich die Lehrerin vor schwierigen Schülern gewarnt, die ich als sehr offen und aufgeschlossen erlebte. Andererseits war es manchmal sehr schwer, an die Kinder bzw. Jugendlichen heranzukommen oder das vorhandene Machtungleichgewicht auszugleichen.

Es schließen sich detailliertere Beschreibungen von Mediationen an, die von erfahrenen Lehrer-Mediatorinnen zumeist in ihren eigenen Schulen durchgeführt wurden. Sie sollen Ihnen einen weiterführenden

Einblick in die Praxis der Mediation an Schulen durch Erwachsene gewähren. Das Kapitel schließt mit konkreten Fragen zur Situation an Ihrer Schule.

2.5.1 Mediation durch Außenstehende

„Wenn das hier so weitergeht, wechsele ich die Schule!"

Mario und Robert besuchen die 8. Klasse einer Berliner Gesamtschule. Die Klassenlehrerin beschreibt Mario als einen „kleinen Napoleon", der ständig seine Mitschüler provoziert. Besonders Robert fühlt sich von Mario drangsaliert, wird von ihm mit Tinte bespritzt, in eine Pfütze geschubst usw. Die Situation eskaliert, bis Robert eines Tages unangekündigt und unerlaubterweise während einer Hofpause die Schule verlässt. Am nächsten Tag sagt er: „Wenn das hier so weitergeht, wechsele ich die Schule!" Statt ihn zu beruhigen bzw. zu beschwichtigen und zurechtzuweisen („So schlimm kann das nicht sein – auf jeden Fall darfst du nicht einfach so die Schule verlassen!") und Mario zur Rede zu stellen („Du weißt, du darfst ihn nicht so behandeln!"), wird eine Mediation angesetzt.

Während einer Kunststunde lädt die Lehrerin beide Jungen zum gemeinsamen Gespräch ein. In der geschützten Atmosphäre der Mediation kann Robert seinen Ärger zum Ausdruck bringen. Die Ereignisse um den „Pfützenvorfall" werden rekonstruiert: Robert wurde von einem anderen geschubst und stieß unabsichtlich gegen Mario, der daraufhin in die Pfütze fiel und seinerseits Robert in die Pfütze stieß, obwohl sich dieser bereits entschuldigt hatte. Mario erklärt den Grund für seine heftige Reaktion: „Ich habe nur zwei Jeans und die andere war in der Wäsche – ich wusste überhaupt nicht, was ich am nächsten Tag anziehen sollte." Auf die Frage hin, ob ihn etwas an Roberts Verhalten störe, erzählt Mario, dass Robert ihn manchmal „komisch anguckt", aus Misstrauen, wie sich herausstellte. Die beiden Jungen einigen sich darauf, sich gegenseitig zu entschuldigen, wenn sie aus Versehen den anderen stoßen, und die Entschuldigung dann auch anzunehmen. Außerdem wollen sie – um zukünftigen Ärger zu vermeiden – im Deutsch- und Kunstunterricht nebeneinander statt hintereinander sitzen (über diese Idee ist die Lehrerin sehr überrascht). Die Vereinbarung wird aufgeschrieben und später von beiden unterschrieben. Als wir den Raum verlassen, ist die Unterrichtsstunde vorbei: Einige Mitschüler stürzen sich auf Mario und Robert und fragen neugierig: „Wer hat dann nun Recht bekommen?"

Insgesamt bringt das Gespräch eine Wende in die Beziehung der beiden Jungen: Es gibt keine weiteren Vorfälle. Allerdings macht sich Mario nach Angaben der Lehrerin schon an sein nächstes „Opfer" heran ... Das Beispiel zeigt, dass Mediation durchaus für Alltagskonflikte eine Lösung bewirken, nicht aber eingefahrene Verhaltensmuster Einzelner völlig verändern kann.

2. Beispiel: Fußball und Kopfnüsse

Einen anderen Fall beraten wir zunächst in der Fortbildungsgruppe: Friedrich und Max sind zwei unauffällige Realschüler in der 7. Klasse. Vor kurzem fehlte Friedrich ganze zwei Wochen lang unentschuldigt. Als die Lehrerin endlich seine Mutter erreichte – die Familie steckte gerade im Umzug –, wusste diese von nichts. Als die Mutter dann mit Friedrich sprach, erzählte er etwas von einer Sportstunde, die blöd lief. Daraufhin kam Friedrich wieder zur Schule; die Klassenlehrerin handelte mit den Fachlehrkräften aus, dass er den verpassten Stoff nachholen kann, zumal er noch im Probehalbjahr steckte. Der Klasse sagte sie, er sei krank gewesen. Aus Friedrich bekam sie heraus, dass sein Wegbleiben etwas mit Max zu tun hatte. Um den Vorfall zu klären, lädt die Lehrerin beide Jungen zum Mediationsgespräch ein.

Das Gespräch findet nach der Schule im Klassenraum statt und dauert eine Stunde. Max weiß nicht, was das Ganze soll, ist aber einigermaßen aufgeschlossen. Friedrich erzählt, was ihn an Max' Verhalten stört:

Friedrich: *Er schlägt mich immer von hinten an den Kopf und lacht dabei. Das finde ich überhaupt nicht lustig.*
Mediatorin: *Wie ist das für dich?*
Friedrich: *Das tut weh!*
Mediatorin zu Max: *Weißt du, was er meint?*
Max: *Ja, das ist aber doch nur Spaß. Ich knuffe doch nur ein bisschen rum. Was kann ich dafür, wenn er das nicht mag? Ich meine es nicht so. Außerdem entschuldige ich mich dann.*
Friedrich: *Ja, wenn ich dir sage, dass du aufhören sollst, machst du es noch mal und sagst dabei „Entschuldigung!"* (lachend).
Mediatorin: *Für dich ist es also kein Spaß!?*
Friedrich: *Nein, ich finde es erniedrigend.*
Mediatorin: *Nimmst du ihm das dann ab mit der Entschuldigung?*
Friedrich: *Nein, das sagt er nur so.*
Mediatorin: *Max, kannst du das annehmen, dass es für Friedrich kein Spaß ist, wenn du das machst?*
Max: *Ja ...*
Mediatorin: *Kennst du das auch, dass einer etwas aus Spaß macht, was für dich überhaupt nicht lustig ist? Magst du mal erzählen?*

Max: *Ja ... Ich kenne es, aber ich will nichts erzählen.*

Mediatorin: *Okay. Kannst du Friedrich sagen, was du verstanden hast, wie es ihm in dem Moment geht?*

Max: *Du möchtest es nicht, es ist erniedrigend.*

Friedrich: *Ja.*

Mediatorin: *Friedrich, ist das alles, oder war noch was?*

Friedrich: *Im Sport ist mal was passiert, so vor drei Wochen. Wir haben in der Sportstunde Fußball gespielt. Ich habe ein Foul gemacht und die anderen haben mich ausgelacht, allen voran Max.*

Mediatorin: *Wie ging es dir dabei?*

Friedrich: *Es war schlimm. Ich weiß, dass ich nicht so gut bin im Fußball, aber die müssen mich nicht so auslachen.*

Mediatorin: *Also es hat dich verletzt, ausgelacht zu werden?*

Friedrich: *Ja!*

Mediatorin: *Max, kannst du dich an diese Situation erinnern?*

Max: *So dunkel. Er hat sich doof angestellt. Wenn man einen Fehler macht, wird man schon mal ausgelacht, das ist halt so, das soll er nicht so persönlich nehmen.*

Mediatorin: *Es ist also nicht persönlich gemeint – es kann mal jeden treffen, wenn er einen Fehler macht?*

Max: *Ja, eigentlich habe ich nichts gegen ihn.*

Mediatorin: *Friedrich, kannst du das annehmen, dass er nichts gegen dich hat?*

Friedrich (zögernd): *Ja.*

Mediatorin zu Max: *Und kannst du annehmen, dass es damals bei Friedrich so angekommen ist?*

Max: *Ja, okay.*

Mediatorin: *Verstehe ich das eigentlich richtig, dass ihr beide gern Fußball spielt?*

Friedrich und Max: *Ja!*

Mediatorin: *Es spielen halt nicht alle gleich gut. Max, du spielst aber ziemlich gut, oder?*

Max: *Ja!*

Mediatorin: *Wie soll es mit euch weitergehen? Friedrich, was wünschst du dir von Max? ...*

Das Gespräch endete mit einer gemeinsamen Vereinbarung, in der Max sich bereit erklärte, Friedrich in Ruhe zu lassen bzw. mit den Späßen aufzuhören, wenn Friedrich ihn darum bittet. Außerdem wollten die beiden vielleicht mal zusammen Fußball spielen.

In diesem Fall haben wir vorher beraten, Max nicht zu sagen, dass sein Verhalten mit Friedrichs Wegbleiben zusammenhing – zumindest sollte er dies nicht von der Lehrerin erfahren. Friedrich hätte es im Gespräch sagen können, hat es aber aus verständlichen Gründen nicht getan. Dieses Wissen hätte das Machtungleichgewicht zwischen den beiden Jungen verschärft. Am Anfang des Gesprächs hatte Max überhaupt kein Problem und war sich offensichtlich nicht bewusst, dass sein Verhalten Friedrich ernsthaft störte. Erst als er Friedrichs Gefühle direkt spiegeln sollte, war er bereit, sich innerlich auf den Konflikt einzulassen und seinen Anteil daran zu erkennen. Es war wichtig, ihn nicht als „Täter" zur Rede zu stellen, sondern Friedrich in seinem Bemühen zu unterstützen, sein subjektives Erleben zu schildern. Ebenfalls war es wichtig für Friedrich zu erfahren, dass Max ihn nicht als Opfer ausgesucht hat. So konnten die Jungen eine Lösung finden, die einen unbelasteten Umgang miteinander ermöglichte.

3. Beispiel: „Sie soll mich nicht ohne Grund treten!"

Von den Eltern eines Fünftklässlers werde ich angesprochen: Kevin hat ständig Streit mit Silke, einem Mädchen aus seiner Klasse. Bei der Mediation, die während des Unterrichts stattfindet und etwa eine halbe Stunde dauert, kommen mehrere Vorfälle zur Sprache, bei denen Kevin und Silke sich beschimpft, geschubst, getreten und mit Steinchen und Tannenzweigen beworfen haben. Die Kinder sind sich nicht immer einig über den Ablauf der Vorfälle, vor allem neigen beide dazu, dem/der jeweils anderen die Schuld zu geben („Du hast aber zuerst ..."). Trotzdem: Beide leiden genug unter der gegenwärtigen Situation, um sie ändern zu wollen. Nach Problemdefinition („Ihr habt also öfter Stress und Streit miteinander ...") und Erhellung fordere ich sie auf aufzuschreiben, was sie vom anderen wünschen und was sie bereit sind zu geben, um den Streitereien ein Ende zu bereiten. Silke schreibt: *„Er sol keine ausdrücke sagen so wie Provozieren. Ich werde ihn nicht Treten schupsen und Ausdrücke sagen. Das mach ich nur wen er mich inruhe lässt und sich nicht einmischt wen ich mich mal mit anderen streite. Er soll mir generell ausdem Weg gehen. Das bedeutet so fiel wie nicht Ergern. Meine sachen inruhlassen."*

Kevin schreibt:

„– sie soll mich nicht ohne Grund treten
– keine Ausdrücke sagen
– meine Sachen in Ruhe zu lassen
Wenn sie nicht mehr tretet, böse Ausdrücke sagt, mich und meine Sachen in Ruhe lässt (bin ich bereit) sie in Ruhe zu lassen."

Die Vereinbarung, die schließlich von den Kindern unterschrieben wird, lautet:

Wir sagen uns keine bösen Ausdrücke. Wir treten und schubsen uns nicht gegenseitig und schmeißen aufeinander keine Gegenstände. Wir lassen unsere Sachen gegenseitig in Ruhe, z. B. fassen sie nicht an und verstecken sie nicht.
Wenn wir uns übereinander ärgern,
– sagen wir: „Denke an unseren Vertrag!"
– drücken einen Wutgegenstand
– ignorieren uns.

Der Vertrag galt zunächst für eine Woche und wurde dann verlängert. Es gab zwischen den beiden keine nennenswerten Vorfälle mehr, was zwar für sie selbst eine Erleichterung war, jedoch wenig an der allgemein gereizten Atmosphäre in der Klasse änderte (Silke wurde z. B. von den anderen Mädchen weitgehend abgelehnt und ausgeschlossen; auch die Jungen hatten häufig Streit miteinander). Mit der Lehrerin vereinbarte ich die Durchführung von zweimal zwei Doppelstunden mit der ganzen Klasse zum Thema „Umgang mit Konflikten und Wut" (vgl. Walker 1995, S. 94 ff. und Whitehouse/Pudney 1996). Diese führten wir mit Unterstützung einer Sozialarbeiterin des örtlichen Jugendclubs durch, die auch in der Schule tätig war. Da es praktisch unmöglich war, mit der ganzen Klasse zu arbeiten, teilten wir sie in Mädchen- und Jungengruppen auf. In diesen Stunden kam unter anderem heraus, dass sich ein Junge, der bis vor kurzem der „Star" der Jungengruppe gewesen war, durch einen neuen Mitschüler in seinem Status bedroht fühlte. Insgesamt wurde deutlich, dass es zur weiteren Beruhigung der Klassensituation viel mehr an sozialem Lernen bedurfte. Die Mediation löste also einen kleinen Konflikt, der bezeichnend war für einen ganzen Konfliktkomplex, der weitergehende Maßnahmen verlangte. Dieser Fall zeigt, wie wichtig das Zusammenspiel von sozialem Lernen und Mediation ist.

4. Beispiel: „Der Umgangston in der Klasse ist sehr schlecht"

Ein Gymnasiallehrer ruft an und bittet mich, eine Mediation in seiner 9. Klasse durchzuführen. Vor einiger Zeit wurde der Rucksack einer Schülerin offensichtlich von einigen aus der Klasse geklaut. Es konnte nicht geklärt werden, wer es getan hatte. Gegenseitige Beschuldigungen in der Klasse führten zu Spannungen. Auch die Eltern-Lehrer-Beziehung war belastet: Einige Eltern ärgerten sich über angebliche Beschuldigungen des Lehrers ihren Kindern gegenüber und drohten dem Lehrer mit einer Anzeige. Die Mediation soll an einem Vormittag stattfinden: Wir haben drei Stunden Zeit, der Unterricht fällt aus. Mit dem Lehrer bin ich mir einig, dass es nicht Ziel des Gesprächs ist, isoliert das „Rucksackproblem" zu lösen.

Am Tag der Mediation sitze ich mit der Klasse und dem Lehrer im Stuhlkreis. Nach einer kurzen Vorstellungsrunde erkläre ich, dass ich mit ihnen über den Umgang miteinander in der Klasse sprechen möchte, da es wohl einige Schwierigkeiten und Konflikte gegeben habe. Es ginge nicht darum, Schuldige ausfindig zu machen, sondern über die Probleme in der Klasse offen und ehrlich zu sprechen. Damit und mit den Regeln sind die Schülerinnen einverstanden.

Zur Problemdefinition sollen die Schüler auf bunte Zetteln schreiben, was sie in letzter Zeit gestört hat bzw. worüber sie sich geärgert haben – nur bezogen auf Konflikte der Jugendlichen untereinander. Als alle fertig sind, sammele ich die Zettel ein. Von meiner Absicht, sie an die Tafel zu hängen, muss ich Abstand nehmen – die Schülerinnen legen viel Wert auf Anonymität. Sie möchten nicht, dass jemand ihre Schrift erkennt. Ich lese also die Zettel unkommentiert vor, hier einige Beispiele:

- *„Der Umgangston in der Klasse ist sehr schlecht. Es geht mir auf die Nerven, dass ich, wenn ich mich melde, immer mit doofen Kommentaren aus der Klasse rechnen muss."*
- *„In letzter Zeit ist die Stimmung in der Klasse gereizt. Nicht nur die Jungen, besonders bei den Mädchen wird viel gelästert. Sie tun immer so freundlich, aber in Wirklichkeit lästern sie über einen. Die Jungs geben dafür oft dumme Kommentare."*
- *„Es gibt unter einzelnen Schülern Bemerkungen, aber das ging nicht um mich. Trotzdem sind die blöden Bemerkungen ziemlich schade."*
- *„Geld für Natalies Rucksack kam fast nur von den Mädchen. Alle hätten bezahlen sollen!"*
- *„Zu wenig Vertrauen in der Klasse (untereinander), das Zerstören fremden Eigentums."*
- *„Die Beschuldigungen innerhalb der Klasse führten zu einer gewissen Spannung, und somit finde ich es schade, dass die Klassengemeinschaft darunter leiden musste!"*
- *„Der schlechte Zusammenhalt in der Klasse."*
- *„Gar nichts!"*

Während die Jugendlichen eine kurze Pause machen, fasse ich den Inhalt ihrer Zettel zu einer gemeinsamen und neutralen Problemdefinition zusammen: *Das Problem ist, dass sich der Umgangston in der Klasse verschlechtert hat. Darunter leidet die Klassengemeinschaft.* Mit dieser Definition sind die Schülerinnen einverstanden. Als Überleitung zur Erhellungsphase erkläre ich das Eisbergmodell: Unter der Oberfläche des Problems liegen immer verdeckte Verletzungen, Gefühle, Befürchtungen, Ängste, Wünsche und Bedürfnisse. Eine Lösung kann erst gefunden werden, wenn diese Bedürfnisse usw. ausgesprochen sind.

Ich frage die Schüler: Was hat dir ganz persönlich weh getan? Es folgt eine angeregte Aussprache – wer sich meldet, bekommt den Ball und hat das Wort, ich spiegele die Aussagen. Zur Sprache kommen Situationen, in denen sich Einzelne verletzt fühlten, z. B. als sie mitbekamen, dass andere sich über sie lustig machten oder hinter ihrem Rücken über sie redeten. Die Betroffenen sprechen sich direkt an; sie sind aufgeregt, aber auch bereit, sich auf die Sichtweise der anderen emotional einzulassen und ihren Anteil am Konflikt anzunehmen. Auf Nachfrage äußern sie, dass sie lieber direkt Probleme klären möchten. Auch das Rucksackproblem und die Spannungen unter den Eltern werden angesprochen, nicht aber eingehend geklärt. Die meisten Schülerinnen sind sehr bei der Sache, ein paar Jungen zeigen keine Betroffenheit (vermutlich diejenigen, die auch keine Probleme in der Klasse sehen). Ein Junge versucht, die Diskussion zu dominieren – ich bin froh, den Lehrer als unterstützenden Moderator dabeizuhaben.

Nach dieser Aussprache folgt eine längere Hofpause – die Jugendlichen müssen mal durchatmen und loslassen. Zur Lösungssuche fordere ich dann die Klasse auf, wieder auf bunte Zettel zu schreiben, wie es mit ihnen weitergehen soll. Es gibt zwei Fragestellungen:

1. Was kann ich tun, um die Situation zu verbessern?
2. Was wünsche ich mir von den anderen?

Anschließend lese ich die Antworten vor, hier einige Beispiele:

- *„1. Ich könnte umgänglicher mit anderen sein und geduldiger! 2. Ich wünsche mir von den anderen, dass sie rücksichtsvoller sind, keine Kommentare abgeben, wenn sie unpassend sind, und dass sie sich bemühen, mit den anderen auszukommen. Somit könnte vielleicht die Spannung abgewendet werden und es würden sich eventuell neue Freundschaften bilden!"*
- *„1. Keine Bemerkungen über andere und andere Meinungen respektieren. 2. Im Grunde genommen dasselbe"*
- *„Sagen, was einem nicht gefällt, einstecken können, auch Diskussionen nicht aus dem Weg gehen, sondern Konflikt lösen"*
- *„Ich wünsche mir, dass man offen miteinander redet und nicht hinterm Rücken. Keine blöden Kommentare mehr bei Meldungen dazwischenrufen. Keine Gerüchte in die Welt setzen, die anderen schaden könnten."*

- *„Was kann ich tun? Selbst weniger lästern. Was wünsche ich mir? Ich wünsche mir, akzeptiert zu werden und dass die Kommentare aufhören."*
- *„1. Ich könnte mich selber mit dem Lästern etwas zurückhalten. 2. Ich wünsche mir auch von den anderen, dass sie nicht so viele blöde Kommentare in die Klasse rufen."*
- *„Was ich mir wünsche: Ich würde es gut finden, wenn jemand mit mir ein Problem hat, dass er mit mir und nicht mit jemand anderem redet. So können keine Missverständnisse und Vorurteile entstehen und das Lästern fällt auch weg."*
- *„1. Nichts. 2. Nichts."*

Obwohl nach wie vor einige Schüler keine Bereitschaft signalisierten, zu einer Lösung des Problems beizutragen, waren doch die meisten sehr engagiert bei der Sache. Während einer letzten kurzen Pause fasste ich die Vorschläge zu einer möglichen Vereinbarung zusammen, die dann auch von der Klasse als Ganzes angenommen wurde: *Wir bemühen uns, blöde Bemerkungen in der Klasse einzuschränken, und sprechen Probleme untereinander direkt an.* Wir verabredeten, dass die Vereinbarung abgeschrieben und für alle sichtbar im Klassenraum aufgehängt würde. Ich bedankte mich für die konstruktive Zusammenarbeit, beglückwünschte die Klasse zur gemeinsamen Lösung und beendete das Gespräch. Der Lehrer und ich waren zufrieden und erschöpft. Nach einem Monat berichtete er, die Mediation hätte einen Stimmungsumschwung in der Klasse bewirkt: Entsprechend der Vereinbarung gingen die Jugendlichen jetzt freundlicher und offener miteinander um, Probleme und Konflikte sprächen sie gleich an, wenn sie auftauchten. Nach drei weiteren Monaten hielt dieser erfreuliche Zustand noch an.

5. Beispiel: „Die haben wir rausgeekelt"

Ein anderer Fall, in dem es auch um den Umgang in der Klasse geht, verläuft weniger positiv: Der Lehrer einer 6. Klasse bittet mich, die Mediation durchzuführen. Die Stimmung unter den Schülern sei mies, es hätte bereits ein Mädchen wegen Mobbing auf eigenen Wunsch die Klasse gewechselt. Nun hofften die Eltern und der Lehrer, durch eine Mediation die Situation zu verbessern. Wir haben etwa drei Stunden Zeit. Was ich als Außenstehende vorher nicht wissen kann oder nicht ausreichend abkläre, ist, dass die Schüler selbst wenig Interesse an einer Klärung haben.

Die Klasse zeigt sich während des ganzen Gesprächs sehr unruhig und aggressiv. Bei der Benennung der Probleme gehen sie immer wieder auf Lehrer-Schüler-Probleme ein, was nicht Gegenstand der Mediation sein soll und was der Lehrer und ich abblocken. Mehrere Problembenennungen werden deswegen nicht in die Diskussion integriert, was sicherlich dazu führt, dass einige Kinder noch weniger engagiert bei der Sache sind. Als in der Erhellungsphase der Vorfall mit der gemobbten Mitschülerin zur Sprache kommt, erzählen einige stolz: *„Die haben wir rausgeekelt – das hat sie auch verdient!"* Trotz intensiven Nachfragens und dem Versuch, die Kinder dazu zu bewegen, sich in die Situation der Mitschülerin hineinzuversetzen, blocken praktisch alle Kinder emotional ab und sind nicht bereit, Mitverantwortung für den Konflikt zu übernehmen. Es gelingt mir nicht, die negative und gereizte Stimmung in der Klasse aufzubrechen. Als sich abzeichnet, welcher Junge das nächste „Opfer" der Klasse sein würde – alle schießen sich auf ihn ein, geben ihm die Schuld für Missstände in der Klasse –, gehe ich mit ihm und zwei anderen Schülern auf den Flur, um einen kleineren Vorfall zu klären. Hier zeigen sich die Kinder aufgeregt, aber eher in der Lage, sich aufeinander einzulassen. Allerdings sind die Bedingungen – Zeitdruck und immer wieder unerwünschter Kurzbesuch von Mitschülern und Lehrerinnen – alles andere als ideal. Insgesamt ist es nicht möglich, eine positive Gesprächsatmosphäre in der Klasse zu schaffen. Als die vorgesehenen drei Stunden vorbei waren, war die gewünschte Klärung nicht zustande gekommen.

Eine gescheiterte Mediation also? Im Nachhinein wurde mir deutlich: Es liegt eine Gefahr darin, den „Auftrag" von den Eltern und vom Lehrer anzunehmen, die meinen, es sollte etwas unter den Kindern geklärt werden. Wenn diese nichts klären wollen, dann hilft auch keine Mediation. Eigentlich hätte ich das Gespräch schon viel früher abbrechen sollen, als klar wurde, dass die Kinder kein Interesse haben. Oder ich hätte sie nachhaltiger fragen sollen, was sie klären wollen, und daran arbeiten können. Am besten wäre es gewesen, ein unverbindliches Vorgespräch durchzuführen, so wie wir das in der Mediation mit Erwachsenen tun. Dann können sich die Streitparteien freiwillig entscheiden, ob sie das Gespräch wünschen oder nicht. Wenn sie sich bewusst dafür entscheiden, sind sie sicherlich engagierter, als die Schüler dieser Klasse es waren. Aber Vorgespräch oder keines: Die Probleme dieser Klasse lagen offensichtlich so tief, dass sie auch nicht im Rahmen eines einzelnen Gesprächs – und sei es noch so geschickt geleitet worden – hätten geklärt werden können.

Wenn Lehrer es versäumen, von Anfang an systematisch das soziale Klima in der Klasse zu fördern und Eltern sich erst engagieren, wenn das Kind bereits „in den Brunnen gefallen ist", kann ich als Mediatorin den Karren nicht mit meinem Zauberstab schlagartig aus dem Dreck ziehen. Vielmehr wäre es notwendig gewesen, längerfristig mit der Klasse sowie mit dem Klassenlehrer, den Fachlehrerinnen und den Eltern im Sinne des sozialen Lernens zu arbeiten, mit dem Ziel, das Miteinander aller Beteiligten zu verbessern. Eine solch zeitintensive Aufgabe kann aus finanziellen und arbeitstechnischen Gründen wohl nur systemintern, z. B. mit der Unterstützung einer entsprechend ausgebildeten Beratungslehrerin oder eines Schulpsychologen, übernommen werden.

2.5.2 Eine Freundschaft steht auf dem Spiel

Angela Marx

Daniel ist im Laufe des 5. Schuljahres in die Klasse gekommen. Es war sein fünfter Schulwechsel. Nach der Trennung seiner Eltern hat er zunächst bei seiner Mutter in einer Kleinstadt gewohnt. Wegen zunehmender Schwierigkeiten in der Schule und zu Hause zog er auf eigenen Wunsch nach Berlin zu seinem Vater und dessen neuer Partnerin.

Nach kurzer Zeit war Daniel über die Grenzen der Klasse hinaus bekannt. Er fiel weniger durch spektakuläre Vorfälle auf als durch vorschnelle Äußerungen und sein einschüchterndes Verhalten. In der Konsequenz galt er ebenso vorschnell verantwortlich für Konfliktfälle aller Art. Die Bereitschaft der Umgebung, ihn darüber hinaus wahrzunehmen, schien er verspielt zu haben. Es gelang kaum, die Umgebung für seine Fähigkeit zu sensibilisieren, andere taktvoll zur Selbstkritik einzuladen und ihnen zu helfen, einen Schritt in eine neue Richtung zu gehen.

Von Anfang an suchte und fand Daniel in seinem Klassenkameraden Teo einen Freund. Teo ist ein Leistungsstarker, der seine herausragende Rolle in der Klassengemeinschaft sehr genießt. Ihm gefiel die bedingungslose Freundschaft, die Daniel ihm entgegenbrachte. Mit seinem rhetorischen Talent und sichtlichem Vergnügen verteidigte er wider besseres Wissen Daniels unpassendes Verhalten. Für Daniel wurde die Freundschaft immer unverzichtbarer und auch er ließ keine Kritik an Teo zu. Mit dem Fortschritt der Freundschaft entwickelte Teo Tendenzen, sein Energiepotenzial weniger konstruktiv zu investieren. Beide beeinflussten den Unterrichtsablauf und die Klassengemeinschaft in unerfreulicher Weise. Die Mitschüler reagierten genervt, desinteressiert, aber auch bewundernd. Einige versuchten, vom „Glanz der Macht" zu profitieren durch gedankenloses Wetteifern in unerwünschtem Verhalten. Das Spiel auf der Klaviatur pädagogischen „Wirkens" zeitigte keine wirkliche Veränderung. Die Jungen blieben resistent.

Eine neue Sitzordnung war ein neuer Versuch. Daniel und Teo saßen fortan nebeneinander in der letzten Reihe – dies in der Hoffnung, die Freundschaft bekäme eine andere Qualität. Daniel und Teo fanden die

Idee gar nicht gut. Fast waren sie empört und überzeugt, sich gegenseitig nur ablenken zu können. Sprachlos begegneten sie der Begründung, nun die Wahl zu haben, ihre Störaktionen über die kurze Distanz viel einfacher erledigen zu können, ohne die ganze Klasse behelligen zu müssen, oder aber ihre Störungen einfach aufzugeben, wenn ihnen an konzentriertem Arbeiten gelegen wäre.

Nach bewegten Wochen mit vielen Auf und Ab fehlte Teo längere Zeit. Nun begann Daniel sich der Unterrichtsarbeit derart zu widmen, dass seine guten intellektuellen Fähigkeiten sofort zum Tragen kamen. Er suchte auch vorsichtigen Anschluss an andere Mitschüler. Rundum sammelte er Sympathiepunkte. Als Teo zurückkam, begannen sich die beiden auf die Nerven zu gehen und sie verabredeten, an Einzeltischen zu sitzen.

Die Krise in der Freundschaft nahm indes dennoch ihren Lauf. Teo sprach mich als Klassenlehrerin gemeinsam mit Katrin darauf an. Sie fühlten sich durch die übertriebenen, unüberhörbaren Äußerungen Daniels gestört. Teo hatte keine Lust mehr, ihn gegen die ablehnenden, vielfach gehässigen Reaktionen seiner Klassenkameraden zu verteidigen. In dieser Form gefiel ihm die Freundschaft nicht mehr. Teo und Katrin baten mich, mit Daniel zu reden. Dieser bestätigte, dass es in der Freundschaft krisele, worüber er verwundert war.

An diesem Punkt angelangt, schien Mediation eine Möglichkeit zu sein, den Konflikt anzugehen. Die Jungen waren einverstanden. Die Idee einer „Assistentin" für jeden fanden sie reizvoll. Die Wahl fiel auf Katrin, ein Mädchen mit klaren Haltungen, die Teos Eindrücke teilte, und auf Susi, ein einfühlsames Mädchen, das ihre Mitmenschen sehr ernst nimmt. Daniel war ihr schon lange zugeneigt und sie ging mit dieser Zuneigung sorgsam um.

Auszüge aus dem Verlauf der ersten Sitzung

Für die erste Sitzung während des Unterrichtsvormittags war eine Zeitstunde vorgesehen. Teilnehmer waren Daniel, Susi, Teo, Katrin und die Klassenlehrerin als Mediatorin. Erklärungen zum Ablauf der Mediation eröffneten das Konfliktgespräch.

M: *In eurer Freundschaft hat sich offensichtlich etwas verändert in letzter Zeit. Sie läuft nicht mehr so glatt. Wir sind hier, um dem auf die Spur zu kommen. Wer von euch möchte anfangen zu erzählen ?*

D (spontan): *Teo soll anfangen.*

T (fängt auf der Stelle an, wendet sich direkt an D): *Sieh mal, Daniel, du übertreibst immer so furchtbar. Du erzählst immer so Sachen, die gar nicht sein können. Das glaubt dir sowieso keiner.*

M: *Also du glaubst ihm jedenfalls nicht, was er erzählt.*

T: *Nee, das ist immer so'n Quatsch.*

D (unterbricht): *Joa!*

(K zeigt auf das Plakat mit den Regeln.)

M: *Meinst du, Teo, dass das gar nicht sein kann, was Daniel erzählt?*

T: *Genau. Was du angeblich immer so machst! So'n Quatsch!*

M: *Kannst du mal ein Beispiel erzählen, in dem Daniel etwas gesagt hat, was du nicht glaubst?*

T (erzählt ein Beispiel): *... und das kann gar nicht sein. Das gibt es nämlich gar nicht. Das weiß man schon mit dem gesunden Menschenverstand!*

D schweigt.

M: *Fällt dir noch eine andere Sache ein, die du nicht glaubst, Teo?*

T erzählt eine weitere Geschichte.

M: *Und du hast den Eindruck, dass Daniel andauernd solche Geschichten erzählt?*

T: *Ja, das nervt ziemlich.*

M: *Daniel, du hast ja nun Teo gehört. Er meint wohl, dass du oft ganz schön übertreibst.*

D: *Hmm. Eigentlich stimmt alles, was ich sage. Das mit dem ...* (wiederholt ein Beispiel) *stimmt wirklich. Nur einmal habe ich ein bisschen gesponnen. Das war, als ...* (erzählt eine andere Geschichte). *Aber sonst sage ich immer, wie es ist!*

M: *Du findest also gar nicht, dass du übertreibst?*

D: *Nö!*

K: *Aber Daniel, das stimmt doch gar nicht! Du gibst doch andauernd an, z. B. gestern, als einer von dem Film erzählt hat, da hast du gesagt: „Ja, kenne ich, den habe ich auf Video, den habe ich schon fünfmal gesehen." Du sagst nie: „Ja, den Film fand ich auch toll, fandst du den X auch so cool?"*

D: *Hab ich wohl gesagt!*

K: *Na ja, stimmt, du hast angefangen, was zu sagen. Das fiel mir sogar auf und ich hab so gemacht* (hebt ihren Daumen). *Aber du hast keine Antwort abgewartet, sondern gleich mit deinem Video angegeben.*

D: *Das stimmt.*

T: *Genau. Du gibst dermaßen immer an, dass alle nur noch die Augen verdrehen.*

M: *Hast du eigentlich auch schon mal angegeben, Teo?*

T: *Ja, klar!*

S: *Das machen wir doch alle. Jeder gibt doch mal an!*

M: *Kannst du dich noch erinnern, womit du mal angegeben hast, Teo?*

T: *Ja, bei meinen Freunden zu Hause habe ich erzählt, dass ich im Fußballverein bin.*

M: *Was wolltest du damit erreichen, Teo?*

T: *Dass sie mich toll finden sollten.*

K und S erzählen, womit sie schon angegeben haben, damit sie bewundert werden.

M: *Anerkennung ist euch also wichtig. – Habt ihr denn schon mal Anerkennung bekommen für etwas, das ihr wirklich gemacht habt?*

T: *Ja, für meine Schulleistungen, durch meine Freunde, die mich mögen. Gerade neulich haben sie mir so tolle Briefe geschrieben, dass sie mich vermissen und so.*

K: *Wenn alle am liebsten neben mir sitzen wollen oder anrufen ...*

S: *Für meinen Sport. In den Pausen wollen alle mit mir zusammen sein.*

D: *Mich bewundert keiner und mit mir will auch keiner zusammen sein, außer Teo.*

M: *Wie geht es dir dann?*

D: *Hm! Ich komme klar, bin dran gewöhnt. Ich denk nicht dran. Das schaffe ich schon.*

M: *Kannst du genauer sagen, wie es dir dann geht?*

D: *Lieber nicht. In den anderen Schulen habe ich mir erst gar keine Freunde gesucht.*

M: *Verstehe ich dich richtig, dass es dir dabei ziemlich schlecht geht und du lieber nichts darüber sagen möchtest?*

D: *Ja, schlecht.*

M: *Dann ist Teo nach langer Zeit der Erste, mit dem du eine Freundschaft begonnen hast?*

D: *Ja.*

M: *Teo, weißt du noch, wie es dir ging, als du bei deinen Freunden zu Hause erfunden hast, dass du in einem Fußballverein bist?*

T: *Na, die haben das geglaubt. – Eigentlich ging's mir gemischt. Nicht richtig gut, blöd eben. Ich wusste ja, dass es nicht stimmt.*

S: *Ich kann mir schon vorstellen, dass es dir nicht gut geht, Daniel, wenn keiner mit dir zusammen sein will. Da gibst du eben ein bisschen an. Und dann geht's dir auch nicht besser.*

K: *Warum gibst du nicht einfach mal zu, dass es dir nicht gut geht?* (erzählt von einer Situation, in der sie versagt hat) *... da behaupte ich auch nicht, dass ich zehnmal gewonnen habe.*

D: *Dich erkennen ja auch sonst alle an!*

K: *Ja, schon, aber sei doch einfach mal so, wie du bist. Zeig doch, wenn es dir nicht gut geht! Dann wirst du die Anerkennung finden, die du haben willst. – Uns geht's doch allen mal nicht gut.*

T: *Mit deinem Angeben kommt das jedenfalls nicht hin. So wollen die doch alle nichts mit dir zu tun haben.*

M: *Aber du willst schon noch was mit ihm zu tun haben?*

T: *Ja, eigentlich schon. Er findet ja auch so viele Sachen toll, die ich toll finde. Wir können z. B. so richtig gut übers Fliegen reden. Oh Mann!*

M: *Also, du möchtest schon noch weiter sein Freund sein?*

T: *Ja, klar!*

M: *Gibt es noch mehr, was du an Daniel schätzt, Teo?*

T: *Na, der kann so richtig hilfsbereit sein, und gut trösten kann er auch.*

Sie nennen Beispiele. Sie stimmen überein, dass er seine Qualitäten hat.

D: *Das merkt doch sowieso keiner!*

K: *Wir haben es doch auch gemerkt und Frau M.*

D: *Ja, ihr vielleicht.*

M: *Teo, du willst jedenfalls noch weiter mit Daniel spielen?*

T: *Ja, aber wenn er wieder so rumspinnt und alle nervt, dann will ich nicht, dass er sich an mich dranhängt wie eine Klette.*

M: *Kannst du mal sagen, wie du das meinst?*

T: *Sieh mal, ich gehe so richtig gern zur Schule. Jeden Morgen, wenn ich auf mein Fahrrad steige, freue ich mich so richtig auf meine Freunde und manchmal auch auf den Unterricht. Und da komme ich mit meinen Freunden ganz durcheinander, wenn ich mich immer um dich kümmern muss, weil du mal wieder so gesponnen hast.*

M: *Du hast Angst, Teo, dass du dadurch deine Freundschaften zu anderen Kindern in Gefahr bringst.*

T: *Ja, genau.*

M: *Verstehst du, was Teo meint, Daniel?*

D (nickt betreten): *Ja, schon.*

M: *Wollen wir jetzt mal überlegen, was wir tun können?*

Wir sammeln Lösungsvorschläge und setzen einen zweiten Termin fest.

Auszüge aus dem Verlauf der 2. Sitzung

In der zweiten Sitzung berichteten die Schüler zunächst, wie es ihnen seit dem ersten Treffen gegangen sei. Daniel sagte, er wäre klargekommen. Teo hatte beobachtet, dass Daniel sich durchaus okay verhielt. Katrin war zufrieden, dass sie endlich einmal alles sagen und Daniel dazu hören konnte. Susi hatte sich öfter gefragt, wie es Daniel wohl gehen würde.

Vor der Überprüfung der Lösungsvorschläge schauten wir die Beziehungen zwischen den Schülern genauer an und stellten die Situationen mit Setzsteinen dar. Daniel stand dabei abseits.

M: *Wie geht es dir, Daniel, wenn es so ist wie mit den Setzsteinen?*

D: *Na, ich bin allein.*

M: *Und wie geht es dir dann?*

D: *Ich komme klar.*

M: *Kennst du das Gefühl auch, Susi?*

S: *Ja, natürlich.*

M: *Kannst du dich an eine Situation erinnern, als das so war, Susi?*

S (schildert eine Situation): *... und dann bin ich nach Hause gerannt, hab geweint und wollte keinen sehen.*

(K erzählt, dass sie manchmal heulend ihre Mutter anschimpft. T gesteht verlegen, dass er manchmal auch am liebsten weinen möchte, aber um „männliche" Beherrschung ringt.)

K: *Ich bewundere dich total, Daniel. Du weinst nie, wenn die anderen so blöd zu dir sind. Du kommst mir total stark vor dann.*

D: *Ich kann mich gar nicht mehr erinnern, wann ich das letzte Mal geweint habe, so lange ist das her. – Außer letzte Woche, da habe ich mit meiner Mutter telefoniert. Da habe ich mich eingeschlossen. Mein Vater hat geklopft, aber ich habe nicht aufgemacht.*

M: *Du kennst das Gefühl, allein mit deinem Kummer zu sein, also auch aus Situationen, die nichts mit der Schule zu tun haben?*

D: *Ja, als meine Eltern noch nicht getrennt waren. Da habe ich sie streiten hören und vom Balkon geschaut.* (Er schweigt.)

T: *Ich kann mir vorstellen, wie schlimm das für dich war.*

D (sehr entschieden, jedes Wort betonend): *Das glaube ich ja nun nicht!! Das kann sich keiner vorstellen, der es nicht erlebt hat!*

T: *Wahrscheinlich kann ich es mir nur ein bisschen vorstellen.*

K: *Wenn die anderen wüssten, was du alles erlebt hast und wie es dir wirklich geht, könnten sie dich bestimmt besser verstehen.*

D: *Nee, besser nicht!*

(Er ist den Tränen nah und möchte nicht noch trauriger werden, sonst könnte er nicht mehr aufhören zu weinen. Seine ungeweinten Tränen lägen innen wie ein Stein. Alle schweigen sehr berührt. Daniel ergreift als Erster wieder das Wort.)

D: *Wollten wir nicht die Punkte durchgehen, was wir tun können?*

M: *Ja, seid ihr bereit? Seid ihr einverstanden, dass wir das jetzt machen?*

Wir gehen Punkt für Punkt durch, korrigieren und sind nach 30 Minuten einig.

Vereinbarung

- Wenn Mitschüler etwas erzählen, wird Daniel ihnen Fragen stellen, um sein Interesse zu zeigen und um ihre Geschichten besser zu verstehen.
- Daniel sagt, wenn ihm gefällt, was andere erzählen, statt von eigenen Erlebnissen zu schwärmen.
- Daniel wird die Grenzen seiner Mitschüler respektieren und mit dem aufhören, was nervt, wenn sie ihm sagen: „Hör auf, Daniel!"
- Daniel gibt nicht mehr mit Dingen an, die er nicht wirklich erlebt hat. Wenn doch, lässt er sich aufhalten von den hier Beteiligten.
- Daniel passt selbst auf, was er gut kann, damit er besser an sich glauben kann.
- Daniel beginnt zu sagen, wie es ihm wirklich geht.
- Daniel fährt fort, hilfsbereit zu sein. Er unterstützt Mitschüler und Klassengemeinschaft.
- Daniel klebt nicht mehr an Teo, wenn er andere genervt hat.
- Teo ist weiterhin Daniels Freund.
- Teo kann sich die Freiheit nehmen, mit anderen zu spielen, auch wenn Daniel die anderen genervt hat.
- Katrin, Susi und Teo achten sehr aufmerksam darauf, was Daniel nur unüberlegt sagt und was er wirklich Positives tut.
- Katrin, Susi und Teo loben Daniel, wenn er hilfsbereit ist oder andere tröstet.
- Katrin, Susi und Teo erinnern Daniel, wenn nötig, dass er vermeiden will anzugeben.

Vereinbarung und Realität

Unser Vorhaben, später Vereinbarung und Wirklichkeit zu vergleichen, gelang erst zwei Monaten später.

Daniel hörte nun tatsächlich besser zu, statt ständig von sich zu erzählen. Unterstützt von Katrin und Susi konnte er Kontakte zu anderen Mitschülern zulassen. Seine Hilfsbereitschaft setzte er eindeutig fort. „Angeben" gehörte dennoch weiter zu seinen auffälligsten Eigenschaften. Besonders Teo blieb unnachgiebig in diesem Punkt. Er wollte keine Zugeständnisse mehr machen, auch wenn es die Freundschaft gefährdete. Daniel fühlte sich davon nun weniger bedroht, da er andere Kontakte aufgenommen hatte. Beide Jungen grenzten sich wesentlich deutlicher voneinander ab. Unerwünschte Unterrichtsaktionen gaben sie zunehmend auf und forderten vielmehr ungestörte Konzentration voneinander ein. Der Unterrichtsablauf profitierte von dieser neuen Wendung.

Reflexion über relevante Punkte in den Sitzungen

Den Anstoß zur Mediation gab Teo, der sich zunehmend von Daniel gestört fühlte. Er befand sich in der Zwickmühle durch die Ablehnung, die Daniel wegen seiner Angeberei erfuhr. Er war nicht bereit, seine anderen Freundschaften aufs Spiel zu setzen. Gleichwohl war auch Daniel an einem Treffen interessiert, weil ihn die Krise in seiner Freundschaft zu Teo irritierte. Besonders in der Phase der Problemdefinition zeigte sich deutlich, dass es außer der Freundschaft auch die Klassenatmosphäre beeinträchtigt war. Beide Jungen wollten die Freundschaft fortsetzen, weil sie sich mochten und gleiche Interessen hatten.

Daniel hat sich an entscheidenden Punkten immer wieder geschützt durch Bemerkungen wie: „Ich komme klar!" In diesen Momenten schien es besser, sich den anderen Schülern zuzuwenden, die sich weniger bedrängt fühlten. Die Offenheit und Selbstverständlichkeit im Umgang mit ihren eigenen Schwächen erleichterten Daniel, Distanz zu halten, wenn es ihm zu gefährlich wurde. In dem Augenblick, in dem er seine grundsätzliche Angst gestand, sich trotz seiner Einsamkeit überhaupt auf Freundschaften einzulassen, konnten alle sein Verhalten viel besser verstehen.

Die bildhafte Darstellung der Beziehungen unter den Mitschülern war beeindruckend. Selbst als Daniel seine Überzeugung vertrat, dass das Ausmaß seiner Verzweiflung für Außenstehende nicht nachvollziehbar wäre, blieben sie an seiner Seite. Daniel hat in unseren Gesichtern gelesen, wie wir um Fassung rangen. So wusste er, dass wir mit ihm fühlten.

Die Bereitschaft, auch seine Stärken sehen zu wollen, hat Daniel gestützt. Er konnte trotz seiner Selbstzweifel als Erster die Kraft finden, sich der konstruktiven Lösungssuche zuzuwenden. Die Punkte so konkret zu formulieren, dass sie umsetzbar erschienen, und die Aufgaben auf alle Schultern fair zu verteilen, verlangte den Schülern ein erhebliches Maß an Konzentration ab. Sie waren dennoch am Schluss unsicher, ob alles im Einzelnen so klappen könnte, und schlugen einen weiteren Termin vor.

Reflexion über die eigene Rolle als Mediatorin

Mit dem Wissen um Daniels Lebensgeschichte fiel es mir schwer, in Ruhe die Vorwürfe auszuhalten, mit denen er konfrontiert wurde. Wie schwer muss es ihm gefallen sein! Es brauchte immer wieder Energie, sich zu erinnern, dass wir gemeinsam eine konstruktive Lösung herbeiführen wollten. Es war faszinierend, wie selbstständig und verantwortungsbewusst die Schüler den Prozess voranbrachten. Sie übernahmen zum Teil das Spiegeln, so dass die Versuchung groß war, die Vermittlerrolle zugunsten des Zuhörens aufzugeben. Die Einfühlsamkeit, die sie bei aller Konsequenz an den Tag legten, erleichterte die Mediation und trug entscheidend dazu bei, den roten Faden nicht zu verlieren.

Reflexion über die Auswirkungen der Vereinbarung

In der langen Phase ohne Nachbesprechung haben die Zeit und die Entwicklung einige Fragen überholt, deren Betrachtung in den Sitzungen zu kurz gekommen schien, z. B. Daniels bessere Arbeitshaltung und seine vorsichtige Kontaktaufnahme zu anderen während Teos Fehlzeit. Bis zur Nachbesprechung schlichen sich bei allen Zweifel ein. Die Balance zu halten zwischen Anstrengungsbereitschaft und Aussicht auf Erfolg, während Phasen von Sinn- oder Lustlosigkeit auftauchten, war eine Frage des Durchhaltevermögens. Gleichwohl wirkte sich das Warten auch günstig aus. Es bot Gelegenheit, in Ruhe die Entwicklung zu beobachten, nachzudenken und immer wieder Abstand zu finden. Die Schüler fanden Zeit, Erkenntnisse genereller Art zu gewinnen, und nannten folgende Punkte:

- Die Wünsche aneinander müssen klar und unkompliziert in den Vereinbarungen formuliert sein, sonst „verrutschen" sie im Alltag wieder.
- Der Zeitrahmen zum Ausprobieren neuer Verhaltensweisen ist klug zu wählen: lang genug, um Gelegenheiten zum Üben zu bieten, und kurz genug, um Überforderung auszuschließen.
- Ein gemeinsames Betrachten der sich verändernden Situation stärkt den Willen in der Gruppe, weiterzumachen.

So hat die Mediation den Schülern Erkenntnisse über den konkreten Fall hinaus verschafft, obwohl Daniel in Kürze ein weiteres Mal umzieht und unsere Klasse wieder verlassen wird.

2.5.3 Der Streit der Jungen

Walter Taglieber

Ich kenne die Klasse 5c seit vier Monaten, ich unterrichte Mathe. Alle Jungen, und nur die, haben heftige, immer wiederkehrende Konflikte miteinander. Es kommt oft zu Beschimpfungen und zu kurzen handgreiflichen Streitereien.

Eines Tages, ich habe gerade Hofaufsicht, bricht der Konflikt offen aus. Fast alle Jungen sind in eine Art Massenschlägerei verwickelt. Es sind keine Parteien zu erkennen, jeder schlägt sich anscheinend mit jedem. Ich kann trotz der Aufgeregtheit die Situation etwas beruhigen, als ich sehe, dass zwei Jungen das Zentrum des Streits sind. Ich kenne sie auch vom Unterricht her als unruhig, aggressiv und Unruhe stiftend.

Die Aufarbeitung der Konflikte

In der darauf folgenden Stunde habe ich Unterricht in der Klasse. Ich schicke alle Mädchen auf den Hof, sie dürfen sich eine nette Stunde machen mit Bällen und Gummitwist. Sie haben mit dem Streit der Jungen nichts zu tun und sollen nun nicht unter der zu erwartenden Diskussion leiden. Im Gespräch mit den Jungen ist eine Klärung der Sachlage unmöglich. Jeder beschuldigt jeden, jeder hat nur mitgemacht, weil ein anderer angefangen hat. Es geht laut und hitzig zu.

Ich will die Beschuldigungen systematisieren, entzerren und die Dynamik bremsen. Ich zeichne eine Tabelle an die Tafel, ähnlich der, wie man sie als Turnierplan benutzt. Jeder Junge soll sagen, mit wem er etwas zu klären hat. Jeder bestehende Klärungsbedarf zwischen zwei Jungen soll mit einem Kreuz in dem entsprechenden Feld gekennzeichnet werden. Es entsteht folgendes Bild an der Tafel:

	Gregor	Mehmet	Marcel	Pascal	René	Davis	Mario	Thomas	Dennis
Gregor	–	×	×	×	×	×	×		
Mehmet	×	–	×	×					×
Marcel	×	×	–		×		×		×
Pascal	×	×		–			×		×
René	×		×		–		×	×	×
Davis	×					–			
Mario	×		×	×	×		–	×	
Thomas					×		×	–	
Dennis		×	×	×	×				–

Der Liste zufolge haben Gregor und Mehmet, Marcel und René, Mario und Thomas und alle weiteren, mit einem Kreuz gekennzeichneten Paare einen Konflikt. In diesem Fall sind es 36 schwelende Einzelkonflikte. Es muss eine großflächige Reaktion her.

Ich gehe mit den Jungen auf den Hof, versammle sie um mich und sage sinngemäß:

Die Tabelle hat gezeigt, dass ihr viele Streitereien habt, die euch gegenseitig beim Zusammenleben und Lernen stören. Jeder von euch geht jetzt bitte langsam über den Schulhof bis dort hinten hin, wo der Fußballplatz anfängt, und kommt langsam wieder zurück. Auf dem Weg hin und auf dem Weg zurück hast du, also jeder Einzelne, die Aufgabe, mit jedem Jungen zu reden, mit dem du einen Konflikt hast bzw. mit dem du etwas klären musst. Sag ihm, was du dir von ihm wünschst und was er anders machen soll. Achte darauf, was die anderen Jungen sich von dir wünschen. Du darfst erst wieder hier ankommen, wenn du mit allen gesprochen hast, die du für deine Klärung brauchst. Es ist nicht erlaubt, ein Gespräch abzulehnen. Notfalls komme zu mir, damit ich dir helfe. Lasst euch Zeit und seid gewissenhaft!

Alle Jungen gehen los und suchen in eigener Verantwortung ihre Konfliktpartner. Es dauert 25 Minuten. Ich kann mit einer Kollegin den Unterricht tauschen und bleibe bei der Klasse.

Wieder im Klassenzimmer, rufe ich alle Parteien der Reihe nach auf, lasse mir berichten und notiere, was sie sich gegenseitig abverlangt haben. Daraus formuliere ich am Nachmittag einfache Verträge und bringe sie am folgenden Tag mit. Jeder Vertrag hat für jeden Jungen nur einen Paragrafen, den es einzuhalten gilt.

Beispiel eines ausgefüllten Vertrages:

Friedensvertrag

zwischen

Dennis und Thomas

Dieser Friedensvertrag soll uns helfen,
besser miteinander auszukommen.

Dennis verspricht:

Ich sage nicht mehr „Wichser" und „Hurensohn".

Thomas verspricht:

Ich stoße nicht mehr mit dem Kopf, wenn ich an Dennis vorbei gehe.

Dieser Vertrag gilt zwei Wochen (zehn Schultage) lang.

Berlin, den ─────────────

───────────────   ───────────────
Unterschrift   Unterschrift

───────────────
Unterschrift des Lehrers

Das Einhalten des Vertrags scheint einfach zu sein, denn man muss nur eine Sache beachten. Außerdem sind zweimal fünf Tage ein überschaubarer Zeitraum.

Zur Operationalisierung der Abmachung schließe ich mit den Jungen der Klasse folgenden Vertrag:

Jeder bekommt einen individuellen Punktezettel, auf dem oben im Kopf sein Name steht und darunter die Namen seiner Konfliktpartner. Die Längsspalten entsprechen den Tagen (vgl. Punkteliste für Mario).

Punkteliste für Mario

Ich bekomme Punkte von:

Tag	1	2	3	4	5	6	7	8	9	10	Summe
Gregor											
Marcel											
René											
Thomas											

Gesamtsumme: _____

Ich kann _200_ Punkte erreichen. Wenn ich davon _160_ Punkte erziele, darf ich mit der Klasse ins Kino gehen.

Ich erkläre den Jungen, wie der Vertrag funktioniert:

„Angenommen, ich bin jetzt einmal Mario: Jeder Junge, mit dem ich einen Vertrag habe, gibt mir am Ende jedes Tages eine Rückmeldung, ob ich seiner Meinung nach meinen Teil des Vertrages eingehalten habe. Trifft das zu, so erhalte ich als Anerkennung dafür von ihm 5 Tagespunkte in die Tabelle eingetragen. Das machen alle Jungen, die auf meiner Tabelle stehen. Ich kann also von jedem Einzelnen, innerhalb von zehn Tagen, insgesamt 50 Punkte erhalten, wenn ich mich jeden Tag an mein Versprechen halte. Habe ich, als Mario, vier Konfliktpartner, kann ich also 4 × 50 = 200 Punkte verdienen."

Ferner wird Folgendes vereinbart:

Ich berechne für jeden Jungen seine maximal erreichbare Punktzahl. Wenn er 80 % davon erreicht, darf er mitkommen ins Kino. Die Mädchen dürfen selbstverständlich mitkommen. Wer krank ist, verteilt und erhält die Tagespunkte kampflos, d. h. ohne Gegenleistung.

An der Wand neben der Seitentafel wird eine Gesamttabelle ausgehängt, an der für alle der aktuelle Punktestand ersichtlich ist. Hier müssen die Jungen ihre Punktwertungen täglich selbstständig eintragen. Ich kündige an, nicht zu kontrollieren, wer was einträgt.
Alle Jungen sind einverstanden und unterschreiben ihre Verträge.

Rückblick

Schon das Gehen über den Schulhof und das Reden schwächte die Streitenergie ab. Die Konflikte wurden nicht vom Lehrer mit Zwangsmitteln unterdrückt, sondern als bestehendes Problem anerkannt. Alle Jungen konnten frei und selbstverantwortlich ihre Angelegenheit in die Hand nehmen. Sie haben gelernt, dass ein Streit nicht automatisch das Ende einer Beziehung sein muss, sondern als Gelegenheit genutzt werden kann, mehr voneinander zu erfahren. Danach kann man sich dann besser verstehen.

Sie haben gelernt, dass man nach seinen eigenen unausgesprochenen Wünschen forschen kann, wenn eine Beziehung stockt. Sie haben gelernt, dass ein ungutes Gefühl schon dadurch abgeschwächt wird, dass man es anspricht bzw. ausspricht. Die Möglichkeit, seine Wünsche an den Partner zu formulieren, diente der Ich-Stärkung, ebenso das Gefühl, dass es jemanden gibt, der Wünsche bei einem selbst anmeldet. Die Jungen konnten frei entscheiden, ob sie die Tagespunkte vergeben oder nicht. Das stärkte ihr Selbstbewusstsein. Denn sie mussten andere beobachten, beurteilen und zu ihrer Entscheidung stehen. Es gab an der öffentlichen Punktetabelle an der Wand täglich Aussprachen über Eigen- und Fremdwahrnehmung.

Nach den vereinbarten zwei Wochen hatten alle Jungen die Mindestpunktzahl erreicht und die Klasse unternahm zur Belohnung den versprochenen Ausflug ins Kino.

2.5.4 „Was geht das die Schule an?!"

Marina Genz

Paul und David sind Schüler des 9. Jahrgangs einer Hauptschule. Sie besuchen unterschiedliche Klassen, treffen jedoch im Kurssystem im Fach Englisch zusammen. Angeregt wurde das Mediationsgespräch von Davids Klassenlehrerin, der auffiel, dass David den Englischunterricht gezielt schwänzte. David äußerte sich nicht dazu. Der Klassenleiterin wurde durch die Klasse zugetragen, dass es eine Auseinandersetzung in Form einer heftigen Prügelei mit Paul gegeben hatte. Sie schlug vor, David aus dem Kurs in einen Parallelkurs umzusetzen, was der Fachbereich Englisch nicht akzeptierte. So wurden beide Schüler zu einem Mediationsgespräch eingeladen.

Paul ist ein sehr selbstbewusster, offener und aggressiver Schüler. Er ist körperlich durchtrainiert. In seiner Klasse genießt er ein hohes Ansehen. Er ist es gewöhnt, „Chef" zu sein, und nutzt dies auch aus. Zur Durchsetzung und Wahrung seines Images setzt er schon mal seinen Körper ein – meistens reicht es schon, wenn er sich nur „aufbaut" (O-Ton Paul). Wenn er einmal in Fahrt ist, gelingt es ihm meist nicht, Regeln einzuhalten oder auszusteigen.

David ist ein ruhiger, besonnener, eher schüchterner Schüler. Er hat dieselbe Körpergröße wie Paul, wirkt aber nicht unbedingt durchtrainiert. In seiner Klasse hat er keine herausragende Position.

Ablauf der einzelnen Sitzungen

Die gesamte Mediation bestand aus drei Sitzungen von jeweils ca. 35 Minuten. In der ersten Sitzung sagten beide Schüler, dass sie nicht wüssten, was sie hier sollten. Die Prügelei hätte sich außerhalb der Schule zugetragen und sei deshalb nicht von Belang für die Schule. Es wäre ja nun alles geklärt. Paul vertrat das vehement, David nicht so laut, aber durchaus entschlossen. Offensichtlich waren sie sich einig. Erst durch den Hinweis auf Davids gezieltes Schwänzen, das auch Paul bemerkt hatte, konnten die Regeln und die Form der Mediation besprochen werden. Bei der Information über Mediation, die übrigens beiden neu war, legte ich in diesem Fall besonderen Wert auf das Thema Neutralität.

Beide Schüler entspannten sich sichtlich, was besonders in Pauls Verhalten auffiel. Seine Körperhaltung veränderte sich von einer offen raumgreifenden und dominierenden zu einer lockeren und David zugewandten. Er sprach leiser und ruhiger, als stünde er nicht mehr unter Druck. David blieb durchgängig ruhig, verlor im späteren Verlauf dieses Treffens seine Einsilbigkeit und äußerte sich vorsichtig.

In dieser Sitzung wurde beginnend mit dem Thema „Was geht das die Schule an?" der eigentliche Gegenstand „Verantwortung" zugelassen. Die Problemdefinition ging in eine neue Richtung. Es war eindeutig, dass es beiden darum ging, etwas persönlich zu klären. Es war aber noch nicht klar, wo ihre Motive lagen. Die erste Sitzung endete mit dem Angebot, ein weiteres Gespräch zu führen, was beide wollten. Es musste aber vor der nächsten Englischstunde liegen, da noch keine kurzfristige Vereinbarung zwischen den beiden erreicht werden konnte.

Bei der nächsten Zusammenkunft drei Tage später kamen beide Schüler schnell zur Sache. Jeder erhielt Gelegenheit, seine Geschichte zu erzählen. Paul machte deutlich, dass er sich nicht beleidigen ließe. Andere Mitschüler hätten ihm zugetragen, dass David schlecht über ihn rede. Als noch mehr Mitschüler ihm solche Mitteilung machten, musste er handeln. Schließlich könne er solche Sachen nicht im Raum stehen lassen. Also passte er eines Nachmittags – einige seiner Kumpel waren in der Nähe – David ab. Er stellte ihn nicht lange zur Rede, sondern schlug ihm ein blaues Auge. Als Paul gebeten wurde, doch „solche Sachen" (wie Beleidigungen) genauer zu erklären, mit Beispielen zu versehen, war er nicht in der Lage, dies zu tun.

David erzählte kurz, dass Paul eines Nachmittags vor ihm gestanden hätte, ihn anschrie, und schon hätte es gekracht. Er wüsste nicht, was er getan haben sollte. Er hätte dann nur noch Angst vor Paul gehabt und versucht, ihm aus dem Weg zu gehen, was letztlich zum Schwänzen geführt hat.

Nachdem nun beide Geschichten erzählt waren, ging es in die Erhellung. Auf die Nachfrage nach den Gefühlen, wie es ihnen denn so in der Situation damals gegangen sei, sprudelte Paul drauflos. Er könne nicht zulassen, dass jemand überhaupt schlecht von ihm rede. Er müsse dann etwas machen, was würden sonst die anderen von ihm denken. Ihm wäre ja David eigentlich egal. Es wäre mit einem anderen Schüler das Gleiche gewesen. Wie stünde er denn da, wenn ... Die Spiegelung seiner Gefühle mit dem Satz „Ich verstehe das so, dass du ganz schön viel Gesicht verloren hättest, wenn du nicht ..." bejahte er und fügte wiederholt an, dass es eigentlich nicht um David ginge, sondern um seine Freunde, die hätten ihm das alles eingebrockt.

Paul fühlte sich gezwungen zu handeln. Er war innerlich getrieben durch die Erwartung seiner Freunde, die ihm Geschichten erzählt hatten und die er, wie er feststellte, nicht einmal überprüft hatte. Denn er hatte David keine Gelegenheit gegeben, Stellung zu nehmen, sondern gleich zugeschlagen. Jetzt erkannte er, dass David damals wahrscheinlich gar nichts gesagt hatte und er nur so blöd gewesen war, sofort gewalttätig zu reagieren. Paul war in der Mediation sehr aufgebracht und wütend. Auf seine Gefühle angesprochen, sagte er, er fühle sich „Scheiße", er wäre gegenüber David ein echtes Schwein gewesen. Die Wut richtete sich zunehmend gegen ihn selbst. Er berichtete, dass er sich hätte „voll benutzen" lassen. Die (seine Freunde) hätten ihn in den Kampf geschickt und er „die Fäuste gespielt". Langsam beruhigte er sich, um sich völlig unvorhergesehen bei einem überraschten David zu entschuldigen.

David, wiederum befragt, wie es ihm denn dabei ginge, wenn er Pauls Geschichte höre, meinte noch immer leise, er könne Paul verstehen, dieser hätte nicht ihn gemeint, das sei ihm klar und er verstünde, wieso

Paul meinte, so handeln zu müssen. Paul ergriff das Wort und warf ein: „... Ich hätte ihn doch mal fragen können, aber da kamen noch mehr und erzählten mir was ..." Wieder auf seine Befindlichkeit eingehend, dass er sich wohl ziemlich über sich und seine Freunde ärgere, kam er zu dem Schluss: „Die haben mich benutzt, und wenn David mich angezeigt hätte, hätte ich das alles allein ausbaden müssen. Ganz schön blöd von mir."

David erzählte, dass er immerfort Angst hatte, Paul zu begegnen, denn er hätte ja nie gewusst, ob Paul ihn wieder hauen würde, und deshalb hätte er auch Englisch geschwänzt. Eingehend auf diese Gefühlsäußerung von David versichert Paul sehr überzeugend, ihn nie mehr anzufassen.

Da die Zeit der Sitzung beendet war und der nächste Englischunterricht bevorstand, überlegten beide, wie sie bis zum nächsten Treffen – in einer Woche – miteinander umgehen wollten. Paul forderte David auf, doch zu kommen, und versicherte ihm, dass von ihm keine Aggression ausgehen würde. David erwiderte, er würde ihm glauben und es versuchen, wenn es aber nicht ginge, kämen sie früher zu einem weiteren Gespräch.

Sie kamen nach einer Woche wieder. In einem Blitzlicht – „Wie ging es dir nach dem letzten Treffen und wie geht es dir im Moment?" – wurde klar, dass sie sich im Englischunterricht nicht begegnet waren, da er wegen Krankheit der Lehrkraft ausgefallen war.

David erzählte, dass er sich viel besser fühlte und Paul nicht mehr „so" aus dem Weg ging. Jetzt wolle er mal sehen, was das hier noch bringen würde. Paul erläuterte, dass er mit David kein Problem hätte, eher mit seinen Freunden, auf die er sauer sei. Ihm hätte es schon bis jetzt etwas gebracht, er ließe sich nicht mehr zu den Fäusten anderer machen.

Um sich wieder in einen Mediationsrahmen einfinden zu können, wurden beide gebeten, die Erlebensweise des anderen wiederzugeben. Dabei zeigte Paul neue Facetten. Er hatte es offensichtlich zugelassen, sich in Davids Position einzufühlen, denn er sagte Dinge wie: „... Ich hätte mich auch geschämt, mit dem blauen Auge in die Klasse zu gehen, wo doch jeder wusste, wo und von wem er es hatte ... das ist doch der totale Gesichtsverlust ... da fühlt man sich doch mies." Auch David fand in seiner Zusammenfassung Verständnis für Paul und es entstand nicht der Eindruck, dass dies aus Angst vor weiteren möglichen Übergriffen Pauls geschah, sondern tatsächlich aus dem Sich-Einfühlen in den anderen. Er konnte den Druck durch die Erwartungshaltung von Pauls Freunden, der in Paul entstanden war, nachempfinden. Er verstand diese Gefühle und äußerte nun jedoch nicht mehr leise, sondern recht selbstbewusst und Paul dabei anschauend, dass er trotzdem verletzt sei. Es war ganz deutlich und klar sichtbar, dass beide Jungen einander nicht nur zugehört, sondern auch spürbar etwas in sich zugelassen hatten, nämlich die

Gefühlssituation des Gegenübers. Paul, der dann noch einräumte, David gedemütigt zu haben, und sich laut selbst fragte, was er denn da nun noch tun könne, zeigte immer wieder, dass er sich ohne weitere Anstöße mit der Situation beschäftigte. Diese Tatsache schaffte eine völlig andere Atmosphäre als beim ersten Treffen.

Beide Jugendlichen waren ein Stück aufeinander zugegangen, haben sich in diesem Rahmen auf die Sichtweise des anderen einlassen können. Auf den provokatorischen Einwurf, „sie hätten ja wohl einiges gemeinsam", kamen sie zu dem Schluss, beide irgendwie Opfer geworden zu sein. Diese Erkenntnis schien beiden wohl zu tun.

Ausgehend von dem Anlass unseres Treffens und um das Ganze abzuschließen, begaben sie sich auf die Suche nach einer gemeinsamen Lösung, die es David wieder ermöglichen würde, angstfrei in den Unterricht zu gehen.

David meinte, er würde sich jetzt wieder in den Unterricht trauen, denn er hätte nun keine Angst mehr vor Paul. Paul wollte jedoch gleich einen Schritt weiter gehen und meinte, sie sollten zusammen sitzen, das wäre er David schuldig. Dies schien David jedoch ein wenig zu verunsichern, denn er fragte nur: „...und deine Freunde?" Ich spiegelte sein Gefühl mit den Worten: „Ich höre da so eine Unsicherheit gegenüber den Freunden von Paul heraus ... " Er erwiderte, dass ihm das wirklich so ginge. Auf Paul meinte er sich verlassen zu können, aber ob die anderen dann nicht pöbeln ... Paul fiel ein und sagte: „Wenn du dich das traust, wär's gut. Ich fände es gut, aber ich kann auch verstehen, wenn du es nicht willst."

Sie schlossen einen kurzen schriftlichen Vertrag, in dem Paul David versicherte, ihn nicht mehr anzugreifen und dass sie im Englischunterricht versuchen wollten, zusammen zu sitzen. Ein schriftlicher Vertrag mit Unterschrift war für sie befremdend. Einerseits fühlten sie sich dadurch sehr ernst genommen, aber andererseits war ihr Problem gelöst, wozu dann noch einen Vertrag?

Wir vereinbarten ein weiteres Kurzgespräch in zwei Wochen. Bei diesem Treffen wurde mir kurz entgegengeworfen: „Wozu treffen wir uns? Es ist alles okay. Können wir gehen?"

Reflexion

Bei einer Mediation wie dieser ist klar, dass es zunächst darum ging, den Jugendlichen ehrlich aufzuzeigen, dass ich hier nicht in der üblichen Lehrerrolle auftrat. Sicher rechneten sie nach jahrelanger Erfahrung mit schulischen Sanktionen sowie Standardlösungen, die sie einhalten sollten. Dass dies hier zutraf, zeigte ihre Einigkeit in der ersten Sitzung.

Wenn auf den ersten Blick schon feststeht, wie die Schuld verteilt ist, ist das Thema Neutralität immer besonders wichtig. Es geht im Mediationsgespräch eben nicht um Schuld und Strafverteilung, und das können sich Schüler von Lehrern aufgrund der üblichen Rollenbilder nur schwer vorstellen. Umso wichtiger ist es, deutlich zu machen, dass man nicht richten und beurteilen wird. Darüber hinaus betone ich immer besonders, dass diese Gesprächsform lösungsorientiert ist und dass eine echte Lösung nur von beiden gemeinsam gefunden und getragen werden kann. Sie sind die Experten des Konflikts und nicht ich. Dieser Aspekt ist besonders in der Hauptschule zu betonen, da die Schüler oft meinen, über solche Kompetenzen nicht zu verfügen. Hier gilt es, den jungen Menschen Mut zu machen und ihr Selbstvertrauen zu stärken, indem man sie tatsächlich die Entscheidungen fällen lässt. Letztlich heißt das: Ich gebe euch als Experten des Problems die Verantwortung. Ich stehe euch nur zur Seite, um als Kommunikationsexperte darauf zu achten, dass ihr die Regeln, die vorher gemeinsam beschlossen wurden, nämlich wie ihr in der Mediation miteinander umgeht, einhaltet.

Im Fall „David und Paul" hatten beide Jungen bestimmte Erwartungen: der eine sicher die, bestraft zu werden, und der andere wahrscheinlich die Angst, dann erneuten Repressalien ausgesetzt zu sein. Über das neutrale Thema „Was geht das die Schule an" konnten sie das etwas andere Verhalten eines Mediators im Vergleich zu dem eines Lehrers aus einer sicheren Entfernung beobachten und prüfen. Dieses taten sie auch, ohne dass sie etwas Persönliches von sich preisgeben mussten, schließlich sprachen wir in der ersten Sitzung nur über Themen wie „Verantwortung", also auf einer Metaebene. Ich bin sicher, dass hier ein wichtiger Wendepunkt war. Es konnte Vertrauen aufgebaut werden.

Für einen Mediator in Doppelfunktion, der 40 Minuten später wieder bewertender Lehrer sein muss, heißt es, eiserne Disziplin zu bewahren. Das bedeutet, die Parteien nicht zu bedrängen, endlich zu der einen Sache zu kommen, um die es geht. Wir meinen vieles zu durchschauen, schnell richten zu müssen, um die Dinge vermeintlich im Griff zu haben. Rückblickend stellen wir dann doch häufig fest, dass eben diese von uns Lehrern vorgegebenen Schnelllösungen nicht eingehalten werden, geschweige denn zum gewünschten Erfolg – einem friedlicheren Umgang – führen. Ich meine, dass sie oft nicht eingehalten werden können, da es eben nicht Lösungen sind, die die Konfliktparteien als ihre eigenen betrachten. So scheint mir oftmals ein Misserfolg schon vorprogrammiert.

Darüber hinaus zeigt der Fall von David und Paul, dass der geduldige Versuch, die Gefühle des Einzelnen aufzuspüren und dem Gegenüber mitzuteilen, dem ganzen Geschehen eine andere Richtung geben kann. Das

Warten des Mediators und seine Einsicht, dass das Thema für die Beteiligten eben doch ein ganz anderes ist, ermöglichen dem Einzelnen, sich selbst zu begegnen. In unserem Fall hat gerade dieses beiden Jungen einen neuen Weg im Umgang mit anderen und mit sich selbst erst eröffnet.

Für den Lehrer als Mediator kommt noch eine sehr wichtige und entlastende Erfahrung hinzu: Ist er in der Lage, die Beteiligten selbst ihre Lösung finden zu lassen und lässt er sie ehrlich die Experten ihres Konfliktes sein, so entfällt seine Verantwortlichkeit für die scheinbar „richtige" Lösung.

2.5.5 Ein Außenseiter sucht Anschluss

Petra Exner

Aus unserer Erfahrung mit unterschiedlichen Mediationen hat sich eine bedeutende Frage herauskristallisiert, unter der wir die folgende Mediation betrachten möchten: Wie wichtig sind Einleitung und Motivklärung in der ersten Sitzung?

Bevor wir in die Beschreibung der Mediation eintauchen, geben wir stichwortartig ein paar wichtige Informationen:

a) *Wer stritt sich?* Julian, Jan, Johannes und Jörg stritten sich mit Florian. Sie waren Schüler einer 8. Klasse eines Berliner Gymnasiums.

b) *Warum stritten sie sich?* Julian, Jan, Johannes und Jörg waren enge Freunde. Florian, eher ein Einzelgänger, suchte Anschluss und freundschaftliche Beziehungen zu den anderen, was diese nicht wünschten.

c) *Wie stritten sie sich?* Die Auseinandersetzungen verliefen vornehmlich auf der verbalen Ebene. Im Winter wurden aber auch Schneebälle und Eisstücke geworfen. Gelegentlich fühlte sich Florian stark bedroht. Bei der letzten Auseinandersetzung wurde der Briefkasten von Florians Eltern in Brand gesteckt.

d) *Wie kam die Mediation zustande?* Die Eltern der betroffenen Kinder standen nach der „Briefkastenaffäre" im Kontakt miteinander. Einer Mutter war das Verfahren der Konfliktlösung bekannt. Sie schlug den anderen Eltern vor, ihre Söhne in eine Mediation zu schicken.

e) *Wie war der äußere Rahmen der Mediation?* Zwei Mediatorinnen hielten die Co-Mediation mit den Beteiligten an insgesamt vier Sitzungen ab. Sie fanden einmal wöchentlich im Büro einer der Mediatorinnen statt und dauerten je 1,5 Stunden. Alle Personen, die Streitparteien und Mediatorinnen, saßen um einen großen Tisch, jeder konnte jeden ansehen. Mit dem Einverständnis der Beteiligten wurden die Gespräche mit einem Kassettenrekorder aufgezeichnet. Die Bänder dienten zur anschließenden Reflexion einzelner Sitzungen.

Die erste Mediationssitzung

Diese Sitzung war um 16.00 Uhr anberaumt. Florian erschien zehn Minuten zu früh, alle anderen kamen einzeln und pünktlich. Die Sitzung begann mit einer kurzen Vorstellungsrunde, in der jeder seinen Namen und den Grund seiner Teilnahme nannte. Anschließend erklärten die Mediatorinnen das Vorgehen in und die Regeln einer Mediation. Wir befragten die Schüler, ob sie daran teilnehmen wollten, was diese bestätigten. So konnte die erste Sitzung beginnen.

Zunächst ging es vor allem um die Beschreibung der verschiedenen Konflikte zwischen den Streitenden. Wir arbeiteten hauptsächlich mit aktivem Zuhören bzw. Spiegeln. In diesem Gespräch wurden die Stellung Florians in der Klasse und die Meinung von Julian, Jan, Johannes und Jörg über Florian klar. Florian hatte eine Außenseiterposition inne; oft war er allein und wurde beschimpft. Fast alle Jungen der Klasse hatten etwas gegen ihn. Sie hänselten ihn, er wehrte sich nicht, sie beschimpften ihn lautstark und öffentlich. Die Situation war schon so festgefahren, dass Florian keine Chance mehr sah, daran etwas zu ändern. Egal was er sagte, es wurde von den Mitschülern immer negativ kommentiert. Diese Situation konnte er nur schwer aushalten und wandte sich deshalb an Jan, Johannes, Julian und Jörg. Er empfand sie als wesentlich toleranter als die anderen Mitschüler und erhoffte sich ihre Freundschaft. In den Pausen stellte er sich zu ihnen und mischte sich in ihr Gespräch ein. Auf dem Weg nach Hause schloss er sich ihnen an. Das gefiel den vieren überhaupt nicht. Sie wollten selbst entscheiden können, mit wem sie sprechen. Sie fanden Florian nervig, weil sie mit ihm nicht reden konnten. Sie bevorzugten andere Gesprächsinhalte. Er war ihnen nicht wichtig, da sie sich als Freunde genug waren. Allerdings tat er ihnen auch Leid, deshalb trauten sie sich nicht, ihn direkt wegzuschicken. Es bestand bei Jan, Johannes, Julian und Jörg eine Ambivalenz in Bezug auf Florian, deshalb konnten sie sich nicht eindeutig verhalten. Florian seinerseits setzte alles daran, den Kontakt zu ihnen zu verstärken, ohne deren Ambivalenz wahrzunehmen. Zur Verdeutlichung der Konflikte seien hier zwei Ereignisse beschrieben.

Der erste Vorfall

Im Französischunterricht veranstaltete der Lehrer ein Wettspiel zwischen zwei Gruppen. Wer eine Aufgabe gelöst hatte und zuerst an der Tafel war, hatte gewonnen; seiner Gruppe wurde ein Punkt gutgeschrieben. Bei diesem Spiel war Florian gleichzeitig mit Siegfried, einem anderen Mitschüler der Klasse, an der Tafel und sie stießen heftig zusammen. Daraufhin schrie Siegfried Florian entgegen, dass morgen eine Bombe platzen würde; dies war Ausdruck seiner Wut. Florian fühlte sich ernsthaft bedroht.

Am nächsten Tag blieb er deshalb nach Unterrichtsschluss ängstlich in der Schule und drückte sich in der Bibliothek herum, denn draußen warteten Siegfried und mit ihm auch noch Jan und Johannes. Dann entschied sich Florian zur Flucht. Er wählte den Hinterausgang und kletterte über die Schulhofmauer, weil er, wie er später sagte, Siegfried nicht einschätzen konnte und ihn als „eine gewalttätige, dunkle Person" erlebte. Jan und Johannes waren da gewesen, weil sie sehen wollten, ob Siegfried, der „Großkotz", seine Drohung wirklich umsetzen würde. Sie nahmen ihn nicht ernst, weil er oft solche Äußerungen ausstieß. Nach einiger Zeit gingen sie allerdings nach Hause, weil es ihnen zu langweilig wurde.

Es wird deutlich, wie unsicher und verängstigt Florian war. Auf Grund dessen konnte er die gegebene Situation nicht realistisch einschätzen. Er nahm Siegfried als „übermächtigen Riesen" wahr und reduzierte sich selbst auf die Rolle des Bedrohten, der weder Hilfe zu holen noch den Konflikt zielstrebig zu lösen vermag.

Jan und Johannes hingegen nahmen an, dass Siegfried seine Androhung nicht wahr machen würde. Sie hätten allerdings eine gewisse Genugtuung dabei empfunden, Florian in Bedrängnis zu erleben. In einer Auseinandersetzung hätten sie Florian jedoch unterstützt.

Der zweite Vorfall

An einem Wintertag trafen sich alle fünf auf dem Eis; ein nahe gelegener See war zugefroren. Sie bewarfen sich gegenseitig mit Schneebällen und kleinen Eisstückchen. Allmählich änderte sich die Situation und alle warfen nur noch auf Florian. Der versteckte sich und zog sich zurück, machte jedoch immer wieder auf sich aufmerksam, indem er die anderen mit Rufen neckte wie: „Ihr kriegt mich doch nicht. Hier bin ich. Kommt doch." Dann lief Florian fort und die anderen vier liefen hinter ihm her. Florian fühlte sich plötzlich so sehr bedroht, dass er einen Stein ergriff, um sich nötigenfalls verteidigen zu können. Erst als er zu Hause war, fühlte er sich sicher. Den Stein hatte er allerdings nicht geworfen.

Florian hätte sich zurückziehen und Ruhe geben können, statt dessen provozierte er die anderen mit seinen Ausrufen. Er forderte die daraus resultierende Aggression direkt heraus. Trifft auch hier wieder seine Unfähigkeit zu, Situationen realistisch einzuschätzen? Oder bedeutet ihm eine negative Zuwendung mehr als überhaupt keine?

Auf den Brand des Briefkastens – der das aggressive Potenzial der Jungen deutlich zeigt – gehen wir hier nicht näher ein, da das Geschehen in der Mediation nicht weiter thematisiert wurde. Den Jungen war das Gespräch über ihre Beziehungen untereinander wichtiger. Die Eltern hatten diese Angelegenheit bereits geklärt und den entstandenen Sachschaden beglichen.

In dieser Sitzung konnte noch kein tieferes Verständnis für die jeweilige andere Streitpartei entwickelt werden. Es handelte sich vornehmlich um die Klärung von Fakten. Eine nächste Sitzung war daher erforderlich und auch von allen erwünscht.

Die zweite Mediationssitzung

Diese Sitzung war ebenfalls um 16.00 Uhr anberaumt und als Erster erschien wieder Florian, allerdings pünktlich. Als Nächster traf Jörg ein; wir setzten uns an den Tisch, um auf die anderen zu warten. Julian, Jan und Johannes erschienen nicht. Nach einer halben Stunde Wartezeit entschlossen wir uns, die Fehlenden anzurufen und sie zu ihrem Fernbleiben zu befragen. Jan und Johannes konnten wir erreichen. Sie entschuldigten sich sofort und begründeten ihre Abwesenheit mit Hausaufgaben und Lernen für eine Arbeit, die am nächsten Tag fällig sei, versprachen aber, bei der folgenden Sitzung wieder dabei zu sein. Julian ließ sich verleugnen, wie wir später von ihm erfuhren. Ihm schrieben wir einen Brief, um zu erfahren, ob er noch Interesse an einer weiteren Mediationssitzung habe.

Bei der anschließenden Analyse dieses Ereignisses war uns wieder einmal sehr deutlich geworden, wie wichtig es ist, die persönlichen Motive der beteiligten Streitparteien für ihre Teilnahme an der Mediation zu klären. Wir haben uns die Frage gestellt, warum Hausaufgaben der Mediation vorgezogen wurden. Was war uns in der ersten Sitzung entgangen, was haben wir versäumt? Nach eingehender Überprüfung mit Hilfe der Kassette sind wir zu folgendem Ergebnis gekommen: Den Sinn und Zweck sowie die Vorgehensweise und Regeln einer Mediation haben wir ausgiebig erklärt und den Anwesenden verständlich gemacht. Alle hatten zum Schluss keine Fragen mehr. Die Frage, warum sie an der Mediation teilnehmen, haben wir nicht tief genug beleuchtet. In der dritten Sitzung wurde das nachträglich noch geklärt.

Die dritte Mediationssitzung

Alle erschienen zu dem Termin pünktlich, Julian kam trotz vorheriger Zusage nicht. Jan berichtete in dieser Sitzung, dass Julian gar nicht mehr kommen würde. Wir riefen Julian an und ließen uns das bestätigen. Er bekundete in dem Telefonat seine anfängliche Unentschlossenheit, er sei sich jetzt aber sicher, endlich die richtige Entscheidung getroffen zu haben.

In dem sich anschließenden Gespräch mit den restlichen Jungen wurde herausgearbeitet, dass sie alle nur an der Mediation teilgenommen hätten, weil sie von ihren Eltern geschickt worden seien. Es fehlte ihnen also die persönliche Motivation und dadurch mangelte es ihnen auch an Ernsthaftigkeit und Zuverlässigkeit. An dieser Stelle kann nicht genug darauf hingewiesen werden, wie wichtig die Freiwilligkeit der Teilnahme ist. Des Weiteren wurde der Zwiespalt, in dem Julian sich befand, deutlich. Er hatte sich in den vorausgegangenen Ferien mit Florian näher angefreundet, sie hatten einiges gemeinsam unternommen. Ihm wäre es schwer gefallen, Partei für Florian oder für die Gruppe zu ergreifen. Da er weder Florian vor den Kopf stoßen noch bei der Gruppe in Ungnade fallen wollte, bevorzugte er das Aussteigen aus der Mediation. Durch noch gründlicheres Hinterfragen der einzelnen Motive wäre Julians Ambivalenz wahrscheinlich eher deutlich geworden und er hätte sich sofort gegen die Mediation entscheiden können. Am Ende dieses Gespräches bestätigten alle Anwesenden ihren Wunsch, die Mediation jetzt fortsetzen und den Konflikt klären zu wollen.

Nach der Klärung der Motivation spürten wir, dass die Jungen unruhig wurden und sich ablenken ließen. Um ihre Aufmerksamkeit auf den Konflikt zu lenken und ihr Festhalten an ihrer Position aufzubrechen, entschieden wir uns für eine andere Aktionsform. In einem Rollenspiel stellten die Beteiligten eine konkrete Situation auf dem Schulhof nach. Jan, Johannes und Jörg bildeten einen Kreis und tuschelten miteinander. Florian stand außen, drängte sich von hinten an sie heran und hängte sich über ihre Schultern; er wollte dazugehören. Nach einigen Minuten tauschten wir die Rollen. Florian stand jetzt mit im Kreis, Jan imitierte Florians Verhalten von außen. Bei diesem Rollenspiel wurde Jan, Johannes und Jörg deutlich, wie viel Mut und Kraft man aufwenden muss, sich gegen den Willen anderer in ihre Mitte zu begeben, und wie angenehm es im Freundeskreis ist, wie sicher man sich dort fühlen kann. Florian nahm wahr, wie unangenehm es ist, wenn jemand unerwünscht nahe kommt und sich von hinten herandrängt.

Zum Schluss gaben wir den Jungen eine Aufgabe mit auf den Weg. Sie sollten darüber nachdenken, was sie sich von den/dem anderen wünschen und was sie dafür geben würden.

Die vierte Mediationssitzung

Diese Sitzung war die letzte. Es waren alle anwesend. Über eine Stunde lang wurde an dem folgenden Vertrag gearbeitet. Dabei wurden die Gedanken, die sich die Jugendlichen zu ihrer Aufgabe gemacht hatten, berücksichtigt. Inhaltlich gab es keine Kontroversen. Problematisch war lediglich die Formulierung. Auf folgenden Vertrag einigten sich die Jungen:

Vertrag zwischen Florian, Jan, Johannes und Jörg

Jan, Johannes und Jörg werden in Zukunft:
- Sticheleien, die Florian betreffen, unterlassen.
- sich Florian gegenüber „normal" verhalten. „Normal" verhalten bedeutet, ihn ernst zu nehmen, ihn nicht zu provozieren oder zu blamieren.
- Reaktionen von Florian, wenn dieser sich bedroht fühlt, wahrnehmen und ihn dann in Ruhe lassen. Reaktionen von Florian können Äußerungen wie zum Beispiel „Es reicht, es ist genug" oder aber Weggehen sein.

Florian wird in Zukunft:
- Jan, Johannes und Jörg in Ruhe lassen, wenn sie ihm freundlich sagen, dass er im Moment stört.
- vermeiden, sich von hinten körperlich aufzudrängen.
- provokante und herausfordernde Bemerkungen unterlassen.
- aus gemeinsamen Aktivitäten mit ihnen keine Verpflichtung für immer entstehen lassen.

Diese Mediation war ein geeignetes Mittel zur Klärung des beschriebenen Konflikts. Alle Schüler haben sich an den Vertrag gehalten, es gab keinen Anlass, die Mediation zu einem späteren Zeitpunkt noch einmal aufzunehmen oder den Vertrag zu ändern. Sehr hilfreich war, dass wir als Mediatoren zu zweit gearbeitet haben.

2.5.6 „Wir können auch anders" – eine Schüler-Lehrer-Mediation

Helga Uli Lipp

Bei dem folgenden Fall handelt es sich um den Konflikt zwischen einem Klassenlehrer und seiner Klasse, der durch einen Zwischenfall mit einem Schüler ausgelöst wurde. Ist in einem solchen Fall eine Mediation überhaupt möglich? Zwei Lehrerinnen derselben Schule, nämlich eine Kollegin und ich, haben es zusammen gewagt. In Co-Mediation vermittelten wir in dem Konflikt zwischen dem Lehrerkollegen und sechs Schülern seiner Klasse.

Im Vorfeld stellten wir uns mehrere wichtige Fragen: Lässt sich bei einer Mediation mit einem Kollegen überhaupt die nötige Distanz aufbringen? Wirken sich nicht automatisch Sympathien und Antipathien, Urteile und Vorurteile, die im Arbeitsprozess gewachsen sind, aus? Welche Befürchtungen könnten die beteiligten Schüler diesbezüglich haben? Müssen sie nicht unterstellen, dass die Mediatorinnen einerseits als Kolleginnen, andererseits als Erwachsene mehr Verständnis für den Lehrer haben? Wie geht man mit dem hierarchischen Unterschied zwischen Lehrer und Schülern um? Schließlich stellt sich noch die Frage nach dem zahlenmäßigen Ungleichgewicht der Teilnehmer bei den Streitparteien: Was bewirkt das Verhältnis einer gegen sechs?

In unserem Fall war es eine große Hilfe, die Gespräche gründlich vor- und nachzubereiten. Wir analysierten dabei nicht nur die Fakten. Wir besprachen die Rollen der beteiligten Personen und versuchten auch, unsere eigene kritisch zu hinterfragen. Das gelang uns umso mehr, je länger wir zusammen arbeiteten und uns gegenseitig vertrauen konnten.

Einladung zur Mediation

Wir wurden von unserem Kollegen M. angesprochen, ob wir eine Möglichkeit sähen, in einem schweren Konflikt, den er mit einem Schüler seiner eigenen 8. Klasse gehabt habe, zu vermitteln. Dieser – wir nennen ihn hier Felix – habe ihn vor der Klasse tätlich angegriffen bzw. bedroht. Da der Kollege M. das Gefühl hatte, die Klasse stehe auf der Seite von Felix, fühlte er sich unsicher. Er habe vorher einen guten Draht zu seiner Klasse gehabt.

Er berichtete, dass eine Klassenkonferenz schon avisiert sei, vorher solle jedoch ein Gespräch mit der Mittelstufenleiterin, Felix und seiner Mutter stattfinden. Anzumerken sei obendrein, dass sich seit dem Vorfall das Klassenklima verschlechtert habe. Unbelasteter Unterricht sei momentan nicht möglich. Von einer Elternvertreterin sei er auf die Möglichkeit der Mediation hingewiesen worden. Er wende sich jetzt an uns, um die Sache vielleicht auf diesem Wege beizulegen. Er habe allerdings große Zweifel, ob dies klappen könne. Ein Kollege habe ihn darauf hingewiesen, dass er bei einer Mediation seine Autorität der Klasse gegenüber verlieren könne. Meine Kollegin und ich sagten trotz einiger Ambivalenzen zu.

Wir befinden uns in der fragilen Installierungsphase eines Konfliktlotsenmodells an unserer Schule, einer großen Gesamtschule in Berlin. Daher fanden wir es äußerst ungünstig, das Angebot abzulehnen. Trotz guter inhaltlicher Gründe gegen diese Mediation (s. o.) befürchteten wir, dass eine Absage ein schlechtes Licht auf das gesamte Projekt hätte werfen können. Unser Vorteil: Wir waren zu zweit und konnten uns gegenseitig überprüfen und unterstützen. Wir waren uns sicher, als Außenstehende mindestens zur Entspannung der Situation beitragen zu können, selbst wenn es sich bei unserer Intervention keinesfalls um eine „klassische" Mediation handeln konnte.

Auf Nachfragen äußerte der Kollege M., er meine, dass an der Mediation die ganze Klasse und er beteiligt sein müssten. Die Fronten seien inzwischen stark verhärtet. Wir schlugen vor, von der Klasse aus Gründen der Überschaubarkeit fünf Vertreter wählen zu lassen. Die Mediation sollte schnellstmöglich mit Felix, den fünf Klassenkameraden, dem Klassenlehrer M. und den zwei Mediatorinnen stattfinden.

Für unsere Arbeit machten wir zur Bedingung, dass das Gespräch zwischen der Mittelstufenleitung, Felix und seiner Mutter auf einen Termin verschoben werden sollte, an dem die Mediation abgeschlossen wäre; vielleicht würde das Gespräch überflüssig. Wir befürchteten, dass Felix sich sonst schon vorher bestraft fühlen und nicht mehr offen für die Vermittlungsgespräche sein könnte.

In der nächsten Tutorenstunde boten wir der Klasse, in der wir beide nicht unterrichten, im Beisein von Herrn M. an, in ihrem Konflikt als Außenstehende zu vermitteln. Wir erklärten kurz Sinn und Ablauf einer Mediation. Wir schlugen der Klasse vor, fünf Vertreter ihres Vertrauens zu wählen. Die Klasse sollte die Idee untereinander diskutieren und uns über Herrn M. Bescheid geben, wie sie sich entschieden habe.

Die Klasse erklärte später insgesamt ihr Einverständnis zur Mediation und wählte drei Jungen und zwei Mädchen als Vertreter der ganzen Klasse.

Die erste Sitzung der Mediation

Wir trafen uns in einer Mittagspause unserer Ganztagsschule im Klassenzimmer und stellten die Stühle in einen Kreis. Wir haben an der Schule noch keinen Raum, der für Mediationen eingerichtet ist.

Die beteiligten Schüler verzichteten in dieser und auch der nächsten Sitzung auf ihre Freizeit. Wir interpretierten dies als großes Interesse, den Konflikt lösen zu wollen.

In der Vorbereitung hatten wir uns überlegt, dass wir vermeiden sollten, Felix und Herrn M. in dieser Runde mit ihren jeweiligen Sichtweisen gegenüberzustellen. Die Assoziation an eine Gerichtsverhandlung in Gegenwart von Zeugen sollte unbedingt vermieden werden. Auch die Wahrnehmung des Vorgefallenen sollte nicht nacheinander von allen Teilnehmern aus ihrer jeweiligen Sicht geschildert werden. Einerseits sprachen Zeitgründe dagegen, andererseits befürchteten wir der vielen Personen wegen Unübersichtlichkeit. Das Risiko, dass die Schüler die „objektive" Wahrheit suchen würden, schien uns bei diesem Vorgehen zu groß.

Zu Beginn der Sitzung erklärten wir noch einmal den Gedanken, der der Mediation zugrunde liegt, und einigten uns auf die Regeln. Wir sprachen unser Ziel an, uns stark auf die Spannung zwischen Herrn M. und der Klasse beziehen zu wollen, um die entstandenen Schwierigkeiten aus dem Wege räumen zu können. Der Fall „Felix" sollte zuerst einmal nur soweit nötig behandelt werden. Weil der Konflikt nur mit denen zu klären ist, die daran beteiligt sind. Dies besprachen wir ausführlich mit der Runde. Auch dadurch unterschied sich unser Vorgehen von einer „normalen" Mediation: Wir als Mediatorinnen griffen inhaltlich strukturierend ein und legten dies auch den Schülern gegenüber offen.

Auf unsere Frage, wer anfangen wolle, begann Herr M. mit dem Einverständnis aller Schüler. Er schilderte bewegend seine Betroffenheit über den Vorfall. Felix habe ihn vor der Klasse tätlich angegriffen. Dies sei für ihn völlig überraschend gekommen. Er habe sich hilflos und gelähmt gefühlt. Die Reaktion der Klasse habe ihn erschüttert und unsicher gemacht.

Dieser Beginn erleichterte uns den Einstieg. Von Anfang an war dadurch das Gespräch von Ernsthaftigkeit geprägt. Der Kollege M. sprach hauptsächlich über seine Gefühle, weniger über den Ablauf des Geschehens. Uns schien es, als seien dadurch die Schüler offener geworden. Sie waren leichter zu bewegen, neben der Sachebene auch darüber zu reden, was in ihnen vorging.

Nachdem Herr M. geendet hatte, fragten wir nach dem, was tatsächlich vorgefallen war. Die Schüler führten nacheinander und sich gegenseitig ergänzend aus, was sie wahrgenommen hatten. Felix war bei diesem Gespräch einer unter vielen, d. h., seine Version wurde nicht speziell behandelt. In der Schilderung des „Tathergangs" traten keine Widersprüche auf. Wir wichen in dieser Sequenz von dem vorher Angekündigten ab. Wir hatten rasch erkannt, dass eine Befriedung nur unter Einbeziehung des Vorgefallenen möglich war, da nicht nur die Erschütterung des Lehrers, sondern auch die der Schüler ganz offensichtlich darauf zurückging. Unsere geänderte Vorgehensweise kommentierten wir an dieser Stelle den Teilnehmern gegenüber.

So wurde der Vorfall geschildert:

Felix sitzt im Klassenraum in der letzten Reihe. Kollege M. fordert Felix zu Beginn einer Stunde in der sehr unruhigen Klasse auf, das hintere Fenster zu schließen. Um dies zu tun, klettert Felix über einen Schülertisch. Herr M., der dieses Verhalten missbilligt, fordert daraufhin den Schüler streng auf, nach vorne zu ihm zum Lehrertisch zu kommen. Felix

tut dies und durchquert dazu den Klassenraum. Die Klasse wartet angespannt, was nun passiert. Vor dem Lehrertisch baut er sich ganz nahe vor
dem kleineren Herrn M. auf. Der sagt zu ihm: „Distanz". Als Felix der
Aufforderung nicht nachkommt, drückt Herr M. Felix mit erhobenen
Händen leicht von sich. Felix stößt daraufhin Herrn M. heftig zurück, so
dass dieser gegen einen Tisch prallt. Zwei Schüler der Klasse, die eine
tätliche Auseinandersetzung erwarten, schalten sich ein. Sie beruhigen
Felix und ziehen ihn weg.

Die Schüler als Beobachter der Szene schilderten die Atmosphäre in der
Klasse als angespannt, sie hätten „den Atem angehalten" und „befürchtet, dass etwas passieren würde", schon in der Situation, als Felix nach
vorne zum Lehrertisch ging. Die Eskalation, die sich zwischen Lehrer und
Schüler innerhalb weniger Sekunden entwickelt habe, sei von allen gespürt
worden. In der Klasse sei es totenstill gewesen. Die Schüler hätten sich
auch als Nicht-Beteiligte hilflos und ausgeliefert gefühlt.

Das Gespräch über diese Minuten mit den Schülern war eindringlich
und bewegend. Wir hatten das Gefühl, dass schon das Reden über die
Situation zur Entlastung der Schüler und des Lehrers beitrug. Die Atmosphäre in der Runde war entspannt, man merkte den Schülern und Herrn
M. an, dass sie nicht gekommen waren, um anzuklagen, sondern um zu
klären. An dieser Stelle wichen wir deswegen von unserem ursprüngli-
chen Plan ab, uns hauptsächlich auf die Wahrnehmung der Schülergruppe
einerseits und Herrn M.s Schilderung des Vorfalls andererseits zu beziehen. Wir befragten Felix genauer, wie denn die Situation für ihn gewesen
sei. Felix' Bericht stimmte in den Fakten mit den anderen überein, war
aber karg und sehr sachlich. Auch bei intensivem Nachfragen blieb Felix
cool. Nein, es sei nichts anders als sonst gewesen, als Herr M. ihn nach
vorn zitierte. Es hätte ihn genervt, das ja. Aber dass sich etwas Besonde-
res aufbaute, wie die Klasse es gemerkt hätte, habe er nicht gespürt. Vielleicht sei er Herrn M. etwas nahe gekommen, aber dass dieser ihn zurück-
gestoßen habe, das sei für ihn zu viel gewesen. Diese Schilderung ließen
wir unhinterfragt, da die Zeit fast vorbei war.

An dieser Stelle unterbrachen wir die Mediation. Mit einer Blitzlicht-
Runde beendeten wir die Sitzung. Es wurde von allen Teilnehmern ein
Weiterführen der Mediation gewünscht.

Die zweite Sitzung der Mediation

Wir trafen uns am selben Ort eine Woche später wieder in der Mittagspause. Alle Beteiligten waren anwesend.

In der Nachbesprechung und Reflexion zur ersten Sitzung war uns klar geworden, dass wir, um den Konflikt zwischen Herrn M. und Felix wirklich zu klären, unbedingt noch einmal eine Einzelsitzung mit den beiden machen müssten. Dies teilten wir den Anwesenden zu Anfang der zweiten Sitzung mit, was die Schüler mit sichtbarer Erleichterung aufnahmen. Felix selbst, dazu befragt, äußerte Zustimmung, ohne sich Gefühle anmerken zu lassen.

Das Gespräch der zweiten Sitzung war durch den Zwiespalt geprägt, den die Schüler als Zuschauer in der sich zuspitzenden Situation empfunden hatten. Einerseits empörten sie sich über das bloßstellende Nach-vorne-Zitieren Felix' durch Herrn M. Sie verübelten ihm, dass er nicht in der Lage war, in diesem Moment anders für Ruhe und Ordnung zu sorgen. Andererseits empfanden sie die Drohgebärde, die vom körperlich größeren Felix dem Lehrer gegenüber ausging, als klare Grenzüberschreitung. Sie selbst fühlten sich unsicher in ihrer Rolle und wussten nicht, ob und wie sie eingreifen sollten Selbst ihre Sympathien waren nicht eindeutig. Sie sahen die Hilflosigkeit des Lehrers und hatten Mitgefühl mit ihm. Sie sahen in ihm jedoch auch den Verursacher des Dramas. Die einfachen Raster von richtig und falsch oder gut und böse passten nicht mehr. Die Lähmung, die sie damals ergriff, sodass sie nur noch Beobachter in einer sich zuspitzenden Situation sein konnten, warfen sie sich jetzt vor.

Dies alles wurde mit großer Offenheit im Gespräch herausgearbeitet. In diesem Falle achteten wir strikt darauf, dass alle nacheinander zu allen Fragen Stellung nahmen. Es sollten sich nicht Redner und Schweiger in der Gruppe herausbilden wie oft in Klassengesprächen. Die Standpunkte aller waren wichtig. Felix und Herr M. hörten hauptsächlich aufmerksam zu.

Nach etwa einer halben Stunde war offensichtlich genügend geredet worden. Die Schüler schienen erleichtert, sie hatten weder ihren Klassenlehrer noch Felix verraten. Das Aussprechen der Ängste und Widersprüche vor allen, insbesondere vor Felix und Herrn M., entlastete die Schüler. Die gespannte Aufmerksamkeit, die in der Gesprächsrunde bis dahin geherrscht hatte, wich zunehmend einer leichten Unruhe mit Nebenbemerkungen. Wir deuteten dies als Zeichen, an dieser Stelle Schluss zu machen.

In der Blitzlichtrunde bekräftigten der Klassenlehrer und die Schüler noch einmal ernsthaft die Befreiung, die sie durch die Gespräche erlebt hätten. Die Schüler versprachen, den anderen Schülern der Klasse über die Gespräche zu berichten.

Die dritte Sitzung der Mediation

Zur dritten Sitzung mit Herrn M. und Felix alleine trafen wir uns diesmal nicht im Klassenraum. Wir wählten einen kleinen Religionsraum, der uns die Möglichkeit gab, um einen Tisch herum zu sitzen. Dies repräsentierte auch äußerlich eine neue Phase in den Gesprächen.

Zu unserem Erstaunen empfanden wir Felix in dieser Stunde von Anfang an bereit, offen auf Herrn M. zuzugehen und über sich selbst zu sprechen. In unserer Vorbereitung hatten wir befürchtet, Felix würde sich wieder so zeigen wie in den vorangegangenen Sitzungen: spröde, wenig gesprächsbereit, „cool". Wir wollten seinen Widerstand durch zähes „Spiegeln" als Gesprächstechnik erweichen, was sich bei verhärteten Situationen schon oft als hilfreich erwiesen hatte.

Ein Kernpunkt der Sitzung waren die Befürchtungen von Herrn M., vor der Klasse seine Autorität zu verlieren. Die Aufforderung an Felix, nach vorne zum Lehrertisch zu kommen, war ein aussichtsloser Versuch, Felix an die Regeln der Schule zu erinnern. Herr M. schilderte noch einmal das Gefühl der Bedrohung, das von Felix ausging, als dieser sich so nahe vor ihm aufbaute. Er habe regelrecht Angst vor ihm gehabt.

Felix seinerseits gab zu, dass er große Angst hatte, sein Image in der Klasse zu verlieren. Er habe sich bloßgestellt gefühlt, als er nach vorn zitiert worden sei. Als einer, der sich nicht anmerken ließe, wenn er nicht weiterwisse, tue er dann so, als gehe ihn alles nichts an. So sei es einerseits beim Durchqueren der Klasse gewesen, andererseits auch in den ersten Gesprächen.

Dass er auf andere in manchen Situationen bedrohlich wirken könnte, war ihm nicht klar. Um sein Prestige, als einer, der sich nichts gefallen lässt, vor der Klasse zu bewahren, habe er letztendlich in der eskalierten Situation Herrn M. zurückgeschubst. In diesem Zusammenhang äußerte er von sich aus, dass es ihm Leid tue, was geschehen sei.

Das Gespräch wurde hauptsächlich von Felix und Herrn M. geführt, gesteuert nur durch vertiefendes Nachfragen durch uns. Wir hatten bei beiden Teilnehmern durchweg das Gefühl von großer Ehrlichkeit und dem Bemühen, zu verstehen, was sie selbst zum Konflikt beigetragen hatten. Die Frage, ob ein schriftlicher oder mündlicher Vertrag geschlossen werden solle, der bei einer Mediation üblich sei, verneinten sie beide. Für uns anrührend anzusehen, gaben sie sich zum Abschluss der Mediation ohne Aufforderung die Hand.

Nachbemerkung

Allen anfänglichen Bedenken zum Trotz war es richtig in diesem Fall zu vermitteln. Als Beispiel finden wir diese Mediation auch deswegen interessant, weil man daran sieht, dass auch Gruppenmediationen erfolgreich sein können. Dies ist in der Schule wichtig, da man es häufig mit Gruppenkonflikten zu tun hat. Notwendig ist dabei unserer Erfahrung nach eine klare Strukturierung durch die Mediatoren, die über die bekannten Phasen der Mediation hinausgeht. Es kann hilfreich sein, zu ungewohnten Mitteln zu greifen. In unserem Fall war das die wechselnde Zusammensetzung der Teilnehmer. Ein flexibles Mediationsteam hat es dabei sicher leichter als ein einzelner Mediator.

In der Rückschau scheint mir die Teilnahme mehrerer nicht direkt vom Konflikt betroffener Schüler an der Mediation als ein Glücksfall. Felix, der wahrscheinlich nicht ohne weiteres alleine mit Herrn M. an einer Mediation teilgenommen hätte, hatte so in den beiden ersten Sitzungen genügend Zeit zu erfahren, dass er nicht als Angeklagter vorgeladen war. Er hatte positive Modelle in seinen Mitschülern, die leichter ihre Ängste zugeben konnten und mit großer Ernsthaftigkeit im Gespräch dabei waren. Zusätzlich hatte er Zeit zu merken, dass Herr M. es ehrlich meinte und auch über seine Schwächen reden konnte. Nicht zuletzt konnte Felix sich von der Allparteilichkeit der Mediatorinnen überzeugen. Unserer Einschätzung nach waren diese Punkte für einen vorsichtigen Menschen wie ihn die Voraussetzung dafür, auch Schwächen und Fehler preisgeben zu können und letztendlich sagen zu können, dass es ihm Leid tue.

Das Gespräch zwischen Mittelstufenleitung, Mutter und Felix wurde von allen am Fall Beteiligten nicht mehr als notwendig angesehen. Herr M. berichtete uns mehrfach, dass die Stimmung zwischen ihm und der Klasse stabil und gut sei. Mit Felix sei das Verhältnis normal. Die Elternsprecher bedankten sich bei der Schulleitung mit einem Schreiben, in dem sie sich auch für eine weitere Förderung von Mediationen in der Schule einsetzten.

2.6 Fragen zum Weiterüberlegen

1. Fallen Ihnen ein oder zwei Konfliktfälle an Ihrer Schule ein, die eventuell durch Mediation bearbeitet werden könnten?

2. Wie könnte ein Rahmen für die Mediation geschaffen werden?

3. Wie könnten die Konfliktparteien zur Teilnahme motiviert werden? Wen würden sie als Mediatorin akzeptieren?

4. Wie groß schätzen Sie an Ihrer Schule die Offenheit der Mediation gegenüber ein
   (1 = überhaupt nicht offen, 10 = sehr aufgeschlossen)
   - bei den Schülerinnen?
   - bei den Lehrkräften?
   - bei der Schulleitung?
   - bei den Eltern?

5. Was könnten Sie tun, um die Idee der Mediation an Ihrer Schule zu verbreiten?

3 Mediation durch Erwachsene

3.1 Mediation als Teil eines Schulentwicklungs-programms in der Lehrerfortbildung

Ortrud Hagedorn

Erziehung und Unterricht sind untrennbar miteinander verbunden. Schulgesetze und Präambeln der Rahmenpläne aller Bundesländer weisen beide Aufträge für die allgemeinbildende Schule aus. Im Lehrerstudium werden zukünftige Lehrer theoretisch und planend auf Unterricht vorbereitet. Dem Erziehungsauftrag kommt keine praktische Vorbereitung zu.

Mit der Arbeit in der schulischen Praxis – dem Referendariat oder der Lehramtsanwärterzeit – wird der geplante Unterricht durchgeführt und analysiert. Dabei erweist es sich oftmals als Illusion, dass allein eine sorgfältige Unterrichtsplanung die Erziehung ersetzt.

Wie kann die Vermittlung der Lerninhalte gelingen, wenn sich unerwartet Erziehungsdefizite aus dem Elternhaus zeigen? Was soll ein Lehrer tun, wenn Konflikte und heftige Auseinandersetzungen Jugendliche daran hindern, das Unterrichtsangebot wahrzunehmen? Welches Repertoire der Erziehung zur Demokratie steht zur Verfügung? Hartmut v. Hentig formuliert den Bildungs- und Erziehungsauftrag als „die Sache klären und den Menschen stärken".

Wie soll der Lehrer beides einlösen?

Die schulischen Rahmenbedingungen der Regelschule weisen keine Zeit für Erziehungsarbeit aus. Ein Lernbereich Demokratieerziehung oder Menschenrechtserziehung mit methodisch-didaktischen Schritten, die am aktuellen Zusammenleben orientiert sind, ist nötig, doch hat die kognitive Stoffvermittlung besonders in der Sekundarstufe absoluten Vorrang.

Unter den Bedingungen der Lehrerausbildung und der Organisation des Schullebens gerät der Erziehungsauftrag im Sinne einer Pädagogik der sozialen Orientierung, der Persönlichkeitsstärkung und der Einübung demokratischer Verantwortungsübernahme in den Hintergrund.

Seit den Neunzigerjahren erweist sich der Verzicht auf pädagogische und erziehende Handlungskompetenz in der Lehrerausbildung als folgenschwer. Die Industrie vermisst die Entwicklung von Schlüsselqualifikationen. Die Gewaltbereitschaft unter Kindern und Jugendlichen erschreckt Öffentlichkeit und Bildungspolitiker. Das Zusammenleben von Kindern und Jugendlichen vieler Nationen erweist sich in den Quartieren als schwieriger, als vorher abgeschätzt wurde. Die veränderten Bedingungen des Aufwachsens reduzieren die sozialen Erfahrungen unter Altersgleichen. Normen und Werte, die Kinder und Jugendliche unter Altersgleichen in der mittleren Kindheit aushandeln und festigen, werden vermisst (Krappmann 1996).

Die Entwicklung der Rahmenbedingungen

Die Kenntnisvermittlung sozialer Zusammenhänge durch Literaturunterricht, Sozialkunde, Religion erreicht offensichtlich Kinder und Jugendliche nicht in dem Umfang, dass sie den sozialverträglichen Umgang mit subjektiv schwierig erlebten Situationen entwickeln und einüben.

Seit den Neunzigerjahren wurden vorerst präventive pädagogische Methoden aus dem Bereich der Theaterpädagogik und der pädagogischen Psychologie mit Übungen zur Selbst-, Fremd- und Gemeinschaftswahrnehmung wiederentdeckt und in der Lehrerfortbildung angeboten (Böttger 1998, Walker 1995). Für viele Lehrer waren diese pädagogischen Programme neu und ungewohnt.

Übungen, die der Persönlichkeitsbildung oder der gelenkten Sozialerfahrung dienen, wurden häufig als spielerisch und deshalb für die schulische Unterrichtszeit als nicht angemessen beurteilt. Da die bildende Relevanz und Wirksamkeit für die Lehrer dennoch einsichtig war, ordneten sie diese Lernformen lieber dem Freizeitbereich zu, wie Klassenfahrten, Schülerpartys, Fasching.

Pädagogische Programme zu Sozialerfahrungen haben in Zuwanderungsländern wie Neuseeland und den USA (Community Board Program 1995; Tribe 1996) mit ausgewiesenen Unterrichtsstunden schon eine längere Tradition. Auch in Israel werden mit dem Schwerpunkt Demokratie- und Rechtserziehung entsprechende Unterrichtseinheiten in Schulen durchgeführt (Maroshek-Klarman 1996). Die soziale Integration wird nicht dem ungelenkten Zufall überlassen.

Mit diesen Übungen zu Sozialerfahrungen und dem Aufbau von Sozialkompetenz konnten Lehrerinnen und Lehrer, die sich Zeiten aus anderen

Lernbereichen abrangen, erheblich zur Verbesserung des sozialen Klimas und zur Identifikation der Schüler mit ihrer Schule beitragen. In diesem Sinn wirkten sie gewaltpräventiv. Das schloss aber nicht aus, dass es bei der Austragung von Interessengegensätzen dennoch zu schädigenden heftigen Konfliktaustragungen kam. Bei diesen Vorkommnissen erwies es sich als Mangel, dass nur traditionelle Erziehungsmaßnahmen zur Verfügung standen.

Als unmittelbar gewaltmindernde, nicht nur allgemein-präventive Maßnahme wurde in Berlin erstmals 1992 Schulmediation über die Lehrerfortbildung angeboten. Sie schlug sich vorerst kaum in der Praxis nieder. Zwar hatten sich Lehrerinnen aus fünf Gesamtschulen die Grundlagen der Mediation angeeignet, ihre Angebote zur Konfliktberatung wurden jedoch nicht in Anspruch genommen.

Erst als Lehrerinnen der Orientierungsstufe gemeinsam mit ihren Schülern, den ersten Konfliktlotsen, im Schuljahr 1993 in der Praxis Konflikte aktiv aufgriffen, zeigte sich, dass auch Methoden der Zivilcourage nötig waren. Unterlassene Frühinterventionen und eskalierende Maßnahmen der Pädagogen wurden deutlich. So berichtete ein Konfliktlotse: *„Frau Sch. eskaliert jeden Konflikt. Wir müssen sehen, dass wir ihr zuvorkommen, eh sie alles verschlimmert!"* Ähnliche Beobachtungen waren dafür ausschlaggebend, dass die pädagogische Intervention Teil der Fortbildungsangebote wurde.

Die Intervention aus systemischer Sicht als dritter Weg ohne Flucht (wegsehen) oder Kampf (wahrgenommenen Täter beschimpfen und bestrafen) ist heute ein wesentlicher Teil des Berliner Konfliktlotsenmodells. Bereits in der Intervention müssen gewohnte Wahrnehmungs- und Verhaltensmuster verlassen und andere eingeübt werden.

Eine eskalierende Intervention aus Unwissenheit wirkt kontraproduktiv und erschwert eine nachfolgende Mediation erheblich. Werden Gewalthandlungen folgenlos übergangen, führt das zum Lernen durch Erfolg (vgl. Teil I „Intervention und Deeskalation" in Hagedorn u. a. 2000, S. 5–27). Mit Kenntnissen aus der gewaltlosen Aktion und Methoden der friedlichen Einmischung üben Lehrer unter Anleitung, rechtzeitig auf Konflikte zuzugehen und Mediation als Alternative zur unfruchtbaren Konfliktaustragung oder Sanktion anzubieten.

Auf die Intervention folgt die Mediation. Über die Kenntnisvermittlung und Übung des Mediationsverfahrens hinaus wurde es nötig, die Entwicklung der Schule als System der Wechselwirkungen vieler Faktoren zu berücksichtigen. Deshalb war es nötig, mit einem erweiterten Verständnis der Schulmediation die Bereiche *Gewaltprävention, Interven-*

tion / Deeskalation und Mediation zu Inhalten der Fortbildungen zu machen. Gleichermaßen war die Ermutigung der Lehrer, sich stärker und gemeinsam dem Erziehungsauftrag zu stellen, nötig. Deshalb müssen auch heute Lehrer in den Fortbildungen ermutigt und bestätigt werden, wenn sie sich schwierigen Anforderungen stellen. Darüber hinaus war es nötig, organisatorische Entscheidungen mit der Schulleitung und den Gremien einzuplanen.

Zeitgleich mit der Entwicklung der Schulmediation bauten Sozialpädagogen im Rahmen des gesetzlich vorgesehenen Täter-Opfer-Ausgleichs das Mediationsverfahren bei Jugendgewalt und anderen kriminellen Handlungen aus. Mit deren rechtlicher Absicherung durch das Justizministerium wurde auch für die Schule eine konkrete Utopie einer integrierenden Gesellschaft deutlich, in der eigenverantwortliche und selbsttätige Reintegration bei anzeigefähigen Straftaten üblich werden. In Anlehnung an diese Alternative zur Gerichtsverhandlung konnte die Schule sich als Mikrokosmos der Gesellschaft verstehen und auf ähnliche Art tätig werden.

Während im öffentlichen Raum Zeugen und Polizei bei Straftaten intervenieren, sind in der Schule Pädagogen die autorisierte Interventionsinstanz. Ihr Geschick und das Geschick der Konfliktlotsen repräsentieren zivilcouragierte Mitbürger, die deeskalierend wirken.

Während im öffentlichen Raum Geschädigte Anzeige erstatten, können sich im schulischen Raum Schüler beschwerdeführend an Pädagogen in Schulstationen oder Konfliktlotsen wenden. Gibt es einen ausgewiesenen Ort für Beschwerden, kommen auch verdeckte und geheime Konflikte wie Erpressung, Nötigung, Mobbing ans Licht.

Während der ermittelnde Staatsanwalt einen Fall dem Täter-Opfer-Ausgleich zuweist, kann die Schulleitung einen Fall von Lehrermediatoren und/oder Konfliktlotsen bearbeiten lassen. Gleichzeitig ist es möglich, in einer Schule – vergleichbar einem sozialen Nahraum – alle Mitglieder des Systems in ein gemeinsames Vorgehen einzubeziehen.

Um dieses Modell in der schulischen Praxis umzusetzen, kommen der Lehrerfortbildung vielfältige Aufgaben zu. Mit praxisbegleitenden Mediationstrainings in verschiedenem Umfang wird das Modell pädagogisch initiiert und begleitet. Doch gehören zur Implementation neuer pädagogischer Programme Entscheidungen auf mehreren Ebenen. Diese erfolgen bei Modellversuchen von Bund und Land nach folgendem Muster:

- Sie werden schulpädagogisch durch die Lehrerfortbildung initiiert.
- Schulorganisatorisch wird Raum und Zeit dafür geschaffen. Konferenzbeschluss und Schulleitung tragen das Modell mit und treffen entsprechende Entscheidungen an ihrer Schule.

- Schulverwaltlich werden Personal-, Sach- und Referentenmittel dafür bereitgestellt.
- Schulpolitisch wird der Wille zur Neuerung durch entsprechende Entscheidungen des Ministers/Senators getragen, ein möglicher Erfolg bestätigt und publiziert, eventuell ein Schulgesetz und eine Rahmenplanänderung veranlasst.

Lehrerfortbildungsinstitute vieler Bundesländer haben Mediation in ihre Fortbildungsangebote aufgenommen, pädagogische Handreichungen wurden erstellt, Schulbuchverlage bieten inzwischen Schülerprogramme für Konfliktlotsen, Streitschlichter, Peer-Mediatoren an. Bildungspolitische Entscheidungen, die die pädagogischen Möglichkeiten eines umfassenden Mediationsprogramms im Schul- und Jugendbereich finanziell und personell begünstigen, gab es für drei Jahre in Offenbach. In anderen Städten und Bundesländern stehen sie teilweise bis heute aus.

Dennoch haben es Lehrer allein durch ihr Engagement und mit Hilfe der Lehrerfortbildung geschafft, nach ihren Möglichkeiten vor Ort die nötigsten schulorganisatorischen Bedingungen bereitzustellen. An vielen Schulen hat sich das Verfahren schon über mehrere Jahre bewährt. Besonders in der Orientierungsstufe werden fast alle Fälle durch Mediation geregelt, wenn die Voraussetzungen geschaffen sind. An anderen Schulen ist die Entwicklung durch mangelnde personelle Ressourcen immer wieder gefährdet.

Die Erfolge der Schulmediation, die von der Presse und privaten Initiativen wahrgenommen und anerkannt werden, haben die ersten Lehrermediatoren an ihren Schulen mühsam errungen.

Lehrer mussten die Investition ihrer Freizeit für ein langfristiges Training aufbringen. Vorbehalte im Kollegium gegen einen ungewohnten Umgang mit Konflikten, zumal nicht durch Schulpolitiker initiiert, mussten überwunden werden. An die pädagogischen Auswirkungen der Mediatoren und Konfliktlotsen auf das Schulleben mussten sich alle Beteiligten gewöhnen. Die Rahmenbedingungen der geschützten Verhandlungsumgebung – Konfliktlotsenraum oder Schulstation – mussten aufgebracht und eingerichtet werden. Mangelnde Personalmittel für die Tätigkeit der Mediatoren sind ein anhaltendes Problem, da die Schulen sie nicht immer aus den eigenen Ressourcen abdecken können. Berliner Schulen in sozialen Brennpunkten und Schulen mit Integrationsschülern haben mit der Einrichtung einer Schulstation einen Mediationsraum geschaffen, der auf die Entschärfung brisanter Situationen eingestellt ist und ihre Mitarbeiter entsprechend qualifiziert. Dort werden die anfallenden Mediationsfälle dokumentiert und evaluiert. Trotz nachweisbarer Erfolge fehlen bildungspolitische Entscheidungen zugunsten der Fachkräfte.

Inzwischen sind Lehrer als qualifizierte Mediatoren in der Lage, auch schwierige Fälle mit Erwachsenen – Eltern, Lehrern, Schulleitung – zur Lösung zu führen. Besonders begabte und motivierte Pädagoginnen streben durch regelmäßige Anwendung in ihrer Schule eine Virtuosität dieser sozialen Kunst an. Zum Teil werden ihnen dafür Abminderungsstunden gewährt. Sie erwerben das Vertrauen von Kollegen und werden von ihnen zur Vermittlung in Anspruch genommen. Darüber hinaus gibt es erste gute Erfahrungen mit der Vermittlung in Fällen, in denen klageführende Eltern ein Disziplinverfahren gegen eine Lehrerin anstrebten und die Schulrätin ihre bezirksbekannten Mediatorinnen einbezog.

Fortbildung der Lehrkräfte zu Mediatorinnen

Die frühen Erfahrungen der Fortbildungspraxis zeigten, es reicht nicht allein, dass Lehrer sich Mediation aneignen. Sie brauchen für die Durchsetzung ihrer Teilschritte vor Ort authentische Fortbildner, die mit den zu erwartenden Schwierigkeiten vertraut sind. Der Paradigmenwechsel im Umgang mit Konflikten, die Abwendung vom „kurzen Prozess" durch Sanktion zum konstruktiven Lotsen durch Konflikte erfordert ein handelndes Umlernen. Um sich darauf einzulassen, brauchen auch Erwachsene Anerkennung für Gewagtes und Erreichtes, Ermutigung und Erfahrungsaustausch beim Umgang mit Schwierigkeiten und für den eigenen Entwicklungsprozess persönlichkeitsstärkende Verfahren.

Methodenvielfalt zum Erfahrungslernen

Durch multisensorisches Lernen werden über die rein verbalen Zugänge der übersetzten US-Materialien hinaus vielfältige Methoden zum Erfahrungslernen bereitgestellt, mit denen sich Lehrgangsteilnehmer – vorerst Erwachsene und danach deren Schüler – die Befähigung aneignen können, einen eskalierenden Streit abzubrechen und durch Konflikte zu lotsen. Mit Informationen, Animation, Interaktion, Visualisierungs- und Kommunikationsübungen wird das Methodenrepertoire der Schulmediatoren auch für ihren Unterricht erweitert. Schrittweise entstehen kleine Entwicklungen auf mehreren Ebenen.

Mit dem Bild der Schule als lernendem System vor Augen werden von außen Impulse gesetzt, deren Inkubationszeit abgewartet, ehe weitere Impulse nachgereicht werden. Dies entspricht einer „weichen Planung", wie sie aus der ökologischen Umweltplanung bekannt ist.

Bausteine zur Schulprogrammentwicklung mit Mediation

Der Jahreslehrgang „Mediation für Lehrerinnen" ist der zentrale Baustein unter mehreren, mit denen das Berliner Lehrerfortbildungsinstitut eine Schule bei der sozialpolitischen Profilbildung unterstützt.

Die Entwicklung der Schulmediation wird durch modulartige Angebote initiiert, die jeweils andere Funktionen haben. Diese Bausteine sollen den Personen, die sich der Sache mit Leidenschaft verschreiben, genauso gerecht werden wie den Interessierten, die wenig Zeit investieren wollen, sowie dem Tross der bereitwillig Mittragenden. Ein kleinschrittiges Vorgehen mit abgestimmter Unterstützung ist hinreichend elastisch, um eine Schule nicht einem fertigen Konzept zu unterwerfen.

Orientiert an der ökosystemischen Sozialforschung[1] werden einzelne oder mehrere Lehrer zur Veränderung angeregt. Sobald sich diese Impulse entwickeln, werden sie durch weitere Schritte unterstützt, bis Schulmediation ein tragfähiger Teil des Schullebens ist.

Die Implementation dieses Modells erfolgt durch folgende Bausteine:

Basisvortrag
I. Praktische Ersteinführung – Workshop
II. Praktische Fallübungen
III. Jahreslehrgang Mediation
IV. Intervisionsgruppe
Erweiterung

Basisvortrag

Durch einen einführenden Vortrag und Diskussionen auf Gesamtkonferenzen wird das Verfahren bekannt gemacht. Wenn schon Personen aus dem Kollegium Mediation praktizieren oder Konfliktlotsen in Ausbildung sind, wird ein Konferenzbeschluss für den Einsatz der Konfliktlotsen herbeigeführt.

Der Konferenzvortrag steht nicht immer am Anfang dieses Schulentwicklungsprogramms. Als hilfreich hat sich erwiesen, dass bereits tätige Mediatoren durch erfahrene Referenten von außen für ihre begonnene Arbeit Unterstützung bekommen. Der Kenntnis- und Erfahrungsvorsprung eines Kollegen wird in einem Lehrerkollegium oft nicht respek-

---

1 Gregory Bateson, der Begründer der ökosystemischen Sozialforschung, definierte Muster des Zusammenspiels, die beobachtbar sind. Werden durch Impulse von außen Veränderungen im Verhalten Einzelner herbeigeführt, ändern sich auch die Reaktionen anderer. Eine Umdefinition der Beziehungsmuster erfolgt (vgl. Bateson 1996, Hagedorn u. a. 2000, S. 59–61).

tiert. Auch ist es in den Diskussionen vorteilhaft, wenn eine Schule über Experten erfährt, wie variabel andere Schulen mit ihren jeweiligen Möglichkeiten eigene Absprachen entwickelten und dass Vorschläge aus dem Kollegium willkommen sind. Häufig ist es nach diesem Vortrag leichter, Mitstreiter zu finden und Stunden für ihre Arbeit zugebilligt zu bekommen.

I. Praktische Ersteinführung

Für alle Interessierten erfolgt die praktische Ersteinführung durch Tagesworkshops als Angebote aus dem Lehrerfortbildungs-Katalog oder als schulinterne Fortbildung an einem Studientag bzw. Pädagogischen Tag der Schule.

Sie bieten mehr erfahrungsorientiertes und subjektives Lernen als ein Vortrag. Dass diese Ersterfahrungen im Langzeitgedächtnis bleiben, wird deutlich, wenn Lehrer nach einem Jahr nach Auffrischungs- und Aufbaukursen fragen.

Zu den schulinternen Einführungsworkshops gehören alle Mitarbeiter der Schulgemeinschaft. Lehrer, Schulleiter, Schulsozialarbeiter, Erzieher, Mitarbeiter der Schulstationen (Räume zur Schulsozialarbeit) haben Gelegenheit, sich auf deeskalierende und konfliktregelnde Tätigkeiten vorzubereiten.

Schulinterne Fortbildungen, die aus Ermangelung besserer Ideen mit Mediation gefüllt werden sollen, haben sich als wenig effizient erwiesen. Wenn ein Kollegium die Notwendigkeit der Fortbildung durch Problemdruck nicht spürt, schätzt es den Nutzen gering ein. Ist im Kollegium nur eine Person intrinsisch motiviert, steht sie auf einsamem Posten.

Der Aufwand einer schulinternen Lehrerfortbildung zur Mediation mit mehreren Trainern lohnt sich besonders, wenn bereits einige Lehrer an der Schule mit Methoden der Mediation vertraut sind und schon Erfahrungen sammeln. Der Wissensvorsprung einiger Vorreiter regt andere an. Indem der ganze Stab in einer Einführungsveranstaltung Gelegenheit hat, sich selbst in der Konfliktverhandlung zu erproben, wächst das Verständnis für die Tätigkeit der Mediatoren und die Bereitschaft, auch etwas Nützliches aus dem Studientag in die eigene Praxis umzusetzen. Mitunter sind einige Lehrer durch diese Studientage so motiviert, dass sie die Zeit für einen Jahreslehrgang investieren.

II. Praktische Fallübungen

In der Ersteinführung wird den Teilnehmenden häufig bewusst, dass ihre eingefahrenen Handlungsmuster nicht so konstruktiv sind wie erhofft. Sie möchten über das Kennenlernen hinaus Gelegenheit zur Übung unter Anleitung haben. Dafür eignen sich weiterführende Angebote als Übungen „von Fall zu Fall".

III. Jahreslehrgang Mediation

Getragen wird das Schulmediationsprogramm hauptsächlich von zwei bis drei Pädagogen einer Schule, die sich Mediation in Theorie und Praxis im Jahreslehrgang aneignen. Häufig wollen sie eine Schulstation einrichten oder Konfliktlotsen trainieren.

In einigen Fällen haben Lehrer durch Sozialpädagogen Streitschlichter an ihrer Schule ausbilden lassen. Diese Aktivitäten der Schüler sind nicht immer eingebunden in eine Schulentwicklung. Lehrer, die ihre Schüler qualifiziert unterstützen und bei Konflikten ähnlich verfahren wollen, sind bereit, viel Zeit für ihre eigene Fortbildung zu investieren. Eine Entwicklung im Sinne eines Schulprogramms muss maßgeblich von engagierten, besonders qualifizierten Pädagogen getragen werden. Im Jahreslehrgang „Mediation" sind sie unter ihresgleichen.

Der Lehrgang umfasst etwa 50 Stunden als
a) 14-tägige Sitzungen à 3 Stunden,
b) eine Folge von Wochenendseminaren.

Der Lehrgang wird in allen angebotenen Formen so organisiert, dass die Teilnehmer zwischen den Veranstaltungen Gelegenheit haben, das neu erworbene Wissen in der Praxis anzuwenden und die neuen Erfahrungen in die Fortbildung einzubringen. Der Lehrgang für Lehrer ist zwar umfangreicher, in seinem Wechsel von Information, Übung des Handwerkzeugs, Selbsterfahrung und Fallanwendung jedoch kongruent zur Konfliktlotsenausbildung.

Einige Pädagogen müssen sich die friedliche Einmischung mühsam erarbeiten, andere bringen durch Intuition, Kreativität und einschlägige Vorerfahrungen besondere Begabungen für Mediation mit. Im Lehrgang erweitern sie ihr Repertoire und bekommen durch aktuelle sozialwissenschaftliche Bezüge Sicherheit.

Die gegenseitige Unterstützung im schulischen Team ist notwendig. Da in manchen Fällen eine Co-Mediation (z. B. zur moralischen Vorherrschaft bei Gruppengewalt als „Staffelrad" und bei geschlechtsdifferenten und interkulturellen Konflikten als „gemischtes Doppel"[2]) nötig ist, kann ein Mediator allein die Präsenz nicht gewährleisten.

Obwohl Lehrer für den Jahreslehrgang 50 Stunden investieren und mit eigenen Fällen ihre Anwendungssicherheit belegen müssen, sind die Angebote regelmäßig überbucht. Der Berliner Schulmediationslehrgang beinhaltet mehr als Verhandlungshilfe. Die friedliche Einmischung in eskalierende Konflikte, Möglichkeiten der Deeskalation im schulischen Rahmen und präventive Maßnahmen im Klassenzimmer sind Teil des Programms. Dies erfolgt unter Einbezug aller ästhetischen Sinne, mit dem Aufbau vieler Kontakte innerhalb der Gruppe, der Rhythmisierung von Anstrengung und Entspannung, als gegenseitige Bestätigung und mit didaktischen Modellen zur Wahrnehmung des eigenen Lern- und Entwicklungsbewusstseins. Begleitend werden Kenntnisse der ökosystemischen Sozialforschung, der Friedens- und Konfliktforschung, des Kognitivismus und der Neurobiologie (vgl. Hagedorn u. a. 2000, S. 27–31 sowie S. 54 f.) vermittelt. Mit praktischen Handreichungen und kurzen Texten werden die Inhalte gefestigt. Dadurch ergibt sich eine größere pädagogische Entscheidungsmöglichkeit bei der Vorbereitung einer Mediation.

IV. Intervisionsgruppe für Mediatoren

a) Für Mediatoren, die in einer Schulstation arbeiten oder bereits Konfliktlotsen an ihrer Schule trainieren und sie begleiten, gibt es Intervisionsgruppen. Dort tauschen sie Erfahrungen aus, haben Gelegenheit, schwierige Fälle durchzuarbeiten und ihr Methodenrepertoire zu erweitern. Wesentliche Funktionen der Intervisionsgruppe sind die gegenseitige Unterstützung und Beratung der Teilnehmer sowie die Bestärkung ihres Engagements und das Informieren über neue Entwicklungen.

b) Darüber hinaus organisiert das Institut für Schule und Medien zur gegenseitigen Unterstützung und Anerkennung der aktiven Lehrer und Schüler einmal im Jahr ein Konfliktlotsentreffen.

Erweiterung

Um Teilbereiche zu vertiefen, können Lehrer einmalige Fortbildungsangebote wahrnehmen, die für ihre Schule besonders geeignet sind, z. B.:
   a) Intervention

---

2 Das „Staffelrad" und das „gemischte Doppel" wurden von Ed Watzke für den außergerichtlichen Tatausgleich entwickelt und von Schulmediatoren übernommen (vgl. Watzke 1997, S. 63 ff. bzw. S. 31 ff.).

b) Täter-Opfer-Ausgleich
c) konfrontative Pädagogik
d) Stressbewältigung
e) Konfliktlotsentreffen

Gegenseitige Hilfe, Vernetzung

Schulpädagogen, die Konfliktlotsen ausgebildet haben oder Streitschlichter begleiten, sind bereit, mit ihren Schülern an Studientagen benachbarter Schulen vorzustellen, wie sie sich Mediation angeeignet haben und sich in ihrer Schule einsetzen. Eine Liste der Schulen mit den Ansprechpartnern finden die Lehrer im Fortbildungskatalog. Das Zusammenwirken der beiden Generationen – Konfliktlotsen und ihrer Lehrer – vor einer noch wenig kundigen interessierten Lehrerschaft ist identitätsstiftend und bestätigt die Konfliktlotsen in ihrer Kompetenz. Lehrer, die erstmalig Konfliktlotsen kennen lernen, sind in der Regel sehr beeindruckt.

Auch hat es sich bewährt, dass in anderen schulischen Gremien wie der Schulkonferenz, den Elterngremien oder der Schülervertretung das Mediationsprogramm von den hauseigenen Mediatoren und ihren Konfliktlotsen vorgestellt wird. Da sie soziale Verantwortung an ihrer Schule tragen, ist es folgerichtig, dass sie die Präsentation ihrer Arbeit selber vornehmen. In den Intervisionsgruppen wird ausgetauscht, wie Lehrer ihre Schüler darauf vorbereiten. Wenn Konfliktlotsen in den Gremien und der Schulöffentlichkeit eine Probemediation vorstellen, ehe sie tätig werden, können viele Bedenken von Lehrern und Eltern ausgeräumt werden.

Grundlegende Erfahrungen mit Lehrer-Mediationstraining

Ausbildung und schulorganisatorische Rahmenbedingungen der Lehrtätigkeit fordern vom Lehrer, dass er eigenverantwortlich seinen Bildungsauftrag erfüllt – oft heißt das auch, dass er als Einzelkämpfer schwierige Situationen meistern muss, die nicht mit den üblichen stoffvermittelnden Methoden im Unterricht zu bewältigen sind. Die Beziehungen im Lehrerkollegium sind symmetrisch definiert, sie erlauben weder die Zubilligung schwacher Momente oder Niederlagen eines Kollegen noch Anerkennung besonderer pädagogischer Fähigkeiten. Selbst in reformpädagogischen Schulen, die offenen Unterricht und gegenseitige Hilfe der Schüler anstreben, sind positiv komplementäre Beziehungen unter Lehrern wenig entwickelt. Besonders bei Fragen zur Schülerdisziplin stehen immer wieder Falken den Tauben unversöhnlich gegenüber – Pädagogen mit grenzsetzenden, konfrontativen Positionen stoßen auf akzeptierende, alles verstehende Pädagogen.

Die Synthese von Akzeptanz und Konfrontation ist eine der zentralen Erfahrungen, die Lehrer aus dem Mediationslehrgang mitnehmen: Akzeptanz der Person und Konfrontation mit den Folgen der Tat schließen einander nicht aus.

Wenn sich Streiter ins Unrecht gesetzt haben, fällt es ihnen schwer, Verantwortung für eigene Handlungen zu tragen. Es bedarf der niedrigschwelligen Anerkennung jeder ernsthaften Bemühung und jedes Einräumens eigener Fehlhandlungen. Diese prozessorientierte Wahrnehmung unterscheidet sich wesentlich von der ergebnisorientierten Sicht im lernzielorientierten Unterricht. Dort gibt es am Ende der Unterrichtseinheit Ergebnisse, die als mehr oder weniger richtig oder falsch beurteilt und benotet werden. In der Konfliktbearbeitung und interpersonellen Problemlösung sind subjektive Wahrnehmungen und Suchbewegungen wichtiger. Dem Entwicklungsprozess gilt die Aufmerksamkeit, das Ergebnis ist offen und wird von den Beteiligten selber entwickelt. Diese non-direktive Steuerung eines im Ergebnis offenen Prozesses ist für die meisten Menschen – nicht nur für Lehrer – ungewohnt. Wenn es Lehrern gelingt, sich darauf einzulassen, empfinden sie es als entlastend, nicht stellvertretend für die Schüler entscheiden zu müssen, die Probleme nicht zu ihrer Sache machen zu müssen. *„Seit ich begriffen habe, es ist nicht mein Konflikt, sondern der Konflikt der Streitenden, durch den ich sie lotse, kann ich wieder ruhiger schlafen",* sagt die Lehrerin Heidi L.

Konflikte sind nicht allein lästige Störungen, sondern Lernanlässe. Die Schule als Ort der demokratischen Erfahrungen fordert von den Schülern Anstrengungsbereitschaft und Verantwortungsbewusstsein auf der Suche nach gemeinsamen Lösungen auch im Konflikt. Die Unlust der Schüler an der Mitverantwortung findet sich vorwiegend dort, wo die Auswirkungen auf die eigenen Lebenszusammenhänge nicht als wirksam erkennbar sind. In der Mediation lassen Lehrer ihre Schüler erleben, dass der liberale Rechtsstaat auf Menschenrechten, Verantwortung, Mitwirkung, Verhandlungen und Einigungen beruht.

Schon nach einigen Fortbildungssitzungen ist die Wahrnehmung der Lehrer geschärft, so dass sie bei ihren Kollegen eine Häufung von Hindernissen in der Kommunikation, Abwertungen, Generalisierungen beobachten. Es fällt ihnen auf: In der Schule werden viele Mängel wahrgenommen, Kritik wird von Lehrern und Schülern ausgiebig geäußert.

Während in den Siebzigerjahren die Erziehung zur Kritikfähigkeit hoch im Kurs stand, hat sie sich im Lauf der Jahre zur Krittelei gemausert. Deshalb haben die Wertschätzung und der Aufbau deutlicher Anerkennung der Kinder und Jugendlichen in der Mediationsausbildung einen hohen

Stellenwert. Für Lichtpunkte werden Lehrer in Übungen immer wieder sensibilisiert. Ernsthaftes Bemühen, kleine Fortschritte und Eigenverantwortung werden wahrgenommen. Anerkennungen müssen glaubwürdig sein. Vordergründiges Lob wird durch spezifisch formulierte Anerkennungen ersetzt. Dennoch unterscheidet sich das Mediationsverfahren vom Trend zum „positive thinking" oder dem NLP durch die Dynamik der Gefühle. Das soziale Miteinander geht von Mensch zu Mensch. Eigene Mängel und Schwächen, Kränkungen, Enttäuschungen, Abwertungen, Schädigungen und Verletzungen sind inbegriffen. Sie sollen nicht schöngeredet, bagatellisiert oder psychologisiert werden, sondern offen zur Sprache kommen, damit der emotionale Gehalt des Konflikts als eine Folge der Handlungen deutlich wird. Für Mediatoren bekommen Gefühle den aussprechbaren Stellenwert, den sie im sozialen Miteinander tatsächlich haben. Mit vielen sprachlichen Wendungen, Spiegelungen, Umformulierungen und Operationalisierungen erweitern Pädagogen den Wortschatz der Streiter. Viele Spiegelungen sind Hilfen zur Ich-Botschaft und zur empathischen Anerkennung. Durch Visualisierungen und Metaphern werden ästhetische Elemente einbezogen. In diesem Sinn ist Mediation eine erziehende und sozialkundlich bildende Tätigkeit.

Mit der Folgenabschätzung im körperlichen, sozialen, emotionalen oder materiellen Bereich werden sich die Streiter ihrer Verantwortung bewusst. Lehrern wird ihre pädagogische Wirksamkeit deutlich.

„Seit ich Mediation gemacht habe, bin ich eine andere Lehrerin geworden. Ich achte auf Konflikte und nehme mich ihrer an. Früher ging ich dem aus dem Weg", heißt es in einem Schreiben der Junglehrerin Sibylle K.

In über 60 Berliner Schulen sind heute Konfliktlotsen im Einsatz. Einige tragen rote Mützen, andere ein Button, dritte haben kein äußerliches Merkmal. Sie intervenieren, bieten ihre Hilfe aktiv an oder warten auf Fallzuweisungen. Sie haben viel oder wenig zu tun, pflegen ihren Gruppenkonsens regelmäßig oder gehen arbeitsteilig vor.

In den meisten Schulen stehen hinter ihnen Lehrer, die als Mediatoren das Ethos der Schule beeinflussen, die ihre Konfliktlotsen begleiten, mit ihrer eigenen Tätigkeit als Mediatoren Modelle setzen und in schwierigen Fällen helfen.

In der Vielfalt wird deutlich, wie unterschiedlich der pädagogische Spielraum für den Erziehungsauftrag an der Schule genutzt werden kann. Sind Konfliktlotsen und Schulmediatoren erst einmal akzeptiert, verändert sich der Umgangston in der Schule.

Ohne einen Lernbereich „soziales Training" oder „praktische Demokratieerziehung" fehlt jedoch ein wesentliches Element, um ein Gesamtkon-

zept für ein Mediationsprogramm für alle Schüler zu sichern. Erstmals
werden im neuen Berliner Rahmenplan „Sozialkunde" Konfliktlotsen- und
Streitschlichter-Programme ausgewiesen.

Für die Einübung demokratischer Grundfertigkeiten gibt es darüber
hinaus noch keine ausgewiesene Zeit. Solange dies nicht erfolgt, werden
Fremdheit, Gegensätze, Konflikte und Belastungen erst in einer eskalierten Stufe wahrgenommen und als Störung behandelt. Diese Praxis, mit
zwischenmenschlichen Problemen umzugehen, beeinträchtigt die Unterrichtsarbeit zeitlich und qualitativ, sie belastet Lehrer wie Schüler psychisch und gesundheitlich.

Soll in der Schule als Mikrokosmos des liberalen Rechtsstaats eine
Enkulturation stattfinden, braucht sie auch ausgewiesene Zeiten und
erfahrungsorientierte Methoden zur Einübung demokratischer Umgangs-
formen und Regelungen.

Deshalb „stehlen" sich Lehrerinnen Zeiten für Klassenrat, soziales Training, Organisation der Verantwortungsübernahme, Konflikt- und Problemlösung aus ihrem Fachunterricht.

Das daraus entstehende gedeihliche Miteinander begünstigt die Lern-
prozesse der kognitiven Lernbereiche.

Fünf pädagogische Handlungsfelder der Schulmediation zeichnen sich
inzwischen in der Berliner Praxis ab:

1. Mediation und soziales Training als Unterrichtsinhalt
2. Mediation als Lernanlass bei Konflikten in der Klasse
3. Mediation als Ersatz für administrative Maßnahmen bei heftigen
   Konflikten (Täter-Opfer-Ausgleich statt Sanktion)
4. Mediation in einer Konfliktlotsen-AG oder im Wahlunterricht
5. Mediation in einer Schulstation.

Mediation als Unterrichtsinhalt

Pädagogen, die dem Verständnis der sozialen Zusammenhänge, der
Gefühlspädagogik und Gemeinschaftsförderung große Bedeutung zumes-
sen, leisten sich von ihrer Unterrichtszeit einen Zeitraum für wöchent-
liche Gesprächskreise. An Gesamtschulen nutzen einige Pädagogen die
Kerngruppenstunden für die Konfliktbehandlung. Auch thematisieren
Kunst-, Musik-, Sozialkunde- und Religionslehrer die Persönlichkeitsent-
wicklung und bahnen die Stärkung eines Selbstkonzepts an. Ergebnisse
werden z. B. in einem Ich-Heft dokumentiert. Obwohl die Klassenlehrer-
stunden abgeschafft wurden, werden Themen aus dem Mediationslehrgang von Klassenlehrern übernommen.

Die Entwicklung eines Gruppenkonsenses, Rhythmisierung der Arbeit durch Anstrengung und Entspannung, eigenes Lern- und Entwicklungsbewusstsein, Problemdefinition im Metaplanverfahren, Ideensammlung und gemeinsame Unterstützung bei Einzelproblemen, gegenseitige Information über kulturelle Unterschiede, soziometrische und visuelle Darstellung der Beziehungen, gegenseitige Bestätigung sozialer Handlungen, dialogorientierte Gespräche zur Meinungsbildung, Kommunikationsübungen zu Ich-Botschaften und Feedback-Runden, Operationalisieren verbindlicher Regelungen und deren Erfolgskontrolle. In einer Atmosphäre der Akzeptanz werden auch störendes und unerwünschtes Verhalten in spezifischen Situationen angesprochen, Elemente des „heißen Stuhls" und fairer Kommunikation werden eingesetzt.[3]

Angelegentlich einer konfliktträchtigen Atmosphäre in einer Klasse führt eine Lehrerin ihre Konfliktlotsen in Gruppenmediation ein und ermutigt sie, in der Klasse eine Konfliktinventur durchzuführen. „General Group Counseling" heißt dieses erweiterte Angebot (vgl. Kapitel 4.3.3).

Mit diesen Erfahrungen und deren Auswertung wird ein sozialpädagogisches Klima geschaffen, das die Selbstregulierungskräfte im sozialen System der Schule begünstigt. Mit Übungen, Gesprächen und Handlungserprobungen wird das soziale Miteinander der anwesenden Gruppenmitglieder selbst thematisiert und als relevant erlebt. Die Rolle der Schulpädagogin unterscheidet sich in diesen Stunden wesentlich von der traditionellen Lehrtätigkeit. Sie ist Animateurin und Moderatorin der Schülergespräche, spiegelt, fasst zusammen, nennt Synthesen, schützt vor Beleidigungen und Übergriffen, strukturiert, visualisiert und organisiert Moderationsmaterial, verschiedene Sozialformen, Regelungen und den Zeitrahmen.

Dennoch gibt es Anlässe, in denen die Orientierungsbemühungen der Schüler durch den Wissensvorsprung des Lehrers erreicht werden. Gebunden an Übungen, werden Kenntnisse aus der Konflikttheorie vermittelt: Eskalationsstufen im Konflikt (Glasl), die basic needs (Maslow), die Gefühlsspirale, Stressbewältigung und Wutmanagement, das ABC des Kognitivismus (z. B. Palmofski), Theorie der Emotionen (Ciompi) und Stufen der Moralentwicklung (Kohlberg) sind Lehrinhalte, die das Erfahrungslernen auf kognitiver Ebene festigen (vgl. Hagedorn u. a. 2000, S. 29–38, S. 49, S. 54 f.).

---

3 Der „heiße Stuhl" wurde in Deutschland als konfrontatives Verfahren von Jens Weidner für den pädagogischen Umgang mit gewaltbereiten Jugendlichen entwickelt und in allgemeinbildenden Schulen als Runde der freundlichen Fremdwahrnehmung und freimütig ausgesprochenen Störungen eingesetzt (vgl. Weidner 1997).

Mediation bei Konflikten im Unterricht

Konflikte schieben sich in das Unterrichtsgeschehen hinein und werden von vielen Lehrern als Störung schnell unterbunden. Pädagogen, die Schüler bei der Bewältigung ihrer Sorgen und Nöte begleiten, suchen nach Möglichkeiten, die den Schülern helfen, ihre Belange zu regeln. Nicht alles müssen Schulpädagogen selbst auf sich nehmen. Mit der Bereitstellung von Zeit und Raum zur Durchführung einer direkten Verhandlung, der Einführung schriftlicher Formen der Auseinandersetzung oder mit Hilfe eines unbeteiligten Mitschülers bieten Lehrer Streitenden an, ihren Streit fair auszutragen, ohne dass der geplante Unterricht für die Mehrheit der Schüler beeinträchtigt wird. So räumen Pädagogen Streitenden ein, fern der Arena anheizender Mitschüler eigenverantwortlich an einem Tisch im Flur, im Konfliktlotsenraum oder im Sekretariat für ihren Streit eine Lösung zu entwickeln.

Sind Konflikte mit Bedrohungen und Gefahren verbunden, stellen Mediatoren ihren Unterricht zurück und führen umgehend eine Mediation durch. Die schulorganisatorischen Bedingungen ermöglichen nicht immer einen zeitlich und örtlich günstigen Rahmen, so dass die Mediation vor der Klasse oder Gruppe durchgeführt werden muss.

Bei Vorfällen, die öffentlich stattfanden, werden im „Klassenrat der Konfliktlotsen" (vgl. Hagedorn 1997, Walker 1995) alle Schüler einer Klasse in das Verfahren einbezogen.

Alle Methoden der schriftlichen Konfliktdarstellung und -verhandlung wie Dialogschreiben, Ausfüllen zweier Opferberichte, Skizzierung eines Tathergangs, Visualisierung der Eskalation werden bei aktuellen Anlässen, die keinen besonderen Vertrauensschutz erfordern, in der Klasse eingeführt.

Mediation als Ersatz für administrative Maßnahmen

Selbst wenn Lehrer anwendungssicher in Mediation sind, können sie nicht davon ausgehen, dass ihre Fähigkeit immer willkommen ist. Da schulpolitische und schulverwaltliche Entscheidungen fehlen, sind sie vorerst nicht wie ein Schulpsychologe oder Beratungslehrer für diese Tätigkeit freigestellt und autorisiert.

Beschwerdeführungen und Anzeigen gehen meist an die Schulleitung. Nicht alle Schulleiter wagen den Versuch, eine Mediation traditionellen Maßnahmen vorzuschalten. Die Mediatoren müssen sich Autorität und Vertrauen erst durch die Akquise und Durchführung eigener Fälle erwerben. Das schulische Feld gibt genug Anlässe, Mediationen mit Schülern durchzuführen. Anders als Mediatoren im Scheidungsbereich und beim

Täter-Opfer-Ausgleich haben Lehrer durch ihren Erziehungsauftrag und durch Aufsichtführungen direkten Zugang zu den Konflikten. Haben Schüler erst einmal erlebt, dass diese Art der Konfliktregelung für sie hilfreich ist, bringen sie der Mediatorin Vertrauen entgegen. In der Erfolgskontrolle wird beraten, ob die Schüler von ihrem Erfolg einer weiteren Vertrauensperson berichten wollen. Dadurch spricht sich Mediation in Schülerkreisen herum. Sie wenden sich gelegentlich als Selbstmelder an die Mediatorin. Wenn die Schule einen Konfliktlotsenraum oder eine Schulstation einrichtet, ist dies der Ort, der mit Beschwerdeführungen, Sorgen, Nöten und Problemen in Anspruch genommen wird. Schwer wiegende Vorfälle werden mit mehreren Personen aus der Schulgemeinschaft behandelt. Konfliktlotsen, Schülervertreter und Eltern werden einbezogen, Schulleitung und Mediatoren kooperieren. In Anlehnung an den Täter-Opfer-Ausgleich macht die Schulleitung, vergleichbar der Rolle des Staatsanwalts oder Jugendrichters, mitunter Auflagen.

Inzwischen werden Mediatoren, die Erfolge aufweisen können, von Schulräten und Schulleitern anderer Schulen in Anspruch genommen.

Mediation in einer Konfliktlotsen-AG

Mediation zur Schulprogrammentwicklung sieht vor, das Zusammenwirken aller sozialintegrativen Kräfte einer Schule zu stärken. Dazu gehört auch, dass Schüler mehr Verantwortung für ihre Schule übernehmen. Konfliktlotsen sind Schüler, die sich in einer AG oder im Wahlunterricht ein Maß an Sozialkompetenz aneignen, mit dem sie Altersgleichen helfen, die Untiefen und Strudel ihrer Konflikte zu umschiffen. Die Schüler bewerben sich zur Mitarbeit als Konfliktlotse, absolvieren eine Grundausbildung und erweitern ihr Repertoire in der weiterführenden AG, mit ihren Schulmediatorinnen.

Aufgabe der Mediatoren ist es, vorab zu entscheiden, welche Schüler in der Lage sind, soziale Verantwortung zu tragen, das Vertrauen vieler Mitschüler genießen und wie die Population der Schule angemessen repräsentiert ist.

In der Konfliktlotsen-AG wird der Gruppenkonsens gefestigt, werden die räumlichen und zeitlichen Rahmenbedingungen geschaffen, die Präsentation vor der Schulöffentlichkeit geübt, Fälle beraten und neue Gesprächspläne entwickelt. Mediationen, die Schüler allein durchführen können, werden der Mediation durch Erwachsene vorgezogen. Gleichaltrige kennen ihre Lebenswelt besser und sprechen die gleiche Sprache. Die junge Generation übt sich in Fähigkeiten einer verantwortungsbewussten künftigen Bürgergesellschaft.

Dennoch gibt es Fälle, in denen die Konfliktlotsen allein überfordert sind oder ein gemischtes Doppel mit erwachsenen Mediatoren nötig ist. Dies bietet sich im Lehrer-Schüler-Konflikt an: Ein Konfliktlotse vertritt vorerst die Belange des Schülers, ein Schulmediator die Belange des Lehrers. Nach dem Konfliktlotsenmodell arbeiten deshalb Lehrer und Schüler zusammen.

An einigen Schulen nehmen Lehrer für die Grundausbildung ihrer Schüler erfahrene Sozialpädagogen in Anspruch. Doch Schüler allein können den Lehrern den Erziehungsauftrag nicht abnehmen. Da sie Entscheidungsbefugnisse nur auf niedriger Ebene haben, fehlen ihnen oftmals der Raum und die Fallzuweisung. Sind jedoch Lehrer bereit, sich gleichermaßen Mediation anzueignen und sie zu begleiten, ist die Ausbildung durch Sozialpädagogen eine große Hilfe beim Aufbau der Schulentwicklung.

Mediation in der Schulstation

Für ein Schulmediationsprogramm wurde vom Berliner Institut für Lehrerfortbildung eine Wanderausstellung mit dem Titel „konstruktiv handeln" entwickelt. Die Ausstellungsräume wurden von Klassen und einzelnen Schülern immer wieder aufgesucht, so dass sie den Charakter einer Schulstation bekamen, in der sich aufgebrachte Schüler beruhigen konnten und zu anderen Wegen der Konfliktlösung geführt wurden.

Mit der Einrichtung der Schulstation „McPeace" für zwei Schulen wurde aufgrund dieser Erfahrungen das interaktive Ausstellungsmaterial genutzt, um eine modellhafte Schulstation zur Gewaltprävention einzurichten (Hans-Fechner-Grundschule/Comenius Integrationsschule Berlin).

Mit zwei Räumen – einem Bewegungsraum und einem Ruheraum – stellten sich die Schulen auf die Probleme der Schüler in ihrem sozialen Lebensraum ein.

Die beiden Kollegien wurden nach den häufigsten Problemen befragt. Diese waren mit den Inhalten des Ausstellungsmaterials weitgehend kongruent: Sofortintervention bei Gewalt, Konfliktregelung, Hilfen bei Lernblockaden, Entspannung nach Belastungen, morgendliche Vorbereitung auf den Schultag waren aus Sicht der Lehrer die Problemlagen ihrer Schüler.

Die Schulstation wurde mit Bildtafeln, Grafiken, Kooperationsspielen, Matten zum „fair kämpfen", Lernspielen, Entspannungsmaterial sowie einem Mediationstisch ausgestattet. Dort stehen kleine Soforthilfen zur Konflikt-Definition und Reparation bereit: Figuren, Puppen, Nähzeug, Pflaster, Fadenskala, Entschuldigungskarten, Anker als Erinnerungshilfe.

Eine Schule stellte ihre Mediatorin mit zwei Stunden frei, damit sie die Erzieher in das Mediationskonzept einweisen und die Entwicklung begleiten konnte. Eine Beratungslehrerin konnte Lehrerstunden für die Schulstation aufbringen, ein Erzieher und eine Erzieherin wurden über ABM-Mittel eingestellt. Mit einem Lehrgang, Co-Mediation und der Analyse eigener Mediationsfälle gewannen sie bald Sicherheit im Verfahren. Heute werden dort regelmäßig Deeskalationsmaßnahmen und Mediationen durchgeführt. Schülern wird zugebilligt, auch während des Unterrichts aus dem Streitort und sozialen Kontext zu gehen, um sich zu fangen. Für viele schwer zu bewältigende Situationen erhalten sie dort Ermutigung und Orientierung für einen Neubeginn. Schüler melden sich allein zur Mediation. Über die Konflikte hinaus erweist sich die Schulstation auch als ein Ort, an dem verdeckte und häusliche Nöte wie Erpressung und Misshandlungen ans Tageslicht kommen.

Schulstationen mit diesem gewaltpräventiven Ansatz wurden inzwischen von Grund-, Haupt- und Sonderschulen übernommen. Doch durch ständige Sparmaßnahmen im Schulbereich mussten einige wieder geschlossen werden. Immer wieder zeigt sich, dass Pädagogen mit Zusatzqualifikation in Mediation viele Probleme zum Besseren wenden können. Doch sind ihnen Grenzen gesetzt, wenn politische Absichtserklärungen der Bildungspolitiker sich nicht in Entscheidungen niederschlagen und konstruktive Entwicklungen zu wenig unterstützt werden.

Wenn Mediatoren in staatlichen Einrichtungen keine Ressourcen für den sozialen Frieden bereitgestellt werden, wird es ein Verfahren für die Mittel- und Oberschicht. Jugendliche aus der Unterschicht erfahren dann Mediation erst, wenn sie straffällig geworden sind und erheblicher Schaden entstanden ist, in der Form des Täter-Opfer-Ausgleichs.

3.2 Lehrkräfte als Mediatorinnen – überwindbare Widersprüche?

Auf den ersten Blick gibt es viele Widersprüche zwischen der traditionellen Lehrerrolle und der Rolle bzw. den Aufgaben der Mediatorin:

Mediatorinnen sind keine Richterinnen, denn sie treffen keine Entscheidungen für andere.

Lehrkräfte richten ständig und treffen ständig für andere Entscheidungen. Zudem stehen sie unter dem selbst auferlegten Druck, die richtigen Entscheidungen treffen zu müssen.

Mediatorinnen sind keine Therapeutinnen.

Lehrerinnen sind auch keine Therapeutinnen – besonders weibliche Lehrkräfte neigen aber häufig dazu, hohe Anforderungen an sich zu stellen: Wenn sie sehen, dass Kinder leiden, möchten sie helfend eingreifen, auch wenn ihnen bewusst ist, dass viele Kinder eine intensivere Hilfe brauchen, als sie ihnen geben können.

Mediatorinnen sind keine Schlichterinnen, denn nicht sie, sondern die Konfliktpartner entwickeln die Lösung.

Lehrerinnen schlichten in der Regel mehrmals täglich zwischen Schülern, die aneinander geraten. Häufig dauern diese Interaktionssequenzen nur sehr kurz und enden mit einer von der Lehrkraft vorgegebenen Lösung. Diese entsteht aufgrund von Zeitdruck und häufig auch, weil die Lehrerin (sicher oft berechtigterweise) keine Lust auf Auseinandersetzung hat, z. B. wenn sie gerade unterrichten oder zur wohlverdienten Pause gehen will.

Mediatorinnen sind keine Anwältinnen, denn sie bleiben neutral und gehen nicht vor Gericht.

Lehrerinnen gehen zwar nicht vor Gericht, wohl aber machen sie sich häufig zur Anwältin der (vermeintlich) schwächeren Seite. Aber: Die schwächere Seite ist nicht immer so unschuldig, wie es auf den ersten Blick erscheint, denn auch sie hat in der Regel einen Anteil am Konflikt. Wenn eine Lehrerin dem Schwächeren beisteht, bewirkt das in Fällen, in denen tatsächlich kein eindeutiges Täter-Opfer-Verhältnis besteht, zweierlei: Zum einen sieht sich der Schwächere von vornherein als moralischen Sieger und muss nicht die volle Verantwortung für sein Tun übernehmen. Zum anderen hat der Stärkere in dieser Situation das Gefühl, vorverurteilt zu sein, und macht innerlich „zu", blockiert also den Klärungsprozess.

Die Mediatorin wird von allen am Konflikt Beteiligten als kompetent akzeptiert und respektiert.

Besonders ältere Schüler sind oft nicht auf Anhieb bereit, eine Lehrkraft als kompetente Unterstützerin zur Konfliktbewältigung zu akzeptieren, wohl mit dem Gedanken im Hinterkopf: „Eben hat sie mir eine Vier in Mathe gegeben und jetzt will sie mir helfen, mein Problem mit XY zu lösen?!" Lehrermediatorinnen müssen erst ihre Kompetenz auf diesem Gebiet in der Praxis unter Beweis stellen, bevor die Schüler sie akzeptieren.

Die Mediatorin hat kein eigenes Interesse am Konflikt und bleibt neutral und unparteilich.
Wenn die Streitparteien die eigenen Schüler sind, ist man zwar nicht (unbedingt) am Konflikt beteiligt, man hat jedoch das Interesse, dass die Streitparteien eine Lösung finden, weil sich das positiv auf das Klassenklima auswirkt. Das könnte dazu führen, dass man die Konfliktpartner unter Druck setzt, eine Lösung zu finden, auch wenn diese der emotionalen Lage der Teilnehmerinnen noch nicht entspricht.

Nach meiner Erfahrung fällt es manchen Lehrkräften sehr schwer, neutral und unparteilich zu bleiben. Ein Grund ist, dass sie womöglich selbst negative Erfahrungen mit einer oder beiden Streitparteien gemacht haben. Denn im Gegensatz zu Scheidungsmediatorinnen oder Mitarbeiterinnen des Täter-Opfer-Ausgleichs stehen Schulmediatorinnen und Streitende häufig unabhängig von der Mediation in Beziehung zueinander oder haben zumindest aus dritter Hand etwas über die Konfliktpartner erfahren. Weiterhin kann eine Rolle spielen, dass man aufgrund des rücksichtslosen Verhaltens der einen oder anderen Seite Sympathien und/oder Antipathien entwickelt, die mitunter schwer zu verbergen sind. Meistens drückt sich der Mangel an Neutralität oder Allparteilichkeit in Kleinigkeiten aus, z. B. in Blicken, Formulierungen oder Körperhaltung, die die Lehrkräfte an sich selber zunächst gar nicht wahrnehmen. Im Rollenspiel in der geschützten Atmosphäre der Lehrerfortbildung erleben diejenigen, die die Streitparteien spielen, sowie die Beobachterinnen, wie sehr sich diese Verhaltensweisen auf sie auswirken. Das heißt, indem Lehrerinnen die Rolle ihrer Schüler übernehmen, erfahren sie aus erster Hand, wie sie auf die Jugendlichen wirken.

Die Mediatorin bewertet und urteilt nicht – sie nimmt alle Standpunkte, Interessen, Bedürfnisse und Gefühle ernst und hilft den Streitparteien, sich dieser bewusst zu werden.
Eine Lehrerin bewertet ständig die Leistung ihrer Schülerinnen und Schüler – ob es ihr genehm ist oder nicht, es gehört ganz einfach zu ihren Aufgaben. Außerdem beurteilt sie – um überhaupt unterrichten zu können, um den Sozialfrieden in der Klasse aufrecht zu erhalten und um demokratische Werte zu vermitteln – in der Regel mehrmals täglich bzw. oft sogar mehrmals stündlich das Verhalten ihrer Schüler. In der Mediation soll sie nun die Standpunkte, Interessen und Gefühle der Streitparteien ernstnehmen. Dazu gehört, dass sie ihre eigenen Standpunkte, Interessen und Gefühle vorübergehend beiseite legt, die der Schülerinnen als berechtigt ansieht und den Streitenden zu einer veränderten bzw. erweiterten Wahrnehmung von sich selbst und voneinander verhilft.

Die Mediatorin ist verantwortlich für den Verlauf des Gesprächs, nicht aber für den Inhalt – auch die Lösungsvorschläge sollen möglichst von den Streitparteien selbst kommen.

Nicht wie sonst die Lehrerin, sondern die Jugendlichen selbst sind in der Mediation die Experten, denn es ist ihr Konflikt und nicht der der Lehrerin. Das Gespräch zu leiten, aber nicht inhaltlich einzugreifen ist eine Tätigkeit, die sonst eher selten im Lehrerberuf vorkommt. Besonders wenn es darum geht, Lösungsvorschläge zu sammeln, müssen sich viele Lehrkräfte auf die Zunge beißen, zumal es auch für die Schüler vertrauter und einfacher ist, Vorschläge anzunehmen – oder abzulehnen! – als selber welche zu machen; jüngere Schüler bitten zudem häufig um Vorschläge.

Die Mediatorin fungiert als eine Brücke in der Kommunikation zwischen den Streitparteien und versucht, Machtgefälle auszugleichen.

Das heißt wiederum, sich persönlich sehr zurückzuhalten. Es ist eine der großen Herausforderungen der Mediation, den Schwächeren darin zu unterstützen, seine Belange möglichst selbstbewusst vorzutragen, ohne sich auf seine Seite zu schlagen.

Die Mediatorin geht mit dem Erzählten vertraulich um.

Über kleine und große Schwierigkeiten und Erfolge tauschen sich Lehrkräfte verständlicherweise gerne aus. Gerade weil Schüler in der Mediation häufig offener sind als im sonstigen Schulalltag, ist es nicht immer einfach, das, was man erfahren hat, für sich zu behalten. Umso wichtiger, dass man eine Mediationskollegin und eine Intervisionsgruppe hat, mit der man vertraulich Fälle beraten kann.

Es gibt Menschen, die den Standpunkt vertreten, Lehrer könnten qua ihrer Rolle grundsätzlich keine Mediatoren sein. Ich finde im Gegenteil, dass die Auseinandersetzung mit Mediation aufgeschlossene Lehrkräfte zu einer Erweiterung ihrer Kompetenzen im Sozialbereich verhelfen kann. Auch wenn sie nicht selbst ständig Mediationsgespräche führen, so erleben Lehrermediatorinnen Konflikte im Schulalltag als weniger bedrohlich (weil sie sie besser verstehen) und haben ein Handwerkszeug, um konflikthaften Situationen selbstbewusster zu begegnen.

3.3 Mediation lernen – aber wie?

Was suchen Lehrkräfte in der Mediationsfortbildung? Was motiviert sie, daran teilzunehmen? Aus meiner Erfahrung möchten sich Lehrerinnen mit dem Thema „Konflikte in der Schule" auseinander setzen: Sie wollen Konflikte besser verstehen, um effektiver auf sie reagieren zu können – und sie wollen ein Handwerkszeug erlernen, um mit Schülern Lösungen zu erarbeiten, statt wie bisher Strafen zu verhängen. Hier einige Aussagen von Seminarteilnehmerinnen:

„Ich wollte Wege finden, Konflikte zu lösen, da ‚Bestrafung‘ als Konsequenz von Fehlverhalten mitunter zwar richtig und notwendig ist, jedoch in vielen Fällen mir nicht angebracht erscheint." (Lehrerin)

„Mir war wichtig, Möglichkeiten zur Konfliktlösung jenseits der alltäglichen Praxis zu finden. Außerdem war ich auf der Suche nach Ideen, um die Klassengemeinschaft und das soziale Verhalten zu fördern." (Lehrerin)

Beispiele von Lernprozessen im Rahmen der Fortbildung

Im Folgenden möchte ich kurz einige der Themen schildern, mit denen wir uns in der Schulmediationsausbildung beschäftigen. Es sind Beispiele von Übungen dabei, die Sie selbst als „Trockenübungen" ausprobieren können. Sie bekommen also einen Einblick in diese Arbeit – das ersetzt keinen Kurs, sondern soll Sie neugierig machen!

Um sich dem Thema „Umgang mit Konflikten in der Schule" zu nähern, stellen wir zu Beginn des Seminars eine große „Konfliktlandkarte" her, d. h., die Teilnehmerinnen tragen Beispiele von erlebten Konflikten unter Schülern, zwischen Lehrern und Schülerinnen, im Kollegium, zwischen Kollegium und Schulleitung sowie mit Eltern zusammen. (Am Ende des Kurses werden wir die Wandzeitung daraufhin untersuchen, welche Konflikte durch Mediation gelöst werden könnten und welche nicht.) In Kleingruppen tauschen sich die Teilnehmerinnen über ihre Konflikterfahrungen in der Schule aus, z. B. anhand der folgenden Übung:

Die drei Musketiere erleben Konflikte.
1. Das sind drei Sachen, die uns alle bei Konflikten stören ...
2. Das sind drei Sachen, die uns allen bei Konflikten Angst machen ...
3. Das sind drei Sachen, die wir alle an Konflikten spannend finden ...

Dabei merken die Teilnehmenden, dass andere ähnliche Probleme und Empfindungen haben und dass Konflikte nicht immer belastend sein müssen, sondern eine notwendige Klärung herbeiführen können. Trotzdem: Die meisten erleben Konflikte eher störend oder beängstigend als spannend.

Nach einer allgemeinen Einführung beschäftigen wir uns eingehend mit den einzelnen Phasen der Mediation. Bezüglich der *Vorphase* tragen wir anhand der „Wutspirale" (vgl. Hagedorn 1995, S. 75) zusammen, welche Gefühle sich hinter der Wut verstecken können (z. B. Enttäuschung, Überforderung, Unsicherheit, Ohnmacht, Trauer ...), die eine so große Rolle bei Schülerkonflikten spielt. Denn: Wut ist ein sekundäres Gefühl – sie basiert immer auf anderen Gefühlen, und um diese soll es bei der Mediation gehen. Wutausbrüche machen zwar deutlich, dass ein Problem vorliegt, häufig – nicht immer – wirken sie aber hinderlich auf die Konfliktklärung. Die Wut muss begrenzt werden, bevor sie größeren Schaden anrichtet

Gegenstand der Diskussion ist aber nicht nur die Wut der Schülerinnen, sondern auch die Wut und der Stress der Lehrerinnen: Anhand einer erlebten Situation überlegen sie, was sie sich eigentlich in dem Moment wünschten, als sie aufgebracht waren, was sie mit ihrem (spontanen) Verhalten erreicht und wie sie ihre innere Ruhe wieder aufgebaut haben (vgl. „Partnerinterview zur Wut", Hagedorn 1995, S. 76). An dieser Stelle üben wir, wie man bedrohliche Auseinandersetzungen am besten unterbricht. Besonders für weibliche Lehrkräfte scheint es wichtig, im Rollenspiel selbst zu erleben, wie viel Eindruck es machen kann, wenn eine Erwachsene mit fester Stimme und klaren Anweisungen eingreift. Zur Sprache kommen aber auch Gefühle der Hilflosigkeit, wenn man (als Frau!) den streitenden – meist männlichen – Schülern physisch unterlegen ist und ganz einfach Angst hat, selbst verletzt zu werden.

Zu einem konkreten Konfliktfall aus der Schule bereiten Kleingruppen eine (fiktive) Mediationssitzung vor. Unter anderem überlegen sie:

- Wer hat mit wem den Konflikt?
- Wer soll am Gespräch beteiligt werden?
- Wie kommen die Streitparteien in die Mediation (freiwillig, vom Lehrer geschickt)?
- Wo und wann findet das Gespräch statt? Wer leitet es?
- Was ist wichtig bei der *Einleitung?*

Die Teilnehmerinnen erkennen, was alles im Vorfeld einer Mediation geklärt werden muss und wie entscheidend der Rahmen dafür ist.

Als Vorbereitung auf die Phase *„Sichtweisen der Streitparteien klären"* üben die Teilnehmerinnen das so genannte „Spiegeln", eine Grundfähigkeit der Mediation. Hierbei sollten die Gedanken, Gefühle und Interessen eines anderen wertfrei mit eigenen Worten zusammengefasst werden, was nicht leicht ist! Die Versuchung ist groß, die eigene Meinung, die eigenen Erfahrungen einzubringen. Das Spiegeln in der Konfliktsituation hilft den Beteiligten, eigene Befindlichkeiten und Wünsche zu klären. Manch angehendem Mediator kommt Spiegeln zunächst etwas künstlich vor, was es in dieser Übungssituation ja auch ist. Die Erfahrung im Rollenspiel und später die Umsetzung im Schulalltag wirken am überzeugendsten. Viele Teilnehmerinnen probieren schon nach dem Kurseinstieg diese Technik bei kleineren Gelegenheiten im Schulalltag aus und sind erstaunt, wie positiv die Kinder und Jugendlichen darauf reagieren.

Im Rahmen der *Konflikterhellung* überlegt die Gruppe, wie man mit Gefühlsausbrüchen und Vorwürfen in der Mediation umgehen kann und wie man von der Positions- zur Interessensebene kommt. Wir arbeiten der Tendenz mancher Teilnehmerinnen entgegen, direkt von der Definition des Problems zu Lösungen übergehen zu wollen. Denn zur Erhellung gehört, sich durch das „Gefühlsschlamassel" der Streitparteien durchzuarbeiten. Oft entsteht erst in dieser Phase die Betroffenheit über das, was man im Konflikt beim Gegenüber ausgelöst hat. Besonders wichtig ist es, „offene" Fragen zu stellen, also Fragen, zu denen es keine festgelegten Antworten gibt. Als hilfreiche Vorbereitung auf diese Phase der Mediation wird die folgende Übung empfunden.

Übung: 10 Statements

Stellen Sie sich Mediationssituationen mit Kindern oder Jugendlichen vor und überlegen Sie eine Antwort auf die folgenden Fragen. (Jeder Beispielsatz steht für sich – es gibt keinen Zusammenhang.) Wann beziehungsweise wie sollte man

- konkretisieren lassen, die Situation rekonstruieren? *(Erzähl mal, was da genau passiert ist!)*

- spiegeln? *(Wenn ich dich richtig verstanden habe, ist ... passiert – ja?)*

- das Gefühl spiegeln, zur Gefühlsäußerung auffordern? *(Das hat dich also wütend gemacht? Wie war das für dich, als sie das auf dem Hof vor den anderen gesagt hat?)*

- den Wunsch erfragen oder den Vorwurf in einen Wunsch umformulieren? *(auf die Schüleraussage „Er nennt mich immer Streber!": Du möchtest nicht, dass er dich Streber nennt?! Wie ist das für dich, wenn er es tut?)*

- nach einer Ausnahme fragen? *(auf die Aussage einer Schülerin „Sie heult immer gleich los, wenn was ist!": Was stört dich daran, wenn sie heult? Hat sie schon mal in einer solchen Situation nicht geheult? Wie war das?)*

Versuchen Sie dabei, Fragen mit Warum zu vermeiden, da diese meist eine Abwehrhaltung bei den Betroffenen erzeugen (Kinder haben schnell das Gefühl, sich rechtfertigen zu müssen, besonders wenn sie von Erwachsenen befragt werden). Beachten Sie: Oft ist es angebracht, mehrere der genannten Fragetechniken anzuwenden –

entscheidend ist, in welcher Reihenfolge. Überlegen Sie bei jeder Frage, wie der Betroffene darauf reagieren würde: Denkt er nach oder verteidigt er sich, verkriecht er sich in seine eigene Wahrheit? Ihre Fragen sollen helfen, ihn gefühlsmäßig zu „öffnen" und nicht zu „schließen".

Nun versuchen Sie zu jedem der folgenden zehn Statements passende Fragen zu finden. Was würden Sie sagen?

1. Sie ist eine blöde Kuh!

2. Sie macht das immer so!

3. Er ist immer gleich so brutal!

4. Das war doch nur Spaß!

5. Der hat damit angefangen! Der hat zuerst getreten!

6. Er hat meine Mutter beleidigt! Ist doch klar, dass er von mir was abkriegt!

7. Das stimmt doch überhaupt nicht! Sie lügt!

8. Der hat mich blöd angeguckt – deshalb habe ich ihm eine gescheuert!

9. Nur weil ich ihn ein bisschen gestoßen habe, muss er mich nicht gleich die Treppe runterschubsen!

10. Das war ein Versehen. Ich wollte ihn nicht so doll hauen.

Die folgenden sind *mögliche* Antworten, auf keinen Fall erschöpfend. Mit dieser Übung will ich Ihnen keine „richtigen Lösungen" vorsetzen, sondern Sie bei der Entwicklung mediationsgerechter Sprachmuster unterstützen!

1. Sie ist eine blöde Kuh!

Du bist ganz schön sauer auf sie, stimmt's? Was hat sie getan, was dich so ärgert? Hast du dich schon mal nicht über sie geärgert? *(Gefühl spiegeln, konkretisieren lassen, nach einer Ausnahme fragen)*

2. Sie macht das immer so!

Was macht sie genau? Wie ist es für dich, wenn sie das tut? Was regt dich daran auf? Hat sie es schon mal nicht gemacht? Wie war das? Wie soll sie es deiner Meinung nach machen? *(Konkretisieren lassen, Gefühl*

erfragen, nach einer Ausnahme fragen, Vorwurf in einen Wunsch umfor-
mulieren lassen)

3. Er ist immer gleich so brutal!

Was hat er gemacht? Hat dir das weh getan? Wo? Du erlebst ihn also als brutal und möchtest einen fairen Umgang? Wie soll der Umgang sein? Das ging dir also zu weit? Was hättest du dir gewünscht? Hast du ihn schon mal anders erlebt? Wie war das? *(Konkretisieren lassen, Gefühl und Wunsch erfragen, nach einer Ausnahme fragen)*

4. Das war doch nur Spaß!

Du wolltest ihm gar nicht weh tun? Du wolltest mit ihm Spaß haben? *(Absicht spiegeln / erfragen)* Zum anderen gewandt: Wie ist es bei dir angekommen? Hat es dir auch Spaß gemacht? *(Wirkung erhellen)*

5. Der hat damit angefangen! Der hat zuerst getreten!

Ihr habt also beide getreten, ja? Was ist vorher passiert? Wie kam es? *(Spiegeln, Ereignisse mit beiden Streitparteien gemeinsam rekonstruieren)*

6. Er hat meine Mutter beleidigt! Ist doch klar, dass er von mir was abkriegt!

Er hat also etwas gesagt, was dich sehr aufgeregt und verletzt hat?! Du wolltest deine Mutter verteidigen und hast ihn deswegen geschlagen? Du möchtest nicht, dass deine Mutter beleidigt wird!? Wie kam es zu der Beleidigung? *(Gefühl und Wunsch spiegeln / erfragen, Situation rekonstruieren)*

7. Das stimmt doch überhaupt nicht! Sie lügt!

Du siehst die Sache also anders?! Wie stellt sich das für dich dar? Wie hast du es erlebt? *(Deeskalierend spiegeln, Frage nach subjektiver Sicht)*

8. Der hat mich blöd angeguckt – deshalb habe ich ihm eine gescheuert!

Wie hat er dich angeguckt? Wie hast du den Blick verstanden? Was hat dich daran geärgert? *(Konkretisieren lassen, Gefühl erfragen)*

9. Nur weil ich ihn ein bisschen gestoßen habe, muss er mich nicht gleich die Treppe runterschubsen!

Du fandest seine Reaktion unfair?! Hast du dich erschrocken? Wie kam es, dass du ihn gestoßen hast? Wie doll war das – kannst du es mal zeigen? *(Dynamik und Gefühl spiegeln, Ereignis rekonstruieren)*

10. Das war ein Versehen. Ich wollte ihn nicht so doll hauen.

Du wolltest ihm nicht weh tun? Tut es dir Leid? *(Absicht klären, Gefühl spiegeln)*

Bei der Auswertung dieser Übung wird deutlich, dass entscheidend ist, nicht nur *was* man sagt oder fragt, sondern *wie* es gesagt wird. Je nach Stimmlage und Betonung kann eine Frage wie „Du wolltest ihm nicht weh tun?!" neutral oder ironisch/verurteilend verstanden werden – und dementsprechend eine unterschiedliche Reaktion hervorrufen. Wichtig ist es ferner, Pauschalurteilen entgegenzuwirken. Bei Aussagen wie „Sie tut das immer!" wirkt das „immer" verstärkend. Ohne provozieren oder beweisen zu wollen, die Betroffene sage etwas Falsches („Tut sie es wirklich *immer?*"), kann ich beim Nachfragen deeskalierend wirken, indem ich die Schülerin auffordere, eine konkrete Situation zu beschreiben, um später zu fragen, ob sie auch mal andere Erfahrungen mit ihrer Streitpartnerin gemacht hat.

In Hinblick auf die *Lösungssuche* erfahren die Teilnehmerinnen durch Kooperationsübungen, wie sich eine Eigendynamik entwickelt, wenn man erst mal entschlossen ist, ein Problem *gemeinsam* zu lösen. Die Gruppe probiert Methoden der kreativen Konfliktlösung aus.

Bezüglich der Phasen *Vereinbarung* und *Nachgespräch* überlegen die Teilnehmerinnen unter anderem, wie ein konkreter Konflikt zwischen zwei Schülern ausgehen kann. Ein Beispiel: *Jonas schlägt die Eingangstür zu, während Sabrina hinter ihm durch die Tür will. Sie ist sauer und tritt ihm zwischen die Beine. Er schlägt ihr auf den Kopf.*

Wie sieht eine mögliche Lösung nach den folgenden Angaben aus:

„Lose-lose": Beide bekommen eine Strafe oder werden zur Schulleitung geschickt (keine Aufarbeitung des Konflikts).

„Win-lose": (Sabrina gewinnt, Jonas verliert): Jonas wird bestraft und muss sich entschuldigen, Sabrina behauptet, sie hätte sich nur verteidigt, und übernimmt keine Verantwortung für ihr Verhalten.

„Lose-win": (Sabrina verliert, Jonas gewinnt): Sabrina wird bestraft bzw. muss sich entschuldigen, Jonas behauptet, das mit der Tür wäre nicht Absicht gewesen und danach hätte er sich nur verteidigt – übernimmt also keine Verantwortung für sein Verhalten.

Fauler Kompromiss: Beide entschuldigen sich halbherzig und geben an, sich nicht mehr angreifen zu wollen.

„Win-win": Sie arbeiten den Konflikt in der Mediation auf. Jonas sagt, dass er schon vorher auf Sabrina sauer war, weil sie sich in der Pause öffentlich über ihn lustig gemacht hätte. Beide entschuldigen sich für die Angriffe; Sabrina will sich nicht mehr über ihn lustig machen, und Jonas erklärt sich bereit, das nächste Mal, wenn er sich über sie ärgert, gleich mit ihr darüber zu sprechen.

Außer den Gruppenübungen und dem Erfahrungsaustausch nehmen die Rollenspiele einen großen Raum in der Schulmediationsausbildung ein. Zum Teil zu selbst erlebten Konflikten aus der Schule üben sich die Teilnehmenden in der Rolle der Mediatorin. Obwohl sie viele Hemmungen überwinden müssen, um beim Rollenspiel mitzumachen, bestätigen sie immer wieder, dass sie dadurch am meisten gelernt haben. Manche gehen sehr in der Rolle der (meist widerständigen) Schüler auf – und geben damit vielleicht den Frust weiter, den sie tagtäglich erleiden. Tatsächlich berichten viele Teilnehmer in den weiteren Sitzungen, dass die echten Mediationen weniger anstrengend sind als die Rollenspiele (*„Eigentlich war es leichter in der Realität – ich war nicht so nervös!"*, Lehrerin).

Ein weiterer Schwerpunkt der Fortbildungsseminare ist die Analyse und Beratung aktueller Konflikte – auch solcher, an denen die Teilnehmer selbst beteiligt sind. Häufig handelt es sich um Schüler-Lehrer-Konflikte, in denen Handlungsdruck besteht. In der Gruppe überlegen wir gemeinsam – ähnlich wie in der Mediation:

1. Was ist das Problem? (Neutrale Definition)
2. Wie geht es den Beteiligten?
3. Was wollen sie?
4. Was können sie tun? (Vgl. Walker 1995 b, S. 151 f.).

Zum Schluss hat die Betroffene einen besseren Einblick in die Dynamik des Konflikts und schon einige Ideen, wie sie jetzt vorgehen kann.

Das Thema „Konflikte im Kollegium" ist ein sehr heikles, an das sich wenige herantrauen. Ein Beispiel: Zum Abschluss einer schulinternen Fortbildungsveranstaltung, die sich über ein halbes Jahr hinzog, berieten die Teilnehmer darüber, wie sie – außer dem Einsatz von Mediation durch Schülerinnen und Lehrerinnen – eine konstruktive Konfliktkultur in der Schule fördern könnten. Beim Thema „Verhalten der Kolleginnen untereinander" sprach eine Kleingruppe ein Problem offen an, das schon lange unter der Oberfläche schwelte: Eine Kollegin wird von den anderen als chaotisch erlebt. Da sie diesen Ruf hat, bekommt sie häufig vorschnell die Schuld, wenn z. B. etwas im Lehrerzimmer fehlt oder nicht an der richtigen Stelle steht. Außerdem werden ihr unbeliebte Aufgaben von Kollegen zugeschoben; einige äußern sich sogar Schülerinnen gegenüber negativ über sie. Diese reagiere auf indirekte Angriffe meist mit Lachen. Die Anwesenden empfanden das Verhalten der Kolleginnen als Mobbing. Zwei erklärten sich bereit, mit der Betroffenen „unter sechs Augen" zu sprechen und ihr Unterstützung anzubieten. Alle vereinbarten, bei aktuellen Anlässen etwas gegen die negativen Kommentare zu sagen.

Vernetzung

Bei allen Kursen kann es sehr fruchtbar sein, wenn außer Lehrkräften noch Schulsozialarbeiterinnen, Schulpsychologen oder Erzieherinnen teilnehmen. Bei gemischten Kursen mit Schulangehörigen und Mitarbeiterinnen aus der außerschulischen Kinder- und Jugendarbeit findet ein anregender Austausch statt: Die eigene Perspektive wird erweitert, die eigene Rolle eventuell neu hinterfragt. Außerdem können Schulpsychologinnen, Sozialarbeiter oder Mitarbeiter außerschulischer Einrichtungen manchmal Lehrkräfte bei der Einführung von Mediation oder gewaltpräventiven Maßnahmen unterstützen. So hat z. B. eine Mitarbeiterin der Regionalen Arbeitsstelle für Ausländerfragen im brandenburgischen Landkreis Oder-Spree die Möglichkeit, gemeinsam mit zwei Lehrkräften einer Gesamtschule soziales Training in ihren Klassen durchzuführen. Oder: Ein Schulpsychologe im Landkreis Ostprignitz-Ruppin richtet gemeinsam mit einer Schulsozialarbeiterin regelmäßig eine „Konfliktsprechstunde" an einer Schule ein und bietet in Zusammenarbeit mit Mitarbeiterinnen des örtlichen Jugendamtes Lehrerfortbildungskurse an.

Probleme bei der Umsetzung von Mediation im Schulalltag

Schon während der Mediationsausbildung kommen Faktoren zur Sprache, die eine Umsetzung des Erlernten im Schulalltag erschweren. In Anlehnung an das Konfliktdreieck des norwegischen Friedens- und Konfliktforschers Johan Galtung (vgl. Galtung 1984, S. 112 ff. und 1996, S. 70 ff. sowie Besemer 1993, S. 30) möchte ich drei Ebenen ansprechen, von denen im Konflikt Veränderung ausgehen kann:

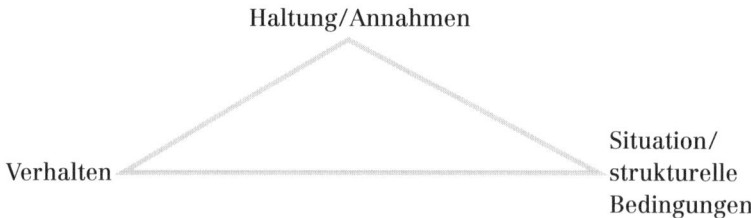

Haltung/Annahmen

Verhalten

Situation/ strukturelle Bedingungen

Die Umsetzung von Mediation im Schulalltag droht zunächst oft an den *institutionellen Bedingungen* zu scheitern: Wann sollen die Lehrkräfte z. B. überhaupt ihre neu erarbeiteten Fähigkeiten ausprobieren, wenn die Organisation des Schulalltags keine Konfliktregelung vorsieht? Bis Mediation in der Schule als feste Institution eingeführt werden kann, müssen Lehrerinnen die Gespräche in den Pausen, in ihren Freistunden, nach der

3.3 Mediation lernen – aber wie?

Schule oder zu Not während des Unterrichts durchführen. Hierbei sind sie auf die Unterstützung ihrer Kollegen und der Schulleitung angewiesen: Wer solche Gespräche als wichtig erachtet, wird mal bereit sein, die Kollegin kurzfristig zu vertreten oder die betroffenen Schüler für eine Stunde vom Unterricht zu befreien.

Ein weiteres Problem ist, die innere Ruhe zu finden, sich auf ein solches Gespräch einzustellen bzw. sich vorzubereiten. Da viele Mediationen sich kurzfristig ergeben, wird das nicht immer möglich sein – ein schneller Wechsel von der Lehrer- in die Mediatorenrolle ist gefragt. Nicht immer steht ein geeigneter Raum zur Verfügung. Zumindest sollte der Raum abgeschieden genug sein, damit man sich in Ruhe unterhalten kann. Einfacher haben es hier Schulsozialarbeiterinnen, denen regelmäßig Zeit und Raum für solche Gespräche zur Verfügung stehen.

Die Ebene der *Haltung/Annahmen* und die des *Verhaltens* von Lehrkräften in Konflikten habe ich oben bereits angesprochen: Nicht die Suche nach Schuldigen, die zu bestrafen sind, sondern eine offene Haltung den Konfliktparteien und ihren jeweiligen Erfahrungen und Anliegen gegenüber sind die Voraussetzungen für eine erfolgreiche Mediation. Diese Einstellung schlägt sich im Verhalten der Lehrerin nieder, das die beteiligten Schüler ihrerseits bewusst oder unbewusst wahrnehmen. Jugendliche, die statt Schuldzuweisungen nach ihren Interessen, Bedürfnissen und Gefühlen – aber auch nach ihren Möglichkeiten, den Konflikt beizulegen – ehrlich befragt werden, erzählen mehr und sind eher bereit, ihren Anteil am Konflikt zuzugeben und zu seiner Lösung beizutragen (vgl. Rademacher 1998).

4 Mediation durch Schüler und Schülerinnen

Bei der Peer-Mediation geht es darum, eine Struktur zu schaffen, die es Jugendlichen ermöglicht, gleichaltrige oder jüngere Mitschülerinnen bei der Suche nach Lösung ihrer alltäglichen Konflikte zu unterstützen. Wer als Lehrerin, Schulsozialarbeiterin oder Schulpsychologe ein Konfliktlotsenprogramm an der Schule etablieren will, braucht Fachkenntnisse, Mut, Engagement, Verbündete und nicht zuletzt Ausdauer. Die Einführung eines solchen Programms ist ein langfristiger und oft mühsamer Prozess, denn der Erfolg ist nicht garantiert, stellt sich häufig erst nach zwei bis drei Jahren ein und wird selbst dann nicht von allen Schulangehörigen wahrgenommen.

Im Kapitel 4.1. möchte ich einen Überblick über die Schritte zur Etablierung eines Konfliktlotsenprogramms geben. Nach einer näheren Ausführung hierzu gehe ich auf einige Stolpersteine ein, die sich auf dem Weg zur erfolgreichen Schülermediation ergeben können (z. B.: Wie geht man mit Bedenken im Kollegium um? Was tun, wenn den Peer-Mediatorinnen die Kundschaft wegbleibt?). Die Fragen zur Strategieentwicklung sollen den Leserinnen schließlich helfen, sich darüber klar zu werden, wie sie an ihrer eigenen Schule vorgehen können.

Im Kapitel 4.2. schildern Helga Baumann und Brigitte Zipperlen ihre Erfahrungen als externe Ausbilderinnen an Berliner Oberschulen. Schließlich kommen im Kapitel 4.3. Lehrerinnen einer Hauptschule, einer Gesamtschule und eines Gymnasiums zu Wort und beschreiben, wie die Konfliktlotsen ihrer jeweiligen Schulen agieren und wie diese Einrichtung den schulischen Alltag der Jugendlichen und der Lehrkräfte beeinflusst.

4.1 Aufbau und Verankerung eines Peer-Mediations-Programms

Schritte zur Etablierung eines Konfliktlotsen-Programms (Überblick)

0. Phase: Ausbildung der Ausbilderinnen

1. Phase: Vorlauf

- Initiativ- bzw. Projektgruppe klärt Ziele und Bedarf.
- Bekanntmachung und Werbung für die Idee:
  - im Kollegium
  - in der Schülervertretung und/oder in der Schülerzeitung
  - bei den Eltern und/oder Schulverein
  - eventuell bei Sponsoren im Umfeld
- Antrag in der Gesamtkonferenz auf Stundenentlastung für die am Programm beteiligten Lehrkräfte und auf Zuteilung eines Raums

2. Phase: Auswahl und Training

- Peer-Mediatoren auswählen:
  - Anzahl
  - Altersstufe
  - Kriterien, z. B. Interessierte versus „Geeignete"
- Ausbildung:
  - Umfang, Inhalt (s. Kapitel 5)
  - organisatorischen Rahmen klären, z. B. Projektwoche, Nachmittags-AG, Wochenendtraining, Training während der Schulzeit

3. Phase: Umsetzung

- Organisatorisches: Gruppenname, Erkennungszeichen, Einsatzplan, Raum
- Bekanntmachung des Angebots:
  - Aushang mit Fotos der Mediatoren
  - Vorstellung in der Gesamtkonferenz
  - Vorstellung in den Klassen
- Einsatz: Wann und wo finden die Mediationsgespräche statt?
- Betreuung/Coaching: regelmäßige Gruppentreffen

4. Phase: Auswertung und Planung

- Zwischenbilanz ziehen in der Schülergruppe, in der Projektgruppe, in der Lehrerkonferenz
- Antrag auf weitere Stundenermäßigung für die beteiligten Lehrkräfte
- Weiterplanung, z. B. Fortbildung der bestehenden Gruppe, Ausbildung einer neuen Gruppe

0. Phase: Ausbildung der Ausbilderinnen

In meinen Lehrerfortbildungskursen zum Thema Mediation beschreiben viele Teilnehmerinnen in der ersten Sitzung ihre Motivation wie folgt: „Ich bin hier, weil wir Konfliktlotsen an unserer Schule einrichten wollen. Ich möchte lernen, die Schüler als Mediatoren auszubilden." Schon nach einem zweieinhalbtägigen Einstiegsseminar mit vielen praktischen Übungen und Rollenspielen hat sich bei den meisten diese Idee relativiert: Nun möchten die Teilnehmenden erst einmal eigene Erfahrungen sammeln mit der Mediation, die Methode selbst ausprobieren. Gegen Ende des Kurses richtet sich ihr Interesse wieder auf die Frage: „Wie schaffe ich es, ein Konfliktlotsenprogramm an meiner Schule ins Leben zu rufen? Wie wecke ich das Interesse, wie gewinne ich die Unterstützung meiner Kolleginnen?" Wichtig dabei ist der Austausch mit Kolleginnen, die bereits die ersten Schritte getan haben.

Die Frage, wie intensiv die Ausbildung in Schulmediation sein muss, um effektiv zu sein, ist kontrovers. Während die berufsbegleitende professionelle Mediationsausbildung für Angehörige psychosozialer und juristischer Berufe in der Regel 200 Zeitstunden umfasst, empfiehlt die Fachgruppe Schule und Jugend des Bundesverbandes Mediation e.V. für die Ausbildung von Schulmediatorinnen, die Konfliktlotsen ausbilden wollen, 80 Zeitstunden (40 Stunden Grundkurs, 20 Stunden Vertiefungsseminare, 20 Stunden Supervision oder kollegiale Beratung). Zusätzlich sollten die künftigen Ausbilderinnen bei sozialen Trainingskursen und/oder einer Konfliktlotsenausbildung hospitieren und eigene Mediationen dokumentieren. An solchen Kursen sollten sinnvollerweise zwei bis drei Lehrkräfte einer Schule gemeinsam teilnehmen, damit sie anschließend in der Lage sind, das Gelernte effektiv umzusetzen. Leider sind Kurse in diesem Umfang aus strukturellen, schulorganisatorischen oder finanziellen Gründen nicht immer machbar oder für die einzelne Lehrerin nicht zugänglich. Je nach Vorbildung in verwandten Gebieten wie Gesprächsführung, interkulturelle Konfliktbearbeitung oder Gestaltpädagogik und je nach persönlicher Eignung fühlen sich einige Lehrkräfte bereits nach dem 40-stündigen Grundkurs anwendungssicher und trauen sich die Ausbildung von Konfliktlotsinnen zu.

Was diese Lehrkräfte auf jeden Fall weiterhin benötigen, ist ein Forum zum Erfahrungsaustausch oder eine qualifizierte Begleitung, z.B. in Form von Aufbaukursen oder monatlich stattfindenden Supervisions- bzw. Intervisionsgruppen.[1] Auch ausgebildete Schulmediatoren brauchen Ermutigung und Unterstützung in schwierigen Situationen.

Die Ausbildung der Ausbilderinnen nimmt also in der Regel sechs bis zwölf Monate in Anspruch. Mehrere Lehrerfortbildungsinstitute bieten inzwischen Kurse in Mediation und Gewaltprävention an; weitere Anlaufstellen können Schul- oder Jugendämter, der schulpsychologische Beratungsdienst, Lehrerverbände oder freie Träger sein. Es ist allerdings möglich, dass man nicht gleich einen Platz in einem solchen Kurs bekommt. In diesem Fall kann sich eine Schule entscheiden – wenn sie über die Ressorcen verfügt! –, für die erste Konfliktlotsenausbildung externe Trainer einzustellen. Trotzdem sollte darauf geachtet werden, dass die Lehrermediatorinnen von Anfang an in den Prozess der Konfliktlotsenausbildung eingebunden werden. Sie können entweder das Training mit den externen Kräften (meist Sozialpädagoginnen) gemeinsam veranstalten oder beim Training hospitieren. Das ist wichtig, weil es die Lehrkräfte und nicht die externen Trainer sind, die für die langfristige Verankerung des Programms sorgen. Außerdem übernehmen die Lehrermediatorinnen die langfristige Betreuung der Konfliktlotsen. Schließlich sollte die Schule darauf achten, dass die externen Trainerinnen nicht nur in der Konfliktlotsenausbildung an anderen Schulen, sondern auch in der Mediation selbst Erfahrung haben. Es gilt also der Grundsatz: Practice what you preach! (Praktiziere selbst das, was du predigst!)

1. Phase: Vorlauf

Die Initiative für ein Peer-Mediations-Programm kann von innerhalb oder außerhalb einer Schule kommen. Manchmal sind es Schülerinnen selbst, die auf die Idee kommen, in einigen Fällen kommt das Angebot von außen (z. B. Jugendamt, Studierende), in der Regel sind es aber einzelne Lehrkräfte, die Mediation bei einer Fortbildung kennen gelernt haben und von der Idee begeistert sind, Konfliktlotsen an ihrer Schule einzurichten. Um die Kontinuität zu gewährleisten, ist es entscheidend, dass der „Projekt- oder Initiativgruppe" Schulpersonal angehört – das können interessierte Lehrkräfte, Beratungs- oder Vertrauenslehrerinnen oder Schulsozialarbeiterinnen sein. Es sollten auf jeden Fall zwei bis drei Personen sein, die langfristig in der Schule arbeiten und ein gewisses „Standing" im Kollegium und in der Schülerschaft haben, also integriert und akzeptiert sind.

---

1 Das Berliner Landesinstitut für Schule und Medien und das Hessische Landesinstitut für Pädagogik bieten beispielsweise regionale Gruppen an, die von ihren eigenen Moderatorinnen betreut werden. Den Rahmen für einen überregionalen Austausch bietet die Fachgruppe Schule und Jugend des Bundesverbandes Mediation e.V. für seine Mitglieder.

Denn: Einzelkämpfer haben es schwer, das nachhaltige Interesse der Kolleginnen zu gewinnen und die Konfliktlotsengruppe trotz Widerstände langfristig aufrecht zu erhalten.

Die Projektgruppe setzt sich zunächst mit der Frage auseinander, ob es an der Schule einen Bedarf nach Konfliktlotsen gibt und was mit ihrem Einsatz erreicht werden soll. Diese Zielvorstellungen oder Erwartungen sollten möglichst realistisch sein, z. B. Schüler zu befähigen, ihre Konflikte untereinander zu lösen. Ein Wunsch vieler Schulen ist es, Gewaltvorkommnisse zu reduzieren. Wie im Kapitel 1.4 betont, sollte das Peer-Mediations-Programm Teil einer Gesamtstrategie zur Gewaltprävention, Intervention und Konfliktbewältigung sein. Als Einzelmaßnahme zur Förderung einer zivilen Konfliktkultur an der Schule ist ein Konfliktlotsenprogramm von vorn herein zum Scheitern verurteilt. Anders herum: Die Konfliktlotsen werden umso effektiver arbeiten können, wenn soziales Lernen und Deeskalation ein fester Bestandteil des Schullebens sind und wenn im Kollegium Konsens darüber besteht, Konflikte offensiv anzugehen. In Hamburg wird darauf Wert gelegt, dass Peer-Mediation mit den Aussagen des Schulprogramms in Einklang steht.

Nach der ersten internen Zielklärung geht die Initiativgruppe mit ihrer Idee an die Schulöffentlichkeit. In Absprache mit der Schulleitung kann die Gruppe ihr Anliegen in der Lehrerkonferenz selbst vortragen oder eine externe Referentin einladen, Peer-Mediation vorzustellen. Das kann jemand vom Lehrerfortbildungsinstitut, eine bereits erfahrene Kollegin oder ein Konfliktlotse sein – letzterer wirkt zweifellos am überzeugendsten, da er von seinen eigenen Erfahrungen berichten kann. Wenn jemand von einer anderen Schule kommt, sollte es möglichst dieselbe Schulart sein oder zumindest in einem ähnlichen Einzugsbereich liegen, sonst könnten die Kolleginnen behaupten: „Ja, am Gymnasium geht das schon – mit unseren Schülern aber nicht!" Befürchtungen und Vorbehalte der Kolleginnen sollten allerdings ernst genommen werden – auf diesen Punkt komme ich später zurück.

Weitere Angebote an das Kollegium könnten ein Pädagogischer Tag, eine schulinterne Fortbildung oder ein Schnupperkurs für Interessierte sein. (Hier sollte allerdings auf die Freiwilligkeit der Teilnahme geachtet werden: Nichts ist schlimmer als Workshops mit Lehrkräften, die nichts von Mediation halten und einem eigentlich nur beweisen wollen, dass es nicht funktioniert!) Ziel dieser Maßnahmen ist es, die Unterstützung der Schulleitung und des Kollegiums zu gewinnen, denn: Nur wenn eine Mehrheit dem Projekt offen gegenüber steht, hat es langfristig Aussicht auf Erfolg. Auf diese Unterstützung ist man vor allem angewiesen, wenn man anschließend in der Gesamtkonferenz Ermäßigungsstunden zur Betreuung des Konfliktlotsen und einen entsprechenden Raum beantragt. Als Richtlinie für die Ermäßigungsstunden gilt: mindestens zwei Schulstunden pro Lehrkraft. Nur wenige Kolleginnen sind bereit, die Strapazen der Verankerung eines Peer-Mediations-Programms ohne jeglichen Ausgleich auf sich zu nehmen.

Um genügend Interesse in der Schülerschaft zu wecken, kann man eine Informationsveranstaltung anbieten. Auch hier kann man einen Film zeigen oder Konfliktlotsen einer anderen Schule einladen. Es sollte darauf geachtet werden, dass die Schülerinnen frühzeitig in die Planungen eingebunden werden, sonst besteht die Gefahr, dass die Jugendlichen das Projekt als Prestige-Projekt der Lehrkräfte verstehen.

Es ist wichtig, auch die Eltern in Form einer Infoveranstaltung vom Vorhaben zu informieren. Eltern können sowohl ideelle als auch materielle Unterstützung leisten, z. B. indem sie ihre Kinder ermutigen, selbst Konfliktlotsen zu werden oder später die Mediation in Anspruch zu nehmen, oder indem sie den einzurichtenden Mediationsraum mit einem alten Sofa möblieren. In einigen Fällen äußerten sogar die Eltern selbst Interesse, an einem Konfliktlösungskurs teilzunehmen! Einige Schulen haben außerdem von Sponsoren im Umfeld Sachspenden für das Projekt organisiert. Schulen, die Mittel für externe Trainer benötigen, beantragen diese meist beim Schulverein, bei staatlichen Stellen oder bei örtlichen Stiftungen.

2. Phase: Auswahl und Training

Wenn die Ermäßigungsstunden gesichert und das Projekt „abgesegnet" ist, kann die Initiativgruppe an die konkrete Arbeit gehen. Zunächst wählt die Projektgruppe die Peer-Mediatorinnen aus. Wie viele man braucht, hängt von der Größe der Schule, aber auch davon ab, wie viele man in einer Gruppe ausbilden kann. Wenn die Gruppe zu klein ist, kann sie in der Schule nicht viel bewirken und die Konfliktlotsen sind vielleicht später überfordert. Mit einer zu großen Gruppe kann man als Trainerin nicht gut arbeiten. Als Richtwert gilt eine Anzahl von 12 bis 16 Teilnehmerinnen.

Die nächste Frage ist: Welche Klassenstufen spricht man an? Die Ausbildung stellt eine gewisse „Investition" dar, die sich lohnen soll. Es sollten also keine Jugendlichen dabei sein, die kurz nach Abschluss der Konfliktlotsenausbildung die Schule verlassen. Wenn die Konfliktlotsen aber alle aus den jüngeren Klassen kommen, haben ältere Jugendliche später keine Ansprechpartner, denn Neuntklässler werden nicht zu Sechstklässlern gehen, um sich ihre Konflikte mediieren zu lassen. Es empfiehlt sich eine Mischung, wobei gewährleistet werden muss, dass die Gruppe die vorhandenen Altersunterschiede verträgt. Einige Schulen haben parallel verschiedene Altersstufen ausgebildet.

Zu diesem Zeitpunkt stellt die Initiativgruppe ihr Vorhaben vor, indem sie z. B. in den entsprechenden Klassen ein Mediationsrollenspiel vorführt und Fragen beantwortet. Interessierte Schülerinnen werden aufgefordert, sich innerhalb eines überschaubaren Zeitraums bei einer Ansprechpartnerin zu melden oder sich schriftlich zu bewerben. Je nachdem wie groß die Schule und der anzusprechende Kreis sind, nimmt dieser „Werbungsrundgang" viel Zeit und Energie in Anspruch. Sein Ausgang entscheidet allerdings darüber, ob das Projekt überhaupt zustande kommt. Außerdem dient er insgesamt der Bekanntmachung der Sache, auch bei den Jugendlichen, die keine Konfliktlotsen werden.

In der Regel melden sich viel mehr Schüler für die Ausbildung, als aufgenommen werden können. Es stellt sich also die nächste entscheidende Frage: Nach welchen Kriterien werden die Konfliktlotsinnen ausgesucht? Auf jeden Fall sollten „positive leaders", also Schülerinnen mit guten sozialen Fähigkeiten, dabei sein. Wenn die Gruppe allerdings ausschließlich aus solchen Schülerinnen gebildet wird, besteht die Gefahr, dass sie wenig ansprechbar für „härtere Fälle" bleibt. Andererseits: Wenn zu viele „negative leaders" in der Gruppe sind, also Jugendliche, die eher durch destruktives Konfliktverhalten auffallen, könnte das potenzielle Mediantinnen abschrecken. Für Klassensprecherinnen spricht, dass sie meist das Vertrauen ihrer Mitschüler genießen, dagegen, dass sie bereits eine Sonderrolle haben. Je nachdem ob das Training inner- oder außerhalb der Unterrichtszeit stattfindet, müssen die Jugendlichen die versäumten Stunden ohne größere Schwierigkeiten nachholen können. In kulturell gemischten Schulen sollte die Konfliktlotsengruppe ungefähr der Zusammensetzung der Schülerschaft entsprechen. Das Gleiche gilt auch für das Mädchen-Jungen-Verhältnis in der Gruppe, obwohl sich meist mehr Mädchen für die Mediationstätigkeit entscheiden als Jungen. Somit stellt die Mediation eine Möglichkeit dar, die sozialen Fähigkeiten der Mädchen zu bestätigen und anzuerkennen. Andererseits ist es schade, wenn der Eindruck bestehen bleibt, Mädchen und Frauen seien für das soziale Miteinander weiterhin hauptverantwortlich. Vielleicht brauchen Jungen eine besondere Ermutigung, sich in diese Richtung zu entwickeln.

Was die inhaltliche und didaktische Gestaltung der Ausbildung betrifft, bieten sich inzwischen eine Reihe von deutschsprachigen Konzepten an (vgl. Hagedorn 1995, Faller/Kerntke/Wackmann 1996, Rheinland-Pfalz 1997, Hauck 2000, Akademie für Lehrerfortbildung/Aktion Jugendschutz

2000). Als Grundlagentraining empfehle ich das im Kapitel 5 enthaltende Programm, bestehend aus 14 Doppelstunden, welches an zahlreichen Schulen in Hamburg und inzwischen bundesweit erprobt wurde.

Für den organisatorischen Rahmen gibt es verschiedene Möglichkeiten:

- Projektwoche: Hier kann man einen Großteil der Ausbildung schnell und intensiv durchführen, was dem Gruppengefühl und der Gruppendynamik sehr zugute kommt.

- Ausbildung während der Schulzeit: Damit erkennt die Schule die Wichtigkeit der Ausbildung an; als belastend wirkt der Unterrichtsausfall (Schüler fehlen und Lehrer-Trainer müssen vertreten werden).

- Arbeitsgruppe (AG) nach der Schule: Hier fehlen die Kinder nicht im Unterricht, allerdings müssen sie ihre Freizeit opfern und sind nach der Schule müde und weniger aufnahmebereit; außerdem dauert die Ausbildung wesentlich länger.

- Wochenendtraining: Diese Form ist, wie die Projektwoche, intensiv; allerdings müssen die Teilnehmer ihre Freizeit opfern.

Es ist wesentlich schwieriger, eine Gemeinschaft zu entwickeln, wenn man nur in kürzeren Abschnitten arbeitet. Von dieser Gemeinschaft hängt aber weitgehend der Erfolg der Gruppe ab. Die Ausbildung sollte insgesamt in einem überschaubaren Zeitraum von drei bis vier Monaten abgeschlossen werden. Wir haben mit einer Kombination der oben bestehenden Möglichkeiten die besten Erfahrungen gemacht, z. B. einem Einstieg über 90 Minuten Kennenlernen während eines Schultages, einigen Intensivtreffen an Schultagen, an einem Samstag und einigen Sitzungen nach der Schule. Damit ist gewährleistet, dass die Schule ihrerseits das Engagement der Jugendlichen schätzt, die Jugendlichen aber nicht nur dabei sind, weil für sie dadurch der Unterricht ausfällt.

Wenn das erste Training von Außenstehenden durchgeführt wird, sollte von vorn herein festgelegt werden, welche Lehrkräfte die Gruppe im Anschluss übernehmen und was ihre Aufgaben sind.

3. Phase: Umsetzung

Die neu ausgebildete Peer-Mediationsgruppe organisiert mit Unterstützung der Leiterinnen ihren Einsatz. Geklärt wird beispielsweise, wie sich die Gruppe nennt, wer mit wem zusammenarbeitet und wann die Gespräche stattfinden. Ferner richten die Jugendlichen den Mediationsraum ein und überlegen, wie sie ihr Angebot in der Schülerschaft und im Kollegium bekannt machen, z. B. durch einen Aushang mit Bildern oder einen Artikel in der Schülerzeitung, über die Internetseite, über Vorstellungen in der Aula oder in den einzelnen Klassen. In Absprache mit dem Kollegium klärt die Gruppe, ob Mediationen nur in den Pausen, vor oder nach der Schule oder auch mal in Ausnahmefällen während des Unterrichts stattfinden dürfen. Gruppenintern entscheiden die Jugendlichen, wo sie ihren „Dienst" tun und stellen einen Einsatzplan auf. (Soll beispielsweise die Kontaktaufnahme auf dem Hof erfolgen oder warten die Konfliktlotsen in ihrem Raum auf „Kundschaft"?) Außerdem überlegen sie, für welche Art von Konflikten sie sich zuständig fühlen und was sie tun können, wenn sie sich durch einen Fall überfordert fühlen. In den meisten Schulen besteht die Regel, die Mediation abzubrechen, wenn Waffen oder Drogenmissbrauch im Konflikt vorkommen, und den Fall an die Betreuerinnen zu melden. Kriminelle Straftaten und schwere Körperverletzung gehören in die Hände von Erwachsenen.

Entscheidend für den langfristigen Erfolg der Peer-Mediatoren ist die fortgesetzte institutionalisierte Unterstützung durch ihre Betreuerinnen. Die Gruppe sollte sich deshalb regelmäßig, möglichst wöchentlich, weiterhin als AG zum Coaching treffen. Bei diesen Treffen tauschen sich die Konfliktlotsinnen über ihre Erfahrungen aus, besprechen Probleme und vertiefen ihre Kenntnisse über einzelne Aspekte der Mediation. Außerdem können die Betreuer zu Dokumentationszwecken eine Statistik über Anzahl und Inhalt der durchgeführten Mediationsgespräche zusammenstellen und später bei der Integration neuer Gruppenmitglieder hilfreich wirken.

4. Phase: Auswertung und Planung

Am Ende des ersten Schuljahres, in dem die Konfliktlotsen tätig waren, sollte in der Peergroup, in der Projektgruppe und mit dem Kollegium Bilanz gezogen und weitergeplant werden:

- Wie wird die Mediation von der Schülerschaft angenommen?
- Was ist passiert bzw. wie viele und welche Art von Fällen wurden mit welcher Erfolgsrate mediiert?
- Welche Auswirkungen hatte das Programm auf den Schulalltag aus der Sicht der unbeteiligten Lehrkräfte?
- Welche Konfliktlotsen bleiben der Gruppe im nächsten Schuljahr erhalten?
- Inwieweit muss der Einsatz revidiert werden?
- Wie lernen neue Klassen und neue Schülerinnen die Arbeit der Konfliktlotsen kennen?
- Wann wird ein neues Training nötig? Wer soll es durchführen und wie wird es finanziert?
- Wie werden die alte und die neue Gruppe zusammengeführt?

Das Programm ist kein Selbstläufer – erfahrungsgemäß müssen die schulinternen Mediatorinnen jedes Jahr bzw. Halbjahr neu um ihre Stunden kämpfen. Je klarer Schulleitung und Kollegium sehen, wie sie selbst und die Schüler von der Peer-Mediation profitieren, desto wahrscheinlicher ist es, dass sie das Programm fortlaufend unterstützen. Trotzdem dauert es in der Regel einige Jahre, bis das Programm zum festen Bestandteil der Schulkultur wird.

Bedenken im Kollegium, fehlende Unterstützung durch die Schulleitung

Ein Konfliktlotsenprogramm kann nur langfristig Erfolg haben, wenn es von einem Großteil des Kollegiums sowie von der Schulleitung mitgetragen wird. Das bedeutet nicht, dass die Initiatorinnen von Anfang an mit der begeisterten Annahme ihrer Idee rechnen sollen. Meistens müssen sie harte Überzeugungsarbeit leisten. Dabei ist es hilfreich, eine „mediatorische" Haltung einzunehmen, d. h. die Bedenken und Vorbehalte der Kolleginnen ernst zu nehmen, sich zu freuen, dass sie diese offen ansprechen, inhaltlich auf sie einzugehen und sich trotzdem für das eigene Anliegen einzusetzen. Nach der Überwindung ihrer ersten Skepsis nehmen manche Kollegien eine abwartende Haltung ein, nach dem Motto: „Lass sie mal tun, wenn sie sich die Mühe machen wollen!" Tatsächlich ist es meistens die Praxis, die die Skeptikerinnen überzeugt: Wenn sie merken, dass sie selbst davon profitieren, wenn Schüler viele Konflikte unter sich regeln können und sie selbst dadurch entlastet sind, sind sie bereit, die Sache zu unterstützen.

Richard Cohen hat in seinem Buch *Students Resolving Conflict – Peer Mediation in Schools* (1995, S. 58 ff.) die gängigen Argumente gegen Peer-Mediation zusammengetragen, die ich hier in abgewandelter Form darstellen möchte, gleich mit einigen Gegenargumenten versehen.

„Mediation beschneidet meine Verantwortung, den Schülern zu sagen, wenn ihr Verhalten nicht akzeptabel ist."

Diese Verantwortung tragen Sie nach wie vor. Häufig wissen Schülerinnen, dass ihr Verhalten nicht akzeptabel ist. Manchmal wollen sie dadurch vor allem provozieren. Da muss man ihnen natürlich Grenzen setzen, schon um die eigene Autorität nicht aufs Spiel zu setzen. Manchmal handeln Schüler aber auch aus Verzweiflung. In der Mediation erhalten sie die Gelegenheit, darüber zu reflektieren, was sie warum getan haben, welche Gefühle und Interessen dahinter steckten und was ihr Verhalten beim anderen auslöste. Aufgrund dieser Überlegungen können sie aus eigenem Antrieb heraus versuchen, entstandenen Schaden wieder gutzumachen und ähnliche Situationen in Zukunft zu vermeiden.

„Peer-Mediation schränkt meine Möglichkeiten ein, Schüler zu bestrafen."

Mediation ersetzt nicht Strafe. Das Ziel von Strafen ist, Jugendliche zu erziehen, ihnen unmissverständlich zu verstehen zu geben, was richtig und was falsch ist. Manchmal ist es richtig und wichtig, Schülerinnen zu bestrafen. Aber häufig bewirken Strafen nicht das, was sie sollen, nämlich Einsicht bei den betroffenen „Übeltätern". Hinter der Tat stehen in der Regel zwei oder mehrere Streitparteien mit einem persönlichen Konflikt, der durch die Strafe nicht gelöst, sondern unter Umständen eher verschärft wird. Peer-Mediation soll Strafe als eine Möglichkeit, auf Konflikte in der Schule zu reagieren, ergänzen und nicht ersetzen.

Wir sollten doch nicht unsere Schülerinnen als Hilfspolizisten missbrauchen!

Stimmt. Für die Einhaltung von Regeln auf dem Schulhof, in den Gängen und in den Klassenräumen sorgen nach wie vor die Lehrkräfte. In manchen Schulen greifen die Konfliktlotsen deeskalierend in Streitsituationen ein. Vor allem aber bieten sie an, nach der Deeskalation den Streitparteien bei der Lösung ihres Konflikts zu helfen, der meist nicht mit ihrer vorübergehenden Trennung ausgeräumt ist. Sowohl die Tätigkeit als Peer-Mediatorin als auch die Teilnahme an der Mediation sind freiwillig.

„Kinder können nicht so gut in Konflikten vermitteln wie Erwachsene – damit sind sie überfordert. "

Kinder und Jugendliche stellen meistens nicht so einen hohen Anspruch an die Mediation. Während Erwachsene dazu neigen, ganze Problemkomplexe mit einem Gespräch ansprechen und womöglich ausräumen zu wollen, sind Schülerinnen vor allem an der schnellen Lösung eines aktuellen Konfliktes interessiert. Die Erfahrung hat gezeigt, dass viele sehr wohl in der Lage sind, andere bei der Konfliktaustragung zu unterstützen. Sie tun dies alters- und entwicklungsangemessen, was von Gleichaltrigen meistens eher angenommen wird als von Erwachsenen. (Meines Erachtens steht hinter dem Argument, Kinder könnten nicht so gut vermitteln wie Erwachsene, die – sicherlich oft berechtigte! – Befürchtung vieler Lehrkräfte, sie selbst könnten nicht gut vermitteln. Und: Wenn sie als Erwachsene es nicht ausreichend können, wie sollen das Jugendliche können?!)

„Was ist, wenn ein Streit während einer Sitzung ausbricht oder wenn die Streitparteien gewalttätig werden? "

Wenn Streit ausbricht, intervenieren die Konfliktlotsen, die üblicherweise zu zweit arbeiten. Sie sichern sich noch mal die Bereitschaft der Konfliktpartnerinnen zum Gespräch und erinnern sie an die Einhaltung der gemeinsam vereinbarten Regeln. Wenn die Streitparteien es schaffen, sich gegenseitig zuzuhören, kann das Gespräch fortgesetzt werden. Wenn die Gesprächspartner gewalttätig werden, brechen die Konfliktlotsen das Gespräch sofort ab, suchen Unterstützung bei einem Erwachsenen und geben den Fall an ihre Betreuerinnen ab. Das kommt aber nur selten vor.

„Was ist, wenn die Streitparteien ihre in der Mediation getroffene Vereinbarung nicht einhalten?"

Die Vereinbarung wird für einen bestimmten Zeitraum getroffen, z. B. eine Woche. Wenn sich bei der Überprüfung herausstellt, dass sie nicht eingehalten wird, besprechen die Konfliktlotsen mit den Streitparteien die Gründe hierfür und suchen unter Umständen eine neue angemessenere Lösung.

„Was ist, wenn Schülerinnen den Prozess missbrauchen, z. B. um dem Unterricht fernzubleiben?"

Sich an Konfliktlotsen zu wenden, weil man ein Problem hat, ist für einen Schüler kein leichter Schritt. Es bedeutet, anderen gegenüber zuzugeben, dass man alleine nicht klarkommt – damit haben auch viele Erwachsene Schwierigkeiten. Meistens gehen die Schülerinnen mit echten Konflikten in die Mediation. Die Konfliktlotsen merken auch schnell, wenn ihnen etwas vorgespielt wird, und können das Gespräch abbrechen. Letztendlich ist ein Missbrauch nicht auszuschließen, aber in der Praxis kommt er selten vor.

„Mediation an Schulen ist nur eine Modeerscheinung, die bald vergessen sein wird. Außerdem reicht sie nicht aus, um Gewalt an der Schule vorzubeugen."

Es könnte sein, dass Mediation eine Modeerscheinung ist, die bald wieder verschwindet. Dagegen spricht aber, dass es in den USA bereits an Tausenden von Schulen Peer-Mediationsprogramme gibt und dass Mediation auch in anderen Bereichen in Deutschland immer mehr an Bedeutung gewinnt, z. B. in der Sozialarbeit, in der Trennung und Scheidung, im Täter-Opfer-Ausgleich und in der Wirtschaft. Hierzulande richten immer mehr Schulen Peer-Mediation ein, weil sie erkannt haben, dass Konflikte in der Schülerschaft eher zu- als abnehmen. Es ist wichtig, an der Schule Strukturen für die Konfliktaustragung zu schaffen, die von den Schülerinnen angenommen werden. Eine Möglichkeit, dies zu tun, ist die Einrichtung eines Konfliktlotsenprogramms – das soll aber nur eine Maßnahme unter vielen sein. Damit leistet die Schule insgesamt einen Beitrag zur gesellschaftlichen Gewaltprävention.

„Mediation ist eine gute Sache. Ich würde aber lieber allen Schülern Mediation beibringen, nicht bloß einigen Auserwählten."

Es wäre gut, wenn wir das schaffen könnten, aber es ist sehr unwahrscheinlich. Deswegen ist es wichtig, dass wir beispielsweise durch soziales Lernen in allen Klassen, verstärkt aber mit den Eingangsklassen (5. bzw. 7. Klassen), allen Schülerinnen Kommunikationsfähigkeiten vermitteln, die ihnen bei der gewaltfreien Konfliktaustragung zugute kommen.

„So wie sich die Welt heutzutage darstellt, würde ich den Schülerinnen lieber beibringen, harte Anwältinnen ihrer Interessen zu sein als kompromissbereite Mediatorinnen."

In der Peer-Mediationsausbildung und in der Mediationspraxis erfahren die Jugendlichen nicht nur, welche Gefühle, Bedürfnisse und Interessen hinter Konflikten stehen, sondern sie üben auch Strategien zur konstruktiven Konfliktaustragung ein. Diese Erfahrungen kommen ihnen persönlich zugute, sowohl bei eigenen Beziehungen und Konflikten, als auch im späteren Berufsleben.

Nichtannahme des Angebots in der Schülerschaft

Wenn sichergestellt ist, dass genügend Interesse auf Seiten der Schüler vorhanden ist, besteht der nächste Schritt darin, Schülervertretungen in die Planungen und die Vorbereitung einzubeziehen, um eine ausreichende Nachfrage sicherzustellen.

An manchen Schulen werden Konfliktlotsen erfolgreich ausgebildet, aber sie bekommen keine Fälle. Je nachdem, wie intensiv die Konfliktlotsinnen ihr Angebot bekannt gemacht haben, kann es sein, dass die „Botschaft" nicht bei den einzelnen Mitschülern angekommen ist. Eine kurze Vorstellung in der Aula macht weniger Eindruck als ein Rollenspiel mit anschließender Diskussion in der eigenen Klasse. Aber auch hier kann es Probleme geben: Die Peer-Mediatoren wollen einem einreden, dass man Konflikte hat – und wer gibt schon gerne so etwas zu? Die besten Erfahrungen machen die Konfliktlotsinnen, wenn sie es schaffen, Konflikte anzusprechen, von denen ihre Mitschüler wirklich betroffen sind (s. Kapitel 4.3.3).

Eventuell bedarf es einer neuen Werbekampagne, die auch in Form von Plakatierung gestaltet werden kann. (An einer Schule plakatierte die Mediationsgruppe die Wände mit einem großen „M?", um später dazu Aufklärungsarbeit zu leisten.) Entscheidend ist auch, dass das Kollegium ausreichend informiert ist und streitende Schülerinnen ermutigt, es doch mal mit einer Mediation zu probieren. Die Gruppe sollte also mit Unterstützung der Betreuerinnen überlegen, wie sie ihre Arbeit der Lehrerschaft näher bringen kann.

Letztendlich überzeugt Erfahrung: Wenn einige Schülerinnen Peer-Mediation ausprobiert haben und zufrieden damit waren, wird sich das in der Schule herumsprechen und den Konfliktlotsen weiteren Zulauf bescheren. Sehr ermutigend wirken außerdem regionale Konfliktlotsen-treffen, wie sie in Berlin jährlich vom Berliner Landesinstitut für Schule und Medien veranstaltet werden. Im Juli 2000 trafen sich 300 Peer-Mediatorinnen von Berliner Oberschulen. Mehrere Gruppen stellten ihre Schwerpunkte in der Mediation vor. Ihre Arbeit sowie die ihrer Trainerinnen und Betreuerinnen wurde vom Senat gewürdigt; zudem erhielten die Jugendlichen die Gelegenheit, sich in Arbeitsgruppen über ihre Erfahrungen auszutauschen.

Langfristige personelle Absicherung des Programms

Schließlich scheitern manche Konfliktlotsenprogramme an fehlender langfristiger Betreuung. Schulleitung und Kollegium unterstützen die Sache am Anfang, gehen aber davon aus, dass sie zum „Selbstläufer" wird, und setzen nach einiger Zeit andere Prioritäten. Vielleicht werden insgesamt die Stunden gekürzt – auch wohlgesinnte Schulleiterinnen stehen unter dem Druck ungünstiger struktureller Bedingungen – oder die Mediationskollegin wird dringend für einen Englischkurs benötigt. Um sich auch ihren Vorgesetzten gegenüber für die Sache ausreichend einzusetzen, müssen Schulleiter einen Einblick in die Arbeit der Konfliktlotsen haben und von ihrem Wert für die Schule überzeugt sein. Auch eine Schulleiterin, die Peer-Mediation fördert, ihr Kollegium aber nicht hinter sich weiß, ist in einer schwierigen Lage.

Wenn eine Schule anfänglich externe Trainer engagiert, ist es sinnvoll, später auf weitere Trainings umzustellen und sich selbstständig zu machen. Es gibt aber Schulen, die regelmäßig Trainerinnen von außen engagieren, unter anderem weil sie meinen, die Schüler seien Außenstehenden offener gegenüber, zumal sie von diesen keine Noten bekommen. Das stimmt zwar, nur gebe ich Folgendes zu bedenken: Die Konfliktkultur einer Schule nachhaltig zu verändern beinhaltet auch, dass Lehrkräfte und Schülerinnen lernen, ihre Beziehungen miteinander offener zu gestalten und auch Schüler-Lehrer-Konflikte offensiver anzugehen.

Fragen zur Strategieentwicklung:
Aufbau eines Konfliktlotsenprogramms an der Schule

1. Was läuft an der Schule schon in Richtung
   - Gewaltprävention (spezifische wie soziales Lernen und unspezifische wie Jugendclub, Schulcafé, AGs, Hausaufgabenbetreuung)?

- Intervention/Deeskalation?
- Konfliktbewältigung/Mediation?

2. Was ist Ihre Motivation, ein Konfliktlotsenprogramm einzurichten? Was erhoffen Sie sich davon für die Schüler/für die Lehrkräfte/für die Schule insgesamt?

3. Wie ist Ihre Vision von einem erfolgreichen Peer-Mediationsprogramm? Wie würde das in drei Jahren aussehen, wenn alles so klappen würde, wie Sie es sich vorstellen?

4. Was sollte bis Mitte bzw. bis Ende dieses Schuljahres passieren?

5. Was wären die ersten Schritte dahin? Wie könnten Sie sie gehen?

6. Welche Unterstützung brauchen Sie dabei vom Kollegium, von der Schulleitung, von den Eltern, von den Jugendlichen selbst? Wie könnten Sie diese Unterstützung bekommen?

7. Wer sind Ihre Verbündete? Wie können sie Ihnen helfen?

8. Welche Unterstützung brauchen Sie von außerhalb der Schule? Wie können Sie diese bekommen? Wo gibt es beispielsweise in einer benachbarten Schule Konfliktlotsen, die Sie aufsuchen könnten?

9. Wie viel zusätzliches Engagement wird Ihrerseits in nächster Zeit nötig sein? Sind Sie bereit, diese Zeit und Energie zu investieren? Was erhoffen Sie sich davon?

4.2 Erfahrungen mit der Ausbildung von Streitschlichterinnen und Streitschlichtern durch externe Trainerinnen

Helga Baumann und Brigitte Zipperlen

„Jugendliche schlichten Streit" (JuSt) ist ein Projekt der Schülerberatung des Arbeitskreises Neue Erziehung in Berlin. Es richtet sich an Schülerinnen und Schüler der 7. bis 10. Klassen. Das gewaltpräventive Trainingsprogramm besteht aus elf strukturierten Einheiten à 90 Minuten. Herzstück des Trainings sind handlungs- und zielorientierte Übungen und Rollenspiele zum Themenkomplex „Konflikte und deren Regelungen". Die Schülerinnen werden ermutigt, zwischen den Trainingsstunden mit dem Wissen, den Fertigkeiten und neuen Erfahrungen zu experimentieren. Vom Herbst 1997 bis zum Sommer 2000 führten wir erfolgreich 20 Streitschlichtungs-Trainings an Berliner Oberschulen durch. Wir bildeten in allen Schularten, von der Sonderschule bis zum Gymnasium, 279 Jugendliche (153 Mädchen und 126 Jungen) im Alter von 13 bis 18 Jahren aus.

In kritischer Auseinandersetzung mit der sich zuspitzenden öffentlichen Diskussion über gewalttätige Jugendliche wurde das Projekt JuSt mit dem Ziel konzipiert, Schülerinnen und Schüler im Rahmen einer umfassenden Kompetenzerweiterung zu befähigen, Konflikte und Streitigkeiten an ihrer Schule eigenständig und gewaltfrei zu regeln und so zu einer nachhaltigen Verbesserung des Schulklimas beizutragen. Sie zeigen Verantwortung und bringen Streitende an einen Tisch. Selbstbewusst und stolz stellen sie ihr Können unter Beweis und berichten in Veranstaltungen, z. B. Studientagen für Lehrerinnen und Lehrer, in Fernseh-, Radio- und Zeitungsinterviews, über ihr erlerntes „Handwerkszeug" wie aktives Zuhören, Formulieren von Wünschen, Spiegelungen, Verträge gestalten, über ihr Ehrenamt an der Schule sowie über erzielte Ergebnisse. Am Trainingsende geben uns die Jugendlichen per anonym ausgefüllten Fragebögen eine Rückmeldung, was sie gelernt haben, was ihnen besonders gut gefallen hat und wie sie das Training einschätzen. In ihrer großen Mehrheit ziehen die Schülerinnen und Schüler eine positive Bilanz. Die Akzeptanz der Streitschlichtungs-Trainings zeigt sich darin, dass die Warteliste länger wird, Schulen Folgetrainings anfordern und die Schlichtungen zu einem Bestandteil ihrer Schulkultur erklären, sowie in positiven Äußerungen von Lehrerinnen und Schülerinnen in den Medien.

Unsere grundsätzlichen Überlegungen zielen darauf, neue Formen und Strukturen zu erproben, Schülerinnen und Schülern Verantwortung für das Schul-, Lern- und Arbeitsklima zu übertragen und aufzuzeigen, dass Gewalt als Kommunikationsmittel untauglich ist. Uns geht es darum, Jugendliche zu gewinnen, die sich spontan und freiwillig zum Thema Konfliktregelung engagieren. Dem Training liegt die Idee der Peer-Mediation (Gleiche reden mit Gleichen) zugrunde und es geht davon aus, dass trainierte Jugendliche einen positiven und unterstützenden Einfluss auf andere Jugendliche haben. Mit der Methode der Mediation werden Jugendliche für Konflikte und ihre Auswirkungen sensibilisiert und erlernen neue Strategien zur Konfliktbewältigung und -regelung. Ausgebildete Schülerinnen reden mit streitenden Mitschülern, sie vermitteln und unterstützen Streitende dabei, einvernehmliche und faire Lösungen zu finden, zu formulieren und umzusetzen. Dabei schalten sie den bekannten und destruktiven Gewinner-Verlierer-Mechanismus aus und setzen auf konstruktive Gewinner-Gewinner-Lösungen.

Ein weiterer Effekt des Trainingsprogramms ist, dass Schüler während der Trainings die Qualität und Wirksamkeit von Anerkennung, Respekt und Würde gegenüber sich selbst und anderen Jugendlichen erfahren. Schüler sind sich oft nicht bewusst, wie sie andere verletzen oder wie sie verletzt werden. Beobachtete oder erlebte kränkende, verletzende und würdelose Haltungen, Handlungen oder „Ausdrücke" werden entweder schulterzuckend abgetan, resigniert als „normal" beschrieben, oder sie erzeugen Hass und Wut, die weitere Gewalttätigkeit hervorrufen. Beide Kontrahenten geraten dann in eine Eskalationsdynamik, die sie selbst nicht unterbrechen können. Die Jugendlichen berichteten während des Trainings, dass ihnen in den Aktionsfeldern Schule, Freizeit und Familie Anerkennung und Respekt fehlen oder zu kurz kommen. Ihr individuelles Bemühen um schulische und soziale Leistungen wird wenig anerkannt. Die Jugendlichen vermissen emotionale Rückendeckung im Alltag, etwa bei Krankheit oder Arbeitslosigkeit der Eltern. Sie haben Angst vor schulischen und gesellschaftlichen Anforderungen, z. B. vor Klassenarbeiten, vorm Sitzenbleiben oder davor, Abschlüsse nicht zu schaffen und keinen Ausbildungsplatz zu bekommen. Schüler vermissen vor allem Menschen, die ihnen zuhören und sie bei ihren Schul- und Zukunftssorgen unterstützen. Verbale Attacken, gekoppelt mit der Verteidigung der Ehre, sind oft Anlass für Rache, die häufig einen destruktiven Ausgang nimmt. Der Grundkonflikt zwischen so streitenden Schülern ist meist die Frage der persönlichen Anerkennung, des Respekts und der Akzeptanz. Bei Schlichtungsvereinbarungen tauchen diese Formulierungen verstärkt auf. Wir als Trainerinnen und Mediatorinnen versuchen diesen Wunsch zu konkretisieren und fragen die Streitenden, woran sie merken, wenn ihnen der andere mit Respekt und Würde begegnet. Antworten: keine Beschimpfungen, kein körperlicher Angriff, Entschuldigen für unfaires Verhalten, Grüßen.

Einen respekt- und würdevollen Umgang wünschen sich Schülerinnen und Schüler auch von Erwachsenen, etwa bei der Akzeptanz von Freunden, ihrem individuellen Geschmack sowie Achtung ihrer kulturellen Identität, die u. a. ihren Ausdruck im Tragen traditioneller Kleidung findet.

Auch wenn Lehrer und Eltern unterschiedlich wahrgenommen werden, vermissen Schüler nach eigenen Aussagen engagierte und „klare" Vorbilder und Leitfiguren, die Zeit für sie haben, ihnen zuhören, die Stellung beziehen und eingreifen, wenn es zu brenzligen Situationen kommt. Schüler erleben sich zwar gerne als Individuen, sehen aber durchaus die negativen Seiten der Individualisierung.

In dieser verunsichernden Lebensphase wirkt soziales und kreatives Lernen in einer kleinen, altersgemischten Gruppe von Jungen und Mädchen besonders nachhaltig. Unterstützend sind hierbei externe Trainerinnen und Trainer, die den Schülern eher ermöglichen, ihre tradierte Schülerrolle – Coole, Schweigsame, Schleimer, Faule, Nieten, Versager – abzulegen und sich für eine gewisse Zeit neu zu definieren. Im Training steht nicht nur die Bewältigung des „Lernpensums" im Vordergrund, sondern ebenso das Sammeln und Austauschen von Erfahrungen und Gedanken. Ein fester Bestandteil des Trainings sind Befindlichkeitsrunden. Jeder Teilnehmer hat die Möglichkeit, offen über sein Erleben und sein Empfinden zwischen den Trainingsterminen zu berichten. Die Schülerinnen und Schüler erklären, dass sie, von den Startschwierigkeiten abgesehen, die Gruppe und die Mitteilungsrunden als wohltuend erlebten. Das Sichwohl-Fühlen führten die Schüler darauf zurück, dass sie so angenommen wurden, wie sie sind, dass wir sie aufbauten, indem wir uns an ihren Stärken, Ressourcen und ihrer Lebenswelt orientierten und dass wir auf die Einhaltung von Diskussions- und Verhaltensregeln achteten, die Bestandteil der zukünftigen Streitschlichtungs-Gespräche sind.

Schulartunabhängige Gemeinsamkeiten von Schülern

Berlin ist eine multikulturelle Metropole. Laut Statistik leben hier Menschen aus 190 Ländern. Es genügt nicht, nur zwischen den Schularten zu unterscheiden und die kulturelle Vielfalt zu beachten, sondern auch die Unterschiedlichkeit der Bezirke, in denen die Schüler wohnen, muss berücksichtigt werden. Wie in jeder Großstadt gibt es sozial starke und schwache Bezirke. Die Lebensumstände, Alltagserfahrungen und strukturellen Bedingungen wie Wohnverhältnisse und -ort, Arbeitslosigkeit, Chancen hinsichtlich einer Ausbildung prägen die Jugendlichen. Wir beobachteten an allen Schularten, dass Schüler der unterschiedlichen Klassenstufen sich selten persönlich kennen und sie – außer an Projekttagen und in Schülermitverwaltung – selten mit einer altersgemischten Gruppe zusammenarbeiteten. In der anonymen Trainingsauswertung beantworteten fast alle die Frage: „Möchtest du, dass sich die Gruppe weiterhin trifft und z.B. Rollenspiele übt?", mit Ja. Gründe, die in der Gesamtauswertung mündlich vorgetragen wurden, waren folgende: *„Wir hatten untereinander großes Vertrauen, jeder hat sich eingebracht, wir haben uns wohl gefühlt und viel voneinander gelernt, wir haben uns zugehört und besser kennen gelernt."* Eine Schülerin sagte z.B. zu einem Jungen: *„Ich hätte nie gedacht, dass du so einfühlsam bist, du machst doch immer so den Coolen."* Wie in jeder anderen neuen Gruppe waren anfangs Bedenken vorhanden, sich zu äußern, wenn es um persönliche Dinge und um Gefühle ging. Unterstützend war, dass wir Trainerinnen nicht in das Schulleben eingebunden waren, Verschwiegenheit in persönlichen Angelegenheiten zusicherten und dass wir über keinerlei Sanktionsmittel verfügten. Anfangs- und Schlussrituale grenzten die Trainingsstunden klar vom Unterricht ab, ermöglichten ein Ankommen und führten spielerisch zum Thema hin. In der Anfangsphase hatten viele Angst vorm Rollenspiel. Bei der Frage: *„Was hat dir am besten gefallen?"* (anonyme Befragung) führten trotzdem die Rollenspiele die Hitliste der Nennungen an. Einzelne Kommunikationsfertigkeiten wie Ausreden lassen und Zuhören schienen Schülern aller Schularten bekannt. Neu war, dass diese Fertigkeiten Bestandteile einer Methode sind, in der sie ausgebildet wurden, damit sie als neutrale Dritte vermitteln konnten. Besonders das Einüben von Ich-Aussagen stieß bei fast allen Schülern anfangs auf zwiespältige Einschätzung. Die ablehnende Begründung war: *„So redet man nicht."* Wir verdeutlichten, dass gerade in Konfliktfällen eigene Gefühle, Wünsche, Bedürfnisse und Standpunkte hinter der Verallgemeinerung „man" nicht erkennbar werden. Erst im übenden Rollenspiel ergab die „Theorie" einen Sinn und die Schüler staunten, wie mühelos oder auch wie schwer sie Gelerntes im Spiel umsetzen konnten. Sie machten die Erfahrung, dass die im Spiel dargestellte Situation nahezu die gleichen Gefühle auslösen kann wie eine reale Situation. Der Vorteil in der Übungssituation liegt in der Möglichkeit zur Wiederholung und Veränderung. Außerdem kann ein Austausch stattfinden, welche Wege schneller zu fairen Lösungen führen. Manche Schüler waren über Alternativvorschläge und Korrekturen unsererseits frustriert, weil sich das Verfahren für sie in der Theorie so einfach darstellte. Wir erinnerten dabei an Sportler, die auch lange trainieren, bis ihre sportlichen Leistungen perfekt sind, sie Standardsituationen beherrschen und kreativ mit neuen Gegebenheiten umgehen können.

Besonderheiten an Gymnasien

Theoretische Inputs von uns waren eher bei Schülerinnen und Schülern der gymnasialen Oberstufe gefragt. Sie verfügen über gute sprachlich-kommunikative Fähigkeiten. Ihre Freizeit ist eher strukturiert und viele erproben in unterschiedlichen Sport-, Musik-, Umwelt-, kirchlichen Gruppen und Freundeskreisen soziales Verhalten. Sie zeigen mehr Selbstbewusstsein und verfügen wegen des elterlichen Status über einen größeren gesellschaftlichen Spielraum (Reisen, elektronische Medien). In ihren Familien haben sie eher gelernt, dass auch Meinungsverschiedenheiten und Differenzen akzeptiert werden, ohne dass es zu Konflikten oder zum Streit kommt. Sie haben erfahren, dass Konflikte konstruktiv bewältigt wurden, und sahen auch positive Funktionen von Konflikten. Im Training erlebten wir sie als diszipliniert, leistungs- und debattenorientiert. Einige Jugendliche interessierten sich zudem für Elemente der Selbsterfahrung, der Klärung von Lebensfragen, Einstellungen und Werten. Sie waren weitaus skeptischer, ob sie in ihrer Funktion akzeptiert und in Anspruch genommen werden würden. Sich in ihnen fremde Gefühle, Befindlichkeiten, Motive, Positionen und Standpunkte zu versetzen fiel aber auch ihnen schwer. Diese Fähigkeit wurde in Kleingruppen trainiert. In Rollenspielen, die an ihren eigenen Erfahrungen ansetzten, thematisierten sie schwerpunktmäßig das Spektrum der verbalen Gewalt, Ausgrenzung, Gerüchte, Missverständnisse und Mobbing.

Besonderheiten an Gesamt- und Hauptschulen

Nach unserer Erfahrung arbeiten gerade die Schüler dieser Schultypen gerne mit Menschen, die von außerhalb der Schule kommen. Sie waren uns gegenüber offen, spontan, neugierig und enorm mitteilungsbedürftig. Besonders Jungen fühlen sich oft an den Rand der Gesellschaft gedrängt, und Grenzüberschreitungen fallen ihnen leichter, z. B. nicht zur Schule gehen oder körperliche Gewalt einsetzen. Kampf und Gewalt sind für sie eine vertraute Form der Konfliktlösung. Aber auch Mädchen berichteten, dass sie in ihrer Freizeit schlagen und geschlagen werden. Jungen und Mädchen versicherten, dass sie im Streitfall nie grundlos schlagen und dass sie „nur" auf Konfliktsignale wie schräge Blicke, fiese Sprüche, Sticheleien und Rempeleien reagieren. Beispielsweise sagten Schüler: Der hat mich blöde angeglotzt, ist mir zu nahe gekommen, hat mich angemacht, wollte was von mir. Im Gegensatz zu Gymnasiasten sind Gesamt- und Hauptschüler weniger diszipliniert und ständig in Bewegung. Die Regel „Störungen haben Vorrang" scheinen sie erfunden zu haben. So mussten sie unbedingt einem Mitschüler, der Gruppe oder uns etwas erzählen, wollten dringend essen, trinken oder mal rausgehen. Sie zeichneten sich aber auch durch die Gabe vieler Jugendlicher aus, Informationen parallel verarbeiten zu können. Was der Nachbar und wir sagten, verarbeiteten sie gleichzeitig. Gerade Videoaufnahmen zeigten dennoch, wie konzentriert und interessiert sie am Thema blieben. Schüler der Hauptschule sind der Meinung, dass sie wenig Schul- und Allgemeinwissen besitzen. Ist ihr Interesse einmal geweckt, sind sie offen, spontan und kreativ. Sie haben meist eine große Spielfreude und sind interessiert an der Befindlichkeit anderer. Auch hier war zu bemerken, dass die Abstraktionsfähigkeit der Schüler im Rollenspiel sehr unterschiedlich war. Einige konnten sich nur schwer in Rollen einfühlen. Differenzierte Beiträge ließen jedoch erkennen, dass sie sich bewusst mit den Inhalten auseinandersetzten. Sie konnten sich meistens nicht so gut artikulieren und wollten häufig ungern schreiben, um sich nicht zu blamieren. Diese Schüler waren eher unstrukturiert und regellos. Die strukturierte Methode der Streitschlichtung erlebten sie als klar und hilfreich. Gerade Schülerinnen und Schüler mit Gewalterfahrungen interessierten sich besonders für das Training sowie für neue Lern- und Lösungsmöglichkeiten, weil sie die Erfahrung gemacht haben, dass mit ihren bekannten Mitteln ein Streit nicht zu beenden ist.

Eine Bedingung für Streitschlichter war, dass sie mit ihrer Unterschrift erklärten, dass sie im schulischen Rahmen auf verbale und körperliche Gewalt verzichteten, um als Vorbild zu wirken. Gerade für viele Hauptschüler und -schülerinnen bedeutete dies eine große persönliche Herausforderung. Bei Nichteinhaltung der Vereinbarung wurde ihnen von der Schulleitung die Tätigkeit als Streitschlichter untersagt.

Was haben Jugendliche von der Ausbildung?

Die Ausbildungsplätze zum Streitschlichter sind begehrt. Die freiwillige Anmeldung der Schüler überschreitet an allen Schulen die Anzahl der Plätze. Die Gründe dafür sind vielschichtig: *„Weil es bestimmt Spaß macht und interessant ist; weil ich gerne anderen helfe; weil ich lernen kann, mich mit Worten zu wehren; weil ich hier etwas lerne und an andere weitergeben kann; weil ich lernen will, wie man Streit schlichtet; weil ich das im Leben immer brauchen kann.“*

Das Training wird stets von zwei Trainerinnen geleitet, die mit einer altersgemischten Schülergruppe arbeiten. Da Schüler der 7. bis 10. oder gar 12. Klasse in der Trainingsgruppe sind, ist es nicht immer einfach, alle unterschiedlichen Interessen unter einen Hut zu bringen. Die Schüler erleben jedoch, dass alle gleichrangig sind. Mädchen und Jungen aller Alters- und Jahrgangsstufen haben gleiche Rechte. Keiner redet mit jemand anderem „von oben herab“, sondern von Gleich zu Gleich in einer Face-to-face-Kommunikation. In der schriftlichen Trainingsauswertung wird auf die Frage: „Was hat dir am besten gefallen?“ häufig geantwortet: *„dass ich neue Leute kennen gelernt habe; dass wir offen miteinander geredet haben; dass wir einander zugehört haben; dass wir eine Gruppe geworden sind; dass niemand etwas herumerzählt hat.“* Durch das gegenseitige Kennenlernen und die Arbeit am Thema entdecken die Jugendlichen, dass andere ähnliche Probleme und Sorgen haben, und erfahren, wie diese damit umgegangen sind. Sie erhalten Anregungen, Verstärkung und Kritik. Die Mädchen und Jungen lernen etwas über sich selbst, ihre Wahrnehmungs-, Handlungs-, Werte- und Beziehungsmuster. Sie denken über sich selbst und die Möglichkeit der Veränderung eigener Muster und Verhaltensweisen nach. Trotz des Zusammenlebens von Schülern unterschiedlicher Kulturen wissen nur wenige, welche Normen und Werte in anderen Kulturen gelten und welche Probleme aus deren – auch unbeabsichtigter – Verletzung entstehen können, z. B. durch die unterschiedliche Deutung der Körpersprache. Die Teilnehmer der Trainingsgruppe erwerben eine größere Sprachkompetenz, lernen, vor der Gruppe zu sprechen und entwickeln ihr eigenes (Lern-)Tempo. Sie richten ihren Blick mehr nach innen und nehmen ihre Gefühle bewusster wahr.

Die Jugendlichen stellen fest, dass sie nicht ihre Gefühle, wohl aber ihr Handeln beeinflussen können. Sie lernen, dass sie eine (Verhaltens-)Wahl treffen können und dass sich daraus Konsequenzen ergeben, für die sie Verantwortung tragen. Bei der gemeinsamen Arbeit am Thema lernen sie, andere Meinungen zu respektieren, ohne sie zu teilen oder zu verurteilen. Sie können sich in andere besser einfühlen, besser zuhören und müssen nicht mehr überreagieren. Insgesamt beurteilen die Teilnehmer ihren Wissens- und Erfahrungszuwachs als durchweg positiv: *„Das Training hat Spaß gemacht und es bringt Selbstbewusstsein; alles, was ich im Training gelernt habe, kann ich das ganze Leben über brauchen; das Training ist sehr lehrreich und ich mache mir Gedanken über Konflikte; das Training lohnt sich, ich kann anderen helfen, ich kriege Selbstbewusstsein und ich habe ein gutes Gefühl; das Training ist nützlich, auch außerhalb der Schule, ich habe gelernt, dass Gewalt nichts bringt, ich habe viel über den Umgang mit Menschen gelernt; das Training hat sich gelohnt, weil ich zu einem friedlicheren Klima an der Schule beitragen kann."*

Kulturelle Unterschiede im Training

Bei Schulen mit multikultureller Schülerschaft achten wir bereits bei der Zusammensetzung der Trainingsgruppe darauf, dass möglichst viele verschiedene Ethnien vertreten sind. Besonders Schülerinnen nichtdeutscher Herkunft werden häufig mit sehr gegensätzlichen Rollenerwartungen in der Familie und der Gesellschaft konfrontiert. Sie pendeln zwischen den unterschiedlichen Rollen und versuchen unter großem Energieaufwand sich den jeweiligen Erwartungen anzupassen. Mädchen berichten immer wieder über ihre vielen Pflichten im Haushalt und in der Betreuung der Geschwister. Sie haben weniger Freiheiten als Jungen und bewegen sich in engeren sozialen Grenzen. Die schulischen Anforderungen werden von den Eltern zwar theoretisch ernst genommen, praktisch erfahren gerade die Mädchen aber wenig Unterstützung. Sie haben es schwer, eigene Lebensentwürfe zu realisieren, sowie Kontakt- und Ich-Stärke zu entwickeln. Im Extremfall leben auch sie erlittene Kränkungen in gewaltbereiten Cliquen aus.

Der Begriff der Ehre spielt bei Schülern nichtdeutscher Herkunft eine große Rolle und umfasst die ganze Familie. Die Teilnehmer nichtdeutscher Herkunft berichten häufig von der Missachtung, die sie und ihre Kultur auch in der Schule von Mitschülern, manchmal auch von Lehrern, erfahren. Durch ihre schlechten Erfahrungen interpretieren sie auch „harmlose" Gesten als Beleidigung und Angriff. Bei Konflikten zwischen Kontrahenten nichtdeutscher Herkunft sind meist mehr Menschen direkt oder indirekt beteiligt als bei deutschen. Schüler nichtdeutscher Herkunft leben in einem weit verzweigten Familiennetz. Einerseits fühlen sie sich dort stark kontrolliert, andererseits auch aufgehoben. Sie leben in einer Familienwelt, die durch Regeln, Traditionen und Rituale geprägt ist. Bei der Auswahl der Streitschlichter durch die Konfliktparteien werden die Streitschlichter der eigenen Kultur nach unseren Erfahrungen nicht besonders bevorzugt. Stattdessen scheinen Sympathie, Alter, Ansehen und Kompetenz ausschlaggebend zu sein. Ein deutscher Streitschlichter konnte durch seine erfolgreiche Arbeit in einem Konflikt zwischen einer türkischen und einer arabischen Mädchenclique erfolgreich vermitteln.

Vor- und Nachteile des Trainings durch externe Trainer

Der Einsatz von externen Trainerinnen ist konzeptioneller Bestandteil unseres Angebots und hat sich bei der Durchführung unseres Streitschlichtungs-Programms zweifelsohne bewährt. Ein bedeutender Vorteil des Trainings durch Externe liegt nach unserer Meinung in der Unvoreingenommenheit aller Beteiligten begründet. Externe Trainer erleben die Teilnehmer als „unbeschriebene Blätter", ihre Einschätzungen richten sich nach dem eigenen Erleben und nicht nach Hörensagen. Sie wissen nichts über ihre Cliquen, erlebte oder ausgeübte Gewalt und ihre Werteorientierung. Die Trainerinnen sind keine Lehrerinnen, die in der nächsten Fachstunde die Leistungen als richtig oder falsch bewerten müssen. Die Teilnehmer lernen neue Personen und Methoden kennen, bauen Beziehungen auf und lernen am Modell der Trainer. Diese bringen andere Lebenserfahrungen mit und betrachten die Jugendlichen aus einem anderen Blickwinkel. Sie haben eine klare Rolle, wenn es um Konflikte geht. Als Außenstehende geraten sie nicht so leicht in eine emotionale Zwickmühle, wenn es um Beschwerden über Lehrer oder große Probleme im Elternhaus geht.

Führen externe Trainerinnen ein Streitschlichtungs-Training durch, erfordert dies eine intensive Diskussion und bewusste Entscheidung der Schule. Denn das Training kostet Geld und muss besonders gut geplant und zwischen allen Beteiligten abgesprochen werden. Unerlässlich ist es, bereits im Vorfeld zu klären, wer die weitere Betreuung und Begleitung der ausgebildeten Streitschlichter an der Schule übernimmt. Soll das Modell an der Schule dauerhaft verankert werden, ist es notwendig und wünschenswert, dass die ausgebildeten Peer-Mediatiorinnen von ihren externen Trainerinnen und ihren Lehrerinnen begleitet werden. Damit Erfolge gewürdigt und eventuelle Misserfolge bearbeitet werden können, bedarf es einer qualifizierten Nachbetreuung. Dafür ist es unabdingbar, dass sich Lehrkräfte für die Methode der Mediation interessieren und sich darin fortbilden, damit sich eine neue Streitkultur an der Schule etabliert. Probleme gibt es dann, wenn Zusagen hinsichtlich der Nachbetreuung nicht eingehalten werden, wenn die Nachbetreuung nicht nahtlos an das Training anschließt oder Konkurrenz Kooperation verhindert.

4.3 Beispiele von Schulprogrammen

4.3.1 Peer-Mediation an der Rütli-Oberschule

Rainer Lange, Petra Eggebrecht, Hilde Holtmanns

„Ayse hat Ramona erzählt, dass ich mit ihrem Freund spazieren gegangen sei. Nun will mich Ramona nach der Schule schlagen." Martina hat sich an eine Lehrkraft gewandt, die die Mediatorinnen und Mediatoren betreut. Eine Mediation wird organisiert ... ein typisches Beispiel aus unserem Schulalltag.

Rahmenbedingungen der Schule

Unsere Hauptschule liegt im Norden Neuköllns, einem Bezirk mit über 300.000 Einwohnern. Sie befindet sich in der Nähe des Hermannplatzes, eines sozialen Brennpunkts. Der Sozialindex, in dem die Einkommensverhältnisse, die Anzahl der Arbeitslosen- und Sozialhilfeempfänger und das Bildungsniveau berücksichtigt werden, gehört in unserem Schuleinzugsbereich zu den niedrigsten der Stadt. Insbesondere die Jugendlichen sind von der Arbeitslosigkeit betroffen.

In 14 Klassen haben wir insgesamt 276 Schüler (151 Jungen, 125 Mädchen). Davon sind 84 Jungen und 82 Mädchen nichtdeutscher Herkunft (60 %). Sie gehören 16 verschiedenen Nationalitäten an. 101 Schüler und Schülerinnen haben türkische Eltern, 23 kommen aus Jugoslawien, 12 aus dem Libanon, 11 aus Palästina, 4 aus Bosnien, 3 aus Mazedonien, je-

weils 3 aus Kroatien und Polen, je einer aus Griechenland, Pakistan, Sri
Lanka, Ägypten, Thailand, Albanien, Italien und Russland. Unser Kolle-
gium besteht aus 15 Kolleginnen und 12 Kollegen, die alle deutscher
Herkunft sind.

Die Peer-Mediation ist ein Teil unseres sozialen Netzes, das wir bestrebt
sind ständig weiter auszubauen. So arbeiten im Rahmen der Senatsmaß-
nahme LBÜ (Schülerbegleitung beim Übergang zum Beruf) eine Kollegin
und ein Kollege mit Schulabgängern, die entweder vorzeitig – ohne
Abschluss – die Schule verlassen müssen oder besondere Schwierigkeiten
beim Übergang in die Berufswelt haben. Unser so genannter „Schülerclub" wird stundenweise von drei Kolleginnen und einem Kollegen betreut – eine Anlaufstelle für Probleme jeder Art während und nach der
Unterrichtszeit. Außerdem kümmern wir uns in einem besonderen Projekt um Schwänzer und Schwänzerinnen, die wir an regelmäßigen Schul-
besuch zu gewöhnen versuchen.

Neben dem Unterricht müssen gerade an Hauptschulen Raum und Zeit
für individuelle Betreuung der Schüler geschaffen werden. Leider fehlen
uns geeignete Räumlichkeiten, so dass unsere Betreuungs- und Bera-
tungsarbeit in einem kleinen Raum stattfinden muss, den wir mit ge-
brauchten Sofas ausgestattet haben. Zum „Austoben" wurde darin ein
Boxsack installiert. Dieser Raum wird von den Schülern und Schülerinnen auch für die Mediationsgespräche genutzt. Einen Raum zu haben, der
nicht wie ein Klassenraum aussieht, sondern mit anderem Mobiliar ge-
mütlich gestaltet ist, ist eine wichtige Voraussetzung für die Mediationsarbeit in der Schule.

Die erste Schulung

Zwei Mitarbeiterinnen des Arbeitskreises Neue Erziehung e.V. (ANE) –
die Diplompädagoginnen Helga Baumann und Brigitte Zipperlen – haben
von September 1997 bis Januar 1998 alle interessierten Klassenschüler-
sprecher und -sprecherinnen der Klassen 7 bis 10, in 10 Doppelstunden
(zur Hälfte während der Schulzeit) zu Mediatoren ausgebildet.

Obwohl die Gesamtkonferenz einen einstimmigen Beschluss für diesen
Mediationskurs fasste, gab es doch vereinzelt Probleme. Kollegen mein-
ten, ihr Unterricht sei wichtiger, und machten es Schülern schwer oder
zum Teil unmöglich – z.B. durch Ansetzen von Klassenarbeiten oder
Exkursionen –, das Training zu besuchen. Ab und zu blieb auch mal ein
Schüler weg, weil er schon vorher Unterrichtsschluss hatte.

Von anfänglich 24 Schülern und Schülerinnen, die an dem Kurs teil-
nahmen, waren 14 türkische, fünf deutsche Teilnehmer, ein russischer

Schüler, eine ägyptische Schülerin, eine Libanesin, eine Palästinenserin und eine Polin. Nach Auskunft der Trainerinnen waren alle Schüler engagiert bei der Sache. Ein Zertifikat bekamen 17, davon erklärten sich 16 (11 Mädchen/5 Jungen) bereit, als Streitschlichter zu agieren.

In allen Klassen wurde die Arbeit der Mediatoren bekannt gemacht, indem eine Streitschlichtung in Form eines Rollenspiels vorgeführt wurde. Fotografien der Schlichter und Schlichterinnen mit Klassenzuordnung wurden neben dem Sekretariat im Erdgeschoss der Schule veröffentlicht.

Das anschließende Medieninteresse – Rundfunk und Presse – trug dazu bei, die Wichtigkeit der Arbeit der Schlichter hervorzuheben und deren Selbstbewusstsein nochmals zu stärken. So erzählte Saliha im Interview des SFB in der Sendung „Zeitpunkte" über ihr Grundprinzip bei einer Mediation: *„Man versucht, wie ein Freund zu reden, aber versucht auch irgendwie in die Psyche einzugehen von dem Menschen ... was er so denkt, in das Innere von ihm einzudringen, damit er aus sich herauskommt, dass er aufhört, irgendwie den ‚Coolen rüberzubringen' ... Ich denke, man muss auch selbst ein ruhiger Mensch sein und zuhören können. Das lernt man aber auch."* Felix äußerte in einem Artikel der „Märkischen Allgemeine" vom 29. Juli 1998, dass ihn vor allen Dingen „Körpersprache" interessiere. Seit er gelernt habe, dass der Körper in Gestik und Mimik schneller reagiert als der Kopf mit der Sprache, beobachtet er die Leute genau.

Michael schlichtet

In einem Fall, bei dem der Streitschlichter Michael (10. Klasse) zum Einsatz kam, ging es um eine Streitigkeit, in die vier türkische Mädchen, jeweils zwei Schwestern, verwickelt waren. Diese besuchten in drei verschiedenen Hauptschulen Neuköllns die Klassen 7 bis 10. Es ging um ein in der Öffentlichkeit heruntergerissenes Kopftuch, was unter türkischen Mädchen eine große Ehrverletzung bedeutet. Die Bereitschaft zur tätlichen Auseinandersetzung war sehr hoch. Man hatte sich bereits mehrmals während der Unterrichtszeit vor verschiedenen Schulen in größeren Gruppen versammelt und war zur nächsten Schule weitergezogen. Per Handy wurde „Hilfe" aus anderen Schulen herbeitelefoniert. Es wurde verleumdet, gepöbelt, beleidigt, geschubst, bedroht und – vor allem – angefeuert. Telefonisch wurde anonym die jeweils andere Familie mit in den Streit einbezogen und ebenfalls beschimpft und bedroht. Vor einer der Schulen war es während dieses – bereits einige Tage andauernden – Konflikts zu körperlichen Auseinandersetzungen zwischen Gruppen mehr oder weniger Beteiligter gekommen. Für eines der beteiligten Mädchen einer anderen Schule wurde eine Klassenkonferenz anberaumt, die eine

Woche später stattfinden sollte. Ihr drohte die Umsetzung in eine andere Schule. Jetzt hatte man sich nachmittags verabredet, um die Sache „auszukämpfen". Als wir über eine Kollegin der anderen Schule von dem Konflikt erfuhren, suchten wir nachmittags die Familie der Schülerin unserer Schule auf, um eine Mediation anzubieten. Die Kollegin der anderen Schule tat dasselbe bei ihren Schülerinnen. Ein Schlichtungstermin wurde für den nächsten Tag während der Schulzeit gefunden, an dem sich alle Beteiligten in unserem Schülerclub trafen. Michael erklärte sich bereit, die Schlichtung durchzuführen, da er zuvor bereits mehrfach in schwierigen Fällen erfolgreich geschlichtet hatte. Beide streitenden Parteien waren mit ihm als Schlichter einverstanden.

Trotzdem berichtete Michael später davon, dass es besonders schwierig war, sich Gehör und Akzeptanz bei den Kontrahentinnen zu verschaffen. Die Beteiligten wollten sich nicht äußern, beschimpften sich, drohten aufeinander loszugehen, redeten immer wieder Türkisch. Ständig musste er auf das Einhalten der Regeln hinweisen. Durch sein beharrliches Nachfragen stellte sich nach und nach ein völlig anderer Sachverhalt als Ursache heraus. Das „Herunterreißen" des Kopftuches hatte so, wie es ursprünglich dargestellt worden war, tatsächlich nie stattgefunden.

Als den Mädchen im Laufe der Mediation klar wurde, dass sie sich in einen Konflikt hineingesteigert hatten, der letztlich auf einem Missverständnis basierte, konnte schließlich nach einer Stunde eine Einigung im Streitschlichtungsformular festgelegt werden: keine weiteren Beleidigungen, keine Schlägerei. Die Schülerinnen verabredeten darin noch ein zweites Treffen in unserer Schule, um das Einhalten der Vereinbarung zu bestätigen. Zwischen beiden Terminen lagen die Herbstferien. Das zweite Treffen fand tatsächlich statt, wurde von beiden Konfliktparteien beim Schlichter eingefordert und ohne Zutun unsererseits organisiert und durchgeführt. Dabei stellte sich heraus, dass alle getroffenen Vereinbarungen eingehalten worden waren.

Die zweite Schulung

Da im Juli 1999 die Hälfte der Schlichter nach ihrem Schulabschluss unsere Schule verlassen hatte, begann im Oktober 1999 eine weitere Ausbildung zu Streitschlichtern. Diese wurde wieder von Mitarbeiterinnen des Arbeitskreises Neue Erziehung durchgeführt. Die Finanzierung in Höhe von 1.000 Euro wurde von einem Sponsor übernommen. Der Ablauf der Schulung entsprach im Wesentlichen dem ersten Durchgang. Die Auswahl der Schülerinnen und Schüler wurde geändert. Bis auf eine Ausnahme waren alle neu ausgebildeten Schlichter aus der 7. und 8. Klasse.

Neben Klassensprechern wurden dieses Mal verstärkt die Schüler mit einbezogen, die auf Grund der Erfahrung mit der Schlichterarbeit großes Interesse an der Ausbildung hatten. Zudem wurde darauf geachtet, dass nicht nur die „guten", von den Lehrern akzeptierten Schüler die Chance zur Ausbildung erhielten, sondern auch diejenigen, die wegen ihrer Leistungen und ihres Verhaltens zu den weniger erfolgreichen gehörten. Somit hatten auch diese Schüler die Möglichkeit, neue Verhaltensweisen kennen zu lernen und entsprechende Kompetenzen zu entwickeln.

Von den neu ausgebildeten Schülern haben sich zehn (sechs Mädchen/ vier Jungen) für die aktive Schlichtertätigkeit gemeldet und bilden mit den an der Schule verbliebenen Schlichtern eine Gruppe von 18 Peer-Mediatoren. Davon sind vier deutscher (drei Mädchen/ein Junge) und 14 (zehn Mädchen/vier Jungen) nichtdeutscher Herkunft. Der hohe Anteil ausländischer Schüler erklärt sich daraus, dass diese insgesamt im Schulleben aktiver auftreten.

Umsetzung in die Praxis und Unterstützung durch Lehrer und Lehrerinnen

Im Oktober 1999 lernten vier Kolleginnen und ein Kollege Mediation in einer zwanzigstündigen Fortbildung kennen. Wir sehen es als notwendig an, dass es für die Streitschlichter in der Schule Ansprechpartner gibt, an die sie sich wenden können.

Unsere Schlichter und Schlichterinnen werden in allen schulischen Bereichen und Veranstaltungen (z. B. auch auf Klassenfahrten und an Wandertagen) aktiv. Das Modell ist von den Schülern angenommen worden, die Schlichter und Schlichterinnen sind sensibilisiert, schon kleinere Konflikte wahrzunehmen und ihre Mitschüler im Vorfeld anzusprechen, *bevor* es zur Eskalation kommt.

Die Bandbreite der Mediationsfälle ist groß. Sie beginnt bei kleinen Sticheleien, Beleidigungen, Verleumdungen und Bedrohungen, kann aber auch bis hin zu tätlichen Auseinandersetzungen gehen.

Werden wir als Lehrer und Lehrerinnen Zeugen von Streitereien, so versuchen wir nach Möglichkeit, an Schlichter weiterzuvermitteln. Für dieses Gespräch steht der Schülerclub zur Verfügung. Betroffene Lehrer werden vorher um ihr Einverständnis gebeten, wenn die Schlichtung während der Unterrichtszeit stattfinden soll.

Ein Streitschlichtungsprotokoll wird nicht in jeder Mediation ausgefüllt. Trotzdem werden die mündlichen Vereinbarungen eingehalten und von den Schlichterinnen überprüft.

Eine totale Ablehnung eines Schlichtungsversuchs ist uns bislang nicht bekannt. Es fällt allerdings auf, dass Schüler, die neu an die Schule kommen, Schlichtungsversuchen gegenüber noch gelegentlich skeptisch sind. Wichtig war und ist es, die Schlichter und Schlichterinnen als Gruppe zu stärken, z. B. durch einen gemeinsamen Aufenthalt im Wannseeforum für Jugendarbeit. Dort nahmen sie an dem Trainingsseminar „Salz in der Suppe" teil, mit den Zielen:

- Kenntnis des Schulverfassungsgesetzes
- Entfaltung der Persönlichkeit und des Selbstbewusstseins
- Stärkung von Kreativität und Zivilcourage
- Entwicklung der Fähigkeit und Bereitschaft, sich für die Belange der Schüler einzusetzen
- Erlernen rhetorischer Fähigkeiten: frei sprechen vor anderen
- Diskussionen leiten, sich an Diskussionen beteiligen
- Stärkung der sozialen Kompetenz: Vermittlung, Schutz von Minderheiten, Integration von Außenseitern, Konfliktbewältigung
- Verbesserung der Teamfähigkeit, Anregung gemeinschaftlicher Aktivitäten, Verständigung zwischen „Ost-" und „West-Deutschen"
- Verbesserung des Dialogs zwischen den Kulturen in Deutschland, Entwicklung von Kritikfähigkeit
- Schulung des politischen Bewusstseins und des politischen Engagements.

Außerdem führen wir gemeinsame Treffen zum Gedankenaustausch, Treffen mit der Schlichtergruppe einer anderen Hauptschule und Treffen der Peer-Mediatoren mit den Ausbilderinnen und den begleitenden Lehrern etwa vier Wochen nach der erfolgten Ausbildung durch.

Einschätzung

Wir halten es für wichtig, dass die Ausbilder der Peer-Mediatoren keine Lehrer und Lehrerinnen aus dem Kollegium der Schule sind. Dadurch wird dem Projekt mehr Bedeutung verliehen und die Atmosphäre ist eine deutlich andere als die in einer von Lehrern angebotenen Arbeitsgemeinschaft. So besteht bei außerschulischen Trainern kein Abhängigkeitsverhältnis zu den Schülern. Die Schülerinnen haben die Chance, sich in einer neuen Rolle mit geänderten Verhaltensmustern zu erfahren. Dies hat sich – insbesondere für Schüler, die als problematisch galten – als positiv erwiesen.

Die Peer-Mediation ist gerade an einer Hauptschule von immenser Bedeutung. Hier lernen Jugendliche, dass andere Jugendliche nicht nur Problemverursacher, sondern im Gegenteil die Problemlöser sein können.

Der positive Einfluss Jugendlicher wird in den Vordergrund gerückt. Die Schüler lernen, miteinander zu reden, und erfahren, dass es nicht immer um die Frage der Schuld geht, sondern Streit häufig durch Missverständnisse oder kulturell bedingte unterschiedliche Denkweisen entsteht. Auch die Schülerinnen und Schüler, die nicht gleich zum Einsatz kommen, haben einen großen Vorteil, da sie allein durch die Teilnahme an der Schulung an sozialer Kompetenz, Selbstbewusstsein und Reife gewonnen haben.

Die Peer-Mediation trägt außerdem zur Entlastung der Lehrerschaft bei. Bei Streitigkeiten können wir uns weitgehend heraushalten. Das Klima an unserer Schule hat sich unseres Erachtens durch die Mediation wesentlich entspannt. Insbesondere können wir einen Rückgang der gewalttätigen, brutalen Aktionen verzeichnen. Polizeibeamte der Abteilung Jugendgruppengewalt stellen ein Nachlassen der Gewalttätigkeiten im unmittelbaren Umfeld der Schule fest.

Das eingangs geschilderte Beispiel endete übrigens so: Martina ist von Ramona nicht geschlagen worden. Während der Mediation stellte sich – wie so oft – heraus, dass alles ein Missverständnis war: Martina ging nicht in Begleitung von Ramonas Freund spazieren, der Begleiter war ein anderer Junge.

Dies ist ein Beispiel für alltägliche Mediation. Tätliche Auseinandersetzungen können vermieden werden, indem im Vorfeld mit allen Beteiligten daran gearbeitet wird, Missverständnisse auszuräumen und Gerüchte aufzuklären.

Da Peer-Mediation zunehmend zu einem festen Bestandteil unseres Schulalltags wurde, hoffen wir, dass wir die Fortsetzung der Mediationsarbeit durch Neuschulung im Zweijahresrhythmus ermöglichen können.

4.3.2 Streitschlichtung statt Schulverweis – Konfliktlösung an einer Kreuzberger Gesamtschule

Angela Schrickel

Was machen Streitschlichter an einer interkulturellen Gesamtschule wie unserer? Wie sehen die Konfliktfälle aus? Ist ihre Arbeit erfolgreich? Hierzu möchte ich ein Beispiel schildern, das sich so bei uns zugetragen hat.

Fatma und Sevda sind bereits seit der 5. Klasse Freundinnen. Bei der Anmeldung zur Oberschule, am Ende des 6. Schuljahres, bekommt Sevda den begehrten Gesamtschulplatz. Fatma wird abgelehnt und muss zur Hauptschule. Sevda findet schnell neue Freundinnen, kleidet sich schick und schaut auf ihre alte Freundin aus Grundschultagen herab. Sie geht so weit, herabsetzende Bemerkungen über sie zu machen. Fatma bekommt das mit, sammelt ihrerseits ihre neuen Freundinnen und wartet vor Sevdas Schule, um die Kontrahentin zur Rede zu stellen. Das schlägt schnell in tätliche Angriffe um. Sevda wird getreten, an den Haaren gezogen und fällt hin. Aus der großen Zuschauermenge meinen einige sie verteidigen zu müssen, greifen aktiv in die Prügelei ein. Eine Gruppe Jungen feuert die Mädchen der Hauptschule an, die wiederum daraus schließen, dass sie bei diesen Jungen Chancen hätten. Die Jungen finden Gefallen an der Situation und fordern Mitschülerinnen auf, sich auch zu beteiligen. Noch Zögernde werden in den inneren Kreis geschubst, um direkt auf die Kontrahentinnen zu stoßen. Ältere Jugendliche aus der Nachbarschaft alarmieren schließlich die Polizei mit dem Hinweis, dass die Messer bereits gezückt wurden – was keineswegs der Fall war –, wohl wissend, dass die Polizei dann schneller eintrifft.

Die Mutter von Sevda erstattet Anzeige gegen zwei beteiligte Mädchen wegen Körperverletzung, keines ist älter als 15 Jahre, die Hauptbeteiligten sind in der 7. und 8. Klasse. Der Rektor der Hauptschule äußert die Absicht, mindestens zwei seiner Schülerinnen der Schule zu verweisen. Wir vergegenwärtigen uns noch einmal das Motiv des Streites: Es handelte sich um eine enttäuschte Freundschaft. An unserer Schule treten die Streitschlichterinnen des 10. Jahrganges auf den Plan. Sie laden die Streitparteien (das sind die beiden Mädchen sowie zwei oder drei Freundinnen) während der Schulzeit ein. Alle erscheinen pünktlich. Beide Schulleitungen unterstützen das Treffen.

Nach zäher, einstündiger Rekonstruktion des Geschehens wird ein Protokoll aufgesetzt, das den kleinsten gemeinsamen Nenner enthält: Man vereinbart, sich aus dem Weg zu gehen. Ein Folgetreffen soll der Überprüfung dienen, ob sich alle daran gehalten haben. Jede Beteiligte unterschreibt mit vollem Namen unter Angabe ihrer Klasse.

Es gab keine weitere Prügelei. Die Mädchen sind nicht der Schule verwiesen worden. Die Schulleitungen konnten den Fall zu den Akten legen.

Der Weg aus der pädagogischen Krise

1997 fällten die Jahrgangsleiter und die Schulleitung den Beschluss, Streitschlichter von externen Fachfrauen ausbilden zu lassen. Frau Baumann, eine Mitarbeiterin des Arbeitskreises Neue Erziehung, stellte uns das Konzept der Peer-Mediation vor und bot gleichzeitig an, ein erstes Streitschlichtungs-Training durchzuführen.

Zu diesem Zeitpunkt hatten Kollegium und Schulleitung sehr viel mit Konflikten unter Schülern zu tun. Wir hatten das Gefühl, dass die Streitereien und körperlichen Angriffe trotz der verhängten Disziplinarstrafen auf hohem Niveau stagnierten. Sie kamen wellenförmig immer wieder und verursachten ein ständiges Gefühl von Unruhe und Stress im Schulalltag.

Eltern riefen im Sekretariat an und erklärten, dass ihr Kind nicht zur Schule kommen könne, es fühle sich von Mitschülern bedroht. Andererseits suchten Eltern im Beisein ihrer unglücklichen Kinder unsere Schule auf, um nach einem freien Schulplatz zu fragen. Das Kind fühle sich an der alten Schule nicht wohl, es habe Schwierigkeiten mit Mitschülern. Einige Schülerinnen kamen sogar von Ostberliner Schulen, sie würden dort gemobbt werden, die Lehrer könnten ihnen nicht helfen, sie hielten es nicht mehr aus und suchten einen neuen Schulplatz.

Zweifellos erreichten die gesellschaftlichen Veränderungen, die im Zuge der Wiedervereinigung ausgelöst wurden, Mitte der Neunzigerjahre die Schulen. Die Erschütterung der schulischen Grundmauern war dort am heftigsten, wo sie auf die Kinder der ärmeren Bevölkerungskreise trafen. Vor allem die türkischen Kinder aus benachteiligten Familien hatten das Gefühl, dass sie jetzt endgültig nicht mehr gebraucht werden würden. Es kamen neue deutsche Jugendliche aus dem Osten, die Arbeitsplätze und Lehrstellen beanspruchten.

Die türkischen Jugendlichen meinten zu spüren, dass sie keine Chance mehr hätten. Ein Hauen und Stechen kam in Gang, das uns Lehrerinnen anfangs als irrational erschien. Wir merkten, dass wir unsere 20-jährige Erfahrung auf dem Gebiet der Integration türkischer Schülerinnen und Schüler nicht mehr beruhigend einsetzen konnten. Es stagnierten nicht nur die Sprachkenntnisse der nichtdeutschen Muttersprachler, sondern die allgemein freundliche Lernatmosphäre unserer Schule wurde durch die aggressiv ausgetragenen Konflikte nachhaltig beeinträchtigt.

Unmut breitete sich im Kollegium aus, Misstrauen gegen die türkischen Kolleginnen und Kollegen artikulierte sich. An den Erfolgen der eigenen Integrationsarbeit wurde offen gezweifelt. Unter anderem auf mehreren Studientagen wurde energisch ein veränderter Verhaltenskodex insbesondere von den türkischen Jungen verlangt.

Das Angebot, Schüler zu Streitschlichtern auszubilden, kam gerade noch zum richtigen Zeitpunkt. Wir haben zur Zeit ca. 20 trainierte Konfliktlotsen aus allen Jahrgängen, die selbstbewusst auch schwierige Fälle, wie den eingangs geschilderten, schlichten. Die Anzahl der ausländischen Streitschlichter beträgt ca. 50 Prozent und spiegelt damit ihren Anteil an der Gesamtschülerschaft wieder. Es fanden bisher zwei Trainingsseminare statt, die beide von externen Ausbilderinnen durchgeführt wurden. Bei dem zweiten Training kamen die „alten Hasen" punktuell hinzu; bisher haben wir die beiden Gruppen nicht zusammengeführt.

Die Verteilung der geschlechteten Streitfälle auf die Jahrgänge 7 bis 10 ist ausgeglichen. Die Konflikte werden in erster Linie durch verbale Beleidigungen ausgelöst und können sich dann über Bedrohungen zu körperlichen Angriffen steigern. In der Zeit zwischen den Herbst- und den Weihnachtsferien fallen die meisten Streitfälle an. Der andere saisonale Höhepunkt ist das zeitige Frühjahr. Im November, Dezember und im März/April können acht bis zehn Fälle zur Schlichtung kommen, in der übrigen Zeit sehr viel weniger.

In der Regel werden die Lotsen von Lehrern angesprochen. Ihre Fotos hängen im Schaukasten an einem zentralen Ort der Schule. Die Gespräche werden im Teamraum der Lehrer oder im Büro der Pädagogischen Koordinatorin durchgeführt. Die „Streithähne" befolgten bisher immer den Rat, die Streitschlichtung in Anspruch zu nehmen. Sie bekamen einen älteren Streitschlichter zugeteilt.

Acht Kolleginnen absolvierten einen schulinternen Schnupperkurs in Mediation mit einer Moderatorin des Landesinstituts für Schule und Medien. Sie werden bisher in der Betreuung nicht tätig, weil sie keine Stunden dafür zur Verfügung haben. Nach der letzten Arbeitszeiterhöhung sinkt die Lust der Kollegen auf freiwillige Mehrarbeit immer mehr.

Streitschlichtung durch Schülerinnen und Schüler funktioniert, weil von Gleich zu Gleich geredet wird und weil Streitschlichter darin trainiert sind zuzuhören, neutral zu bleiben, und beide Seiten dahin bringen können, selbst Lösungen vorzuschlagen. Der Konflikt wird nicht von Erwachsenen nach dem Regelsystem der Schule gelöst, sondern die beiden Individuen, die sich gegenseitig gedemütigt, gemobbt, geschlagen haben, bekommen Hilfe zum Weiterleben.

Die Disziplinarstrafe der Schule löst das Problem im Kern nicht. Sie nimmt den psychischen Druck nicht fort, denn unter Umständen bleibt die Bedrohung aufrecht erhalten: *„Warte nur ab, bis du morgen aus der Schule kommst. Meine Freunde werden auf dich warten!"*

Zu konstatieren, dass die Gewalt unter Jugendlichen zunimmt, und dagegen nur eine verstärkte ethische Erziehung zu fordern oder am Verstand der Jugendlichen zu zweifeln, weil sie sich ja schon um Jacken prügeln, sind hilflose Reaktionen, die nichts an der Situation ändern dürften. Will man die Jugendlichen einer ethischen Gehirnwäsche unterziehen oder sie für nicht zurechnungsfähig erklären?

Unsere Schule versucht, es nicht beim Jammern zu belassen. Neben der Streitschlichtung haben wir eine neue Schulordnung mit Rechten, Pflichten und Verboten eingeführt. Sie formuliert Ziele für ein verträgliches Zusammenleben. Die Schulordnungsdebatte begann damit, dass zwei

Klassen ihre Vorschläge auf der zentralen Schülervertretersitzung vorstellten. Daraus entwickelte sich ein Vorschlag, den die Lehrer noch einmal überarbeiteten. Er wurde dann von der Schülervertretung (SV) Punkt für Punkt abgestimmt. Jeder neu aufgenommene Schüler wird über die Schulordnung informiert und dokumentiert seine Anerkennung mit einer Unterschrift.

Dass die Realität oft schäbig ist, dass die ethischen Werte sich schnell in Emotionen auflösen können, wissen alle am Schulleben Beteiligten. Die Arbeit der Konfliktlotsen entlastet das Kollegium spürbar. Das Schulklima ist so entspannt, dass wir uns wieder anderen Aufgaben zuwenden können, so z. B. der Erstellung eines Schulprogramms. Auch die Steigerung des Lernzuwachses bei den Schülerinnen und Schülern haben wir neu ins Auge gefasst. Mit dem DAZ-Programm (Deutsch als Zusatz) fördern wir auf neuen Wegen das Sprachvermögen unserer Klientel.

Wir haben das Gefühl, die pädagogische Krise gemeistert zu haben. Das Streitschlichtungs-Training für Schülerinnen und Schüler war und ist dabei ein äußerst hilfreiches Instrument.

4.3.3 Das Mediations-Team am Lilienthal-Gymnasium

Alwine Bonjer

Die Akzeptanz für ein Mediationsprojekt mit Konfliktlotsen kann im Kollegium eines Gymnasiums eine schwierige Sache sein. Zuerst stellt sich die Frage, ob es an so einem Ort überhaupt nennenswerte Konflikte gibt. Dann, ob und wie die Lehrkräfte für deren Beilegung zuständig sind. Oft wird immer noch davon ausgegangen, an einem Gymnasium werde Wissen vermittelt und Erziehung finde woanders – hauptsächlich zu Hause – statt. Trotzdem erleben auch Lehrer am Gymnasium eine Veränderung bei den Jugendlichen. Deutlich mehr Wissensstoff muss heute in kürzerer Zeit einer abgelenkten und auf Fernseh- und Computerunterhaltung getrimmten Jugend vermittelt werden von einer Lehrerschaft, die oft die Großeltern ihrer Schüler sein könnten. Die Überalterung der Kollegien ist auch eine Hürde bei der Einführung von Neuem. Viele halten Mediation für eine Modeerscheinung und hoffen, dass sie bald vorbei geht.

Schwierigkeiten mit der Akzeptanz

Deshalb tun viele Lehrkräfte weiterhin das, was sie für richtig halten:
Sie ergreifen in einem Konflikt Partei – für den „Schwächeren", das gebietet das Berufsethos – und sie werten: *„Was hast du denn da gemacht? Wie konntest du nur! Siehst du denn nicht, dass er viel kleiner ist usw."*

Werten gehört zum Lehrberuf wie das Weihwasser zur Kirche. Schließlich müssen ja ständig Noten und Zeugnisse geschrieben werden.

Doch die Klientel der Schule und ihre Familienverhältnisse werden schwieriger, die Welt drum herum immer komplizierter – reicht es da, an die Selbstheilungskräfte und die Selbstverantwortung der Jugendlichen zu glauben und darauf zu vertrauen, dass sie ihre Konflikte selber regeln? Und was ist mit denen zwischen Lehrern und Schülern? Das scheint nur eine unangemessene Überforderung zu sein.

Neben der Verkennung der tatsächlichen Verhältnisse bedeutet die Furcht vor dem eigenen Gesichtsverlust die nächste große Hürde: *„Wie stehe ich denn vor meiner Klasse, meinem Kurs da, wenn ich nicht mehr in der Lage bin, selbst einen Konflikt zu lösen? Wenn ich Streitende ‚wegschicke' zum Mediationsteam, einer fremden Instanz – die müssen doch denken, ich sei zu feige oder zu schwach, und dann tanzen sie mir auf der Nase herum!"*

Wenn sich Lehrerinnen oder Lehrer entschließen, sogar selbst an einer Mediation teilzunehmen, dann gehören sie einer sehr kleinen, aber fortschrittlichen Minderheit an. In zwei Fällen an unserer Schule, in welchen ein Vermittlungsgespräch stattfand, waren die Kolleginnen selbst schon sehr mit Mediation vertraut, bei einem weiteren Fall führte die fürsorgliche und offene Haltung des Lehrers seiner Schülerin gegenüber zu einer Mediation. In einem anderen Fall war der Leidensdruck eines Lehrers durch die Probleme mit seiner Klasse so groß, dass er sich dadurch zu einer Mediation bereit erklärte. In allen mir bekannten Fällen hat das Mediationsgespräch geholfen und die Situationen verbessert.

Konflikte

Gibt es spezifische Konflikte am Gymnasium? Vielleicht ist ein „Nichtrauchervertrag", den sich eine 8. Klasse selbst auferlegte, um die Auflagen der Klassenlehrerin für eine Klassenfahrt zu erfüllen, an anderen Schultypen eher nicht vorstellbar. Grobe Prügeleien und absichtliche Körperverletzung sind an unserem Gymnasium ausgesprochen selten, an anderen Schularten vielleicht häufiger. Unsere Schüler setzen stärker die Sprache ein und fallen dann durch gemeine Beleidigungen und fantasievolle Beschimpfungen auf.

Von allen Mediationsanlässen, die das Mediationsteam unseres Gymnasiums etwa über ein halbes Jahr bearbeitet hat, entfielen auf:

- Beleidigung, Beleidigung mit Angriff: 6
- Störungen, Nervereien: 2
- Diebstahl: 1
- Verpetzen bei Betrug: 1

- Regelverletzungen: 1
- Körperverletzung: 1
- Nichtrauchervertrag: 1
- Rangordnungsstreit: 1

In Gymnasien gibt es in der Regel zwar weniger körperliche Angriffe bei Auseinandersetzungen als in anderen Schularten. Die Methoden sind aber geschliffener und unterschwelliger: Mobbing – von den Schülerinnen und Schülern jedoch so nicht genannt – ist eine Form der Ausgrenzung und Beleidigung, die sehr häufig angewendet wird, um Positionen klarzumachen. Dabei geht es heftig zur Sache: Es wird gelogen, betrogen, schlecht gemacht und angeschwärzt, gekränkt durch deutliche Missachtung, unter der Gürtellinie beleidigt. In seltenen Fällen werden sogar bei Schülern anderer Schulen Prügel in Auftrag gegeben.

Cool sein

Diejenigen Schüler und Schülerinnen, die in Not sind, haben große Probleme. Manchmal führen sie bis zu Schwänzen, Leistungsabfall, in schlimmeren Fällen zu Krankheiten und nicht selten zum Schulwechsel. Fast nie wird über die wirklichen Ursachen gesprochen, wird als erste Anlaufstelle den Eltern der wahre Grund eröffnet oder werden die Klassenlehrer ins Vertrauen gezogen. Durch einen größeren Streitfall an unserer Schule stellte sich jetzt heraus, dass ein Schüler über ein volles Schuljahr regelmäßig von anderen gemobbt und gequält wurde.

Auch die eigentlich nützliche Institution „Vertrauenslehrer" wird nur sehr selten in Anspruch genommen. Sogar das Mediationsteam wird kaum freiwillig aufgesucht – es gibt zu viele Vorbehalte der Situation gegenüber, mit Problemen nicht selbst fertig zu werden, sondern sich Hilfe von außen zu holen. Die Angst, als Schwächling dazustehen, als jemand, der es nicht gebracht hat, der uncool ist, lässt diese „Kids" davor zurückschrecken, sich einzugestehen, dass sie allein nicht weiterkommen, also Hilfe brauchen. An Gymnasien haben sowohl die Lehrkräfte als auch die Schülerschaft wahrscheinlich größere Angst, das Gesicht zu verlieren, als beispielsweise die Menschen an Gesamtschulen.

General Group Counseling

Um diese Situation zu verändern, habe ich die „mediatorische Klassenberatung" entwickelt. Meine aus einem Austauschjahr in Amerika zurückgekehrten Mediatorinnen haben dafür den Begriff des „General Group Counseling" (GGC) erfunden, weil das ihrer Meinung nach das Geschehen besser beschreibt als ein deutscher Begriff.

Hierbei wird innerhalb der geschützten Form einer Klasse ohne Lehrkraft in kleinen Gruppen über die Situation der Gemeinschaft gesprochen. Der Ist-Zustand in der Klasse wird beleuchtet, ebenso die Vorstellungen darüber, wie er sein sollte und wie diese Wünsche verwirklicht werden könnten. Die Jugendlichen werden von anderen Jugendlichen – dem Mediationsteam – in ihren Sorgen wirklich ernst genommen. So kommen eine Menge Probleme zutage, die sie bedrücken und in deren Strudel sie immer tiefer hineinschlittern, wenn nicht mit Hilfe aller Beteiligter Möglichkeiten aufgezeigt werden, den Karren selbst aus dem Dreck zu ziehen. Darüber wird am Ende des Gesprächs ein Vertrag entwickelt, in welchem die Selbstverantwortung der Klasse eine große Rolle spielt. Außerdem kommen bei diesen Gesprächen im kleinen Kreis leichter Konflikte ans Licht, über die sonst nicht gesprochen würde. Hier kann dann vom Team eine vertrauliche Vermittlung angeboten werden.

Es ist ein großer Unterschied, ob der Klassenlehrer oder die Klassenlehrerin der Klasse die Regeln und Verhaltensweisen des Umgangs miteinander vorschreibt oder ob die Jugendlichen ihre eigenen Möglichkeiten erkennen und ausloten, um ihre Vorstellungen von Gemeinschaft zu verwirklichen. Die Chance, dass Vereinbarungen eingehalten werden, sind beim zweiten Weg, dem GGC, ungleich höher und mit geringeren Ausfallquoten belastet als bei der üblichen Vorgehensweise.

Unterstützung der Schule

Natürlich muss die Schule von ihrer Seite eine Menge dazu tun, damit solche Ressourcen genutzt werden können: Das Vertrauen der Lehrerinnen und Lehrer in die Selbstheilungs- und Selbstregulierungskräfte der Schülerschaft muss gegeben sein. Die Bereitschaft, sie dabei zu unterstützen und ihnen die dazu benötigte Zeit zu geben, ist von elementarer Bedeutung. Darüber hinaus muss ein kompetentes Mediationsteam zur Verfügung stehen, das mit Engagement und Geschick eine so große Arbeit leistet. Nicht zuletzt sollte auch die Schulleitung das Projekt anschieben oder mindestens gutheißen im Sinne von freundlicher Einflussnahme auf zögerliche und skeptische Lehrkräfte. Dann und nur dann kann eine neue Streitkultur entstehen, die Wissen und Erfahrung im Hinblick auf Teamarbeit, Eigenverantwortlichkeit und Konfliktverhalten beinhaltet.

Der folgende Bericht aus dem Blickwinkel einer Achtklässlerin soll die Erfahrungen mit dieser Arbeit aufzeigen. Die Geschichte klingt vielleicht in manchen Partien zu idealtypisch, basiert aber weitgehend auf realen Vorkommnissen, persönliche Dinge sind allerdings erfunden.

So könnte es aussehen:

In der achten Klasse ist die Stimmung seit langem gereizt. Jungen und Mädchen haben häufig schlechte Laune und suchen sich dann irgendein „Opfer". Wenn jemand unausgeschlafen und mit eingezogenen Schultern die Klasse betritt, dann trifft es den. Wenn jemand mit penetrant guter Laune ankommt – eben diesen. Sie ziehen dann gemeinsam über den oder die her, machen sie erst verbal fertig mit richtig fiesen Sprüchen, und manchmal, wenn man sich hochgeschaukelt hat, geht's auch körperlich zur Sache. *„So eine kleine Prügelei hat doch was Belebendes",* sagt Tobias, der Größte in der Klasse. Und die anderen finden gut, was Tobias sagt.

Die Lehrerinnen und Lehrer, die sie unterrichten, kommen wegen der schlechten Stimmung nicht gerne in diese Klasse. Besonders Franziska wird von den anderen oft ausgelacht, wenn sie eine falsche Antwort gibt, also meldet sie sich nur selten. Ihre Freundin Anja wird wegen ihrer guten Antworten als Streberin und Schleimerin angepöbelt. Außerdem gibt es einen starken Druck wegen der Klamotten, das heißt, wer die „richtigen" Sachen anhat, ist in. Diejenigen, die sich das nicht leisten können oder wollen, sind draußen.

Franziska seufzt. Wie sie es macht, denkt sie, ist es verkehrt. Deshalb hat sie auch keine große Lust mehr, sich zu bemühen.

Dazu kommt der Stress mit dem Mathelehrer Herrn Eckhardt, der immer wieder gemeine Sprüche loslässt. Er findet seine verbalen Attacken wohl witzig, die Klasse aber nicht. Er stellt einzelne Jugendliche vor der ganzen Klasse bloß. Das nehmen sie ihm am meisten übel. Deshalb geht es in seinem Unterricht drunter und drüber: Die Klasse ist sauer. Darauf reagiert er mit Strenge, schlechten Zensuren und abwertenden Sprüchen; die Schülerinnen und Schüler blocken ab und stören, wo sie nur können. So dreht sich die Spirale immer weiter.

Aber Franziska kann so nicht lernen, es lenkt sie ab und macht ihr Angst. Deshalb kann sie sich auch vom Stoff so wenig merken und schreibt meist nur Fünfen und Sechsen. Das findet sie selbst ganz blöd, will sich aber nichts anmerken lassen und gibt sich cool.

In der dritten Stunde gibt es plötzlich eine ungewöhnliche Unruhe: Die Klassenlehrerin hat erklärt, dass sie heute kein Deutsch macht, und verlässt den Raum.

Eine Gruppe von vier großen Mädchen und der Junge, der Schulsprecher ist und Roland heißt, kommen mit Hallo ins Klassenzimmer und gehen auf das Pult zu. Sie sind bestimmt alle schon in der Oberstufe, sonst wüsste Franziska, in welcher Clique sie sind. Nein, halt, eine nicht. Eine kennt sie. Die ist aus einer zehnten Klasse. Franziska weiß, dass dieses

Mädchen sich schon oft mit Lehrern angelegt hat und sich richtig was traut. Aber was wollen die denn jetzt hier?

Die Stunde beginnt mit der Erklärung, dass die „Großen" zum Mediationsteam gehören und in der ganzen Klasse ein „General Group Counseling" machen werden.

Davon hat Franziska noch nie etwas gehört, vom Mediationsteam allerdings schon: Als sie erst wenige Wochen in der Schule war, da gab es mal so eine Veranstaltung in der Aula. Sie waren damals alle froh, weil kein Unterricht stattfand und das Spiel, das sie auf der Bühne sahen, immer noch besser war, als in der Klasse zu sitzen.

In dem Spiel ging es um eine zerrissene Jacke und einen in die Haare geklebten Kaugummi. Das hatte sie so ähnlich auch schon mal erlebt, nur dass sich bei ihr am Ende niemand entschuldigt oder ihr gar den Friseur bezahlt hätte.

Aber in dem Mediationsspiel hatte das Mädchen mit dem Kaugummi in den Haaren auch irgendwie Schuld, nur dass sie dafür nicht bestraft wurde und der Junge, der den Friseurbesuch nötig machte, auch nicht.

Die „Großen" stellen sich jetzt vor, erklären den Begriff „General Group Counseling" als „Unterstützendes Klassengespräch mit mediatorischen Mitteln", teilen die Klasse in fünf Gruppen ein und setzen sich mit ihnen in verschiedene Ecken. Tatsächlich kommt das Mädchen aus der Zehnten in Franziskas Gruppe. Sie heißt Maria und will von ihnen auch gleich einiges wissen:

- Wie es ihnen in der Klasse geht, was ihnen gefällt und was nicht,
- warum sie manchmal keine Lust haben, in die Schule zu gehen und
- wie sie es gerne hätten, damit es wieder mehr Spaß macht.

Dann schreibt sie an die Tafel ein großes IST, ein SOLL, ein WIE und ein WER.

Maria hat noch versichert, dass sie nichts herumerzählen, sondern verschwiegen sein wird. Und dass sie keine Partei ergreift, weder für die Seite der Schülerinnen und Schüler noch für Lehrkräfte.

Franziska hat noch nie erlebt, dass jemand aus der Oberstufe oder der zehnten Klasse sich für sie und ihre Freundinnen interessiert und sich dafür einsetzen will, dass es ihnen in der Schule besser geht. Sie ist so überrascht über die Fragen, dass sie eine ganze Weile gar nichts sagen kann. Unterdessen geht es mit dem Fragen und Antworten bei den anderen schon munter weiter.

Die Regeln, die Maria zu Beginn aufstellt, sind: Niemand darf unterbrechen und niemand darf beleidigen. Es sind ganz einfache Regeln, alle sind mit ihnen einverstanden, aber sie einzuhalten ist überhaupt nicht selbstverständlich.

Dann fragt Maria: „*Was ist denn besonders gut bei euch in der Klasse?*"
Sybille antwortet etwas zögernd: „*Man kommt schon ganz gut klar.*"
Manche nicken. Als Maria dann wissen will, was denn nicht so gut sei,
wollen die Mädchen erst nicht so recht heraus mit der Sprache. Dann gibt
Anja schließlich zu: „*Es gibt Hänseleien wegen Markenklamotten.*" Maria
fragt: „*Wie meinst du das?*"

Sie erfährt allmählich die ganze Situation in der Klasse, weil sie immer
wieder nachfragt.

„*Herr Eckhardt behandelt Jungen und Mädchen unterschiedlich*", ruft
Ulrike noch in die Runde. „*Da alle Jungen auf einer Seite sitzen und die
Mädchen auf der anderen, wendet er sich fast nur zur Jungenseite hin
und übersieht immer wieder, wenn sich ein Mädchen meldet. So geht's
doch nicht!*" Ulrike ist jetzt richtig aufgebracht. Franziska will sich nun
auch beteiligen und sagt, dass Vorschläge der Klassenlehrerin immer nur
abgelehnt werden, um sie zu ärgern, und dass alle genervt tun, aber keine
eigenen Vorschläge bringen, zum Beispiel für einen Wandertag. Und dass
es dann verständlich sei, wenn Frau Fischer allein entscheidet und die
Klasse sich fügen muss. Maria fragt, ob es sonst noch was gäbe, und sagt,
dass es wohl ziemlich frustrierend sein muss, wenn alles so verfahren ist
und keine Seite versucht, etwas zu verändern. „*Wir schauen uns jetzt die
drei wichtigsten Punkte von euch, die ich aufgeschrieben habe, genauer
an und überlegen, wie es eigentlich sein sollte. Als Erstes waren die
Markenklamotten!*" Sie versteht die Probleme der Mädchen und sagt, sie
kenne das von sich selbst.

Anja wünscht sich: „*Alle sollten etwas toleranter sein und nicht hinten
herum von einigen lästern! Sie sollten begreifen, dass manche sich das
einfach nicht leisten können oder auch nicht wollen!*"

Maria notiert alles, auch, dass die Klasse eine neue Sitzordnung haben
will, aber keine, die Frau Fischer bestimmt. Andererseits wird Frau
Fischer niemals einverstanden sein, wenn sich alle so setzen, wie sie
wollen.

„*Was könntet ihr denn tun, um auch Frau Fischers Anliegen für eine
ruhige Lernatmosphäre zu berücksichtigen?*" fragt Maria. Da hat Franziska die Idee, dass sie und ihre Freundin Anja einen neuen Sitzplan machen, abgesprochen mit den anderen, und dass sie damit zu Frau Fischer
gehen und sie fragen, ob sie mit einer Probezeit für die neue Sitzordnung
einverstanden sei. Maria ist ganz begeistert von dem Vorschlag und
schreibt ihn mit Namen an die Tafel. Es sind die ersten Namen unter
„WER". Franziska ist stolz auf das Lob und will am liebsten gleich anfangen. Aber Maria will noch zu dem anderen Punkt unter „IST" wissen, „*Was
wünscht ihr euch denn in Bezug auf Herrn Eckhardt?*"

„Dass er sich mehr Zeit nimmt und auf unsere Fragen eingeht!"
„Dass er aufhört, die Jungen zu bevorzugen!"
„Dass er pünktlicher kommt!"
Die Vorstellungen der Mädchen sind hier ziemlich präzise, aber wie erzieht man einen Lehrer? Maria setzt zuerst bei einem anderen Punkt an:

„Wie könntet ihr denn eine größere Toleranz untereinander erreichen?"
„Das wird sicher dann besser, wenn wir eine bessere Klassengemeinschaft haben!" meint Ulrike. Deshalb wäre es gut, sie würden öfter etwas miteinander unternehmen.

„Wir können uns doch einmal im Monat an einem Samstag treffen und etwas miteinander unternehmen. Freiwillig natürlich, aber ich glaube, viele hätten dazu Lust!"

Sybille schaltet sich ein: *„Genau! Und für die Organisation könnte uns ja Frau Fischer eine Stunde spendieren oder wir nehmen Vertretungsstunden dazu, davon haben wir ja genügend!"* Franziska fügt hinzu: *„Und wir könnten auf Klassenfahrt fahren!"*

Jetzt kommen die Jugendlichen richtig in Fahrt. Sie machen einen Vorschlag nach dem anderen und wollen voller Eifer die Dinge selbst in die Hand nehmen. Nur für Herrn Eckhardt stellen sie sich vor, dass es besser wäre, wenn Frau Fischer erst mal in Ruhe mit ihm redet, ganz behutsam, versteht sich. Die Klassensprecherin soll Frau Fischer diese Bitte vortragen. Denn es muss ja auch festgelegt werden, wer sich um die einzelnen Sachen kümmert. Durch den neuen gemischten Sitzplan kann Herr Eckhardt nicht mehr über die Mädchen hinwegsehen. Anja freut sich richtig bei dieser Vorstellung.

Die einzelnen Gruppen kommen in den letzten zehn Minuten der Stunde wieder zusammen und die Mediatorinnen und der Schulsprecher halten die Punkte an der Tafel fest.

Franziska staunt, dass in so kurzer Zeit so viele Gedanken entwickelt wurden. Es gab auch noch tolle Ideen von den anderen Gruppen und überraschenderweise fast die gleichen Probleme und Anliegen. Jetzt brauchen sie gemeinsam nur noch festzuhalten, wer mitmachen und sich für etwas einsetzen will. Und tatsächlich melden sich genügend Mädchen und auch Jungen für alle Punkte.

Die Stimmung in der ganzen Klasse hat sich deutlich gewandelt. Franziska empfindet sie fast körperlich – viel lockerer und liebevoller. Sie schaut sich nach den anderen um: Anja hat einen ganz begeisterten Gesichtsausdruck und sogar Tobias wirkt auf sie ruhiger und fast zufrieden. So hat sie ihn noch nie gesehen. Aber sie spürt es ja auch bei sich selbst, sie fühlt sich jetzt so leicht und zuversichtlich, dass sie tanzen könnte.

Das Mediationsteam fasst inzwischen die Ergebnisse zusammen, streicht Doppelnennungen, formuliert manche Sätze deutlicher und bringt die verschiedenen Anliegen auf den Punkt. Dann legt Maria einen Vertrag auf das Pult, wo sie die zukünftigen Aktionen schon eingetragen hat. *„Findet ihr es okay, wenn jetzt nur Jeanette und Michael, die beiden Klassensprecher, den Vertrag unterschreiben – für euch alle –, weil das andere zu lange dauert; das könnt ihr ja nach und nach noch tun, ja? Und seid ihr einverstanden, wenn wir uns in drei Wochen wieder treffen, damit wir darüber sprechen können, was sich alles getan hat seither und wie ihr den Vertrag einhalten konntet? Schließlich habt ihr jetzt ganz schön zu tun!"* sagt Maria und freut sich mit dem Team, dass dieses „GGC" so gut geklappt hat. Roland, der Schulsprecher, sagt noch, dass er ihnen gratulieren möchte, so engagiert hätte er bisher kaum eine Klasse erlebt.

Nach drei Wochen kommt das Mediationsteam wieder in die Klasse. Das Ergebnis nach dieser Zeit sieht folgendermaßen aus:

- Der Umgangston untereinander ist milder geworden, sie erinnern sich aber auch immer wieder gegenseitig daran, freundlicher zu sein.
- Auf dem Elternabend wurde lange über das GGC diskutiert, weil die Eltern sehr angetan waren von den Veränderungen. Die beeindruckende Eigenverantwortlichkeit der Jugendlichen wurde hervorgehoben und ihnen Unterstützung zugesagt.
- Eine Kurzfahrt von fünf Schultagen unter der Leitung von Frau Fischer ist für den Juni geplant, die Jugendlichen helfen eifrig bei der Vorbereitung mit, sie suchen noch einen begleitenden Lehrer.
- Mit Eltern und Lehrkräften wird ein gemeinsames Frühstück im Gutshaus Lichterfelde an einem der nächsten Samstage initiiert.
- Frau Fischer hat das nächste Wandertagsziel in die Regie der Klasse gegeben.
- Für den letzten Schultag vor den Sommerferien wird von den Jungen mit der Parallelklasse ein Fußballturnier ausgerichtet.
- Das Gespräch mit Herrn Eckhardt hat noch nicht stattgefunden, Frau Fischer hatte noch keine Zeit gehabt, sie wollte es aber in der folgenden Woche tun.
- Die neue Sitzordnung fand auch Frau Fischers Zustimmung, sie hat nur eine kleine Änderung vorgenommen, welche von allen akzeptiert wurde.

Die Zukunft wird zeigen, wie weit das Mediationsgespräch trägt. Franziska will sich ab jetzt mit dem Lernen mehr Mühe geben. *„Es macht ja auch wieder mehr Spaß, ich bin seither viel lieber in dieser Klasse! Anja wird nicht mehr für gute Antworten angemacht – und ich nicht für schlechte. Zwei Lehrer haben sich schon lobend geäußert, dass eine viel* *bessere Stimmung in der Klasse wäre und außerdem freuen wir uns alle riesig auf die Klassenfahrt."*

Den Kontakt zu den Mitgliedern aus dem Mediationsteam haben einige von den Mädchen nicht abreißen lassen. Sie sind von dem Ergebnis so angetan, dass sie überlegen, auch Mediatorin zu werden. *„Es macht Spaß und bewirkt auch noch was Gutes! Außerdem hat Maria gesagt, man lernt dabei Sachen, die man für sich selber gut brauchen kann, die einem bei den eigenen Konflikten weiterhelfen und die nichts mit normalem Unterricht zu tun haben."*

Franziska sieht in Maria ein großes Vorbild. Eines, das im Bereich des Möglichen und Erreichbaren liegt, nicht so eins wie die millionenschweren Popstars, für die sie sonst geschwärmt hatte. *„Ich werde mich mal bei ihr genau erkundigen, wie das alles geht. Und vielleicht werden wir dann sogar ein wenig Freundinnen, das wäre toll!"*

Schwierigkeiten zu Beginn

Dieses Beispiel zeigt, wie erfolgreich das neue Mediationsverfahren an unserer Schule laufen kann. Dabei standen zu Beginn noch viele Schwierigkeiten im Weg. Es war schwierig,

- Schüler für die Ausbildung zu finden,
- die Kollegen zu überzeugen,
- von der Schulleitung die Erlaubnis zu bekommen, so ein Experiment zu wagen,
- für mich zusätzliche Zeit zu finden, um das Training durchzuführen.

Es hat lange gedauert, bis die größten Hürden überwunden waren und meine „Spinnerei" als etwas Ernstes und als Bereicherung in der Schullandschaft angesehen wurde. Manchmal war ich auch mutlos, wusste nicht, wie ich weiter vorgehen sollte, fühlte mich allein gelassen. Das Interesse und das Engagement der Jugendlichen bauten mich aber immer wieder auf. Sie hatten schließlich auch zu leiden. Sie wurden von ihren Kameraden ausgelacht und ihre Arbeit abgewertet.

Die heutige Situation

Alle neuen siebten Klassen werden in einer Informationsveranstaltung auf das Angebot des Mediationsteams aufmerksam gemacht und unser Service wird erläutert. Die Klassenberatung wird in allen achten und neunten Klassen innerhalb eines Jahres durchgeführt. Sie hat nichts mit Problemklassen zu tun, sondern im Gegenteil:

Unsere Schule soll sich wie eine Firma um ihre „Kunden" kümmern. Die Kunden sollen sich wohl fühlen und ihre Wünsche sollen Beachtung finden. Also bietet die Schule einen besonderen Service an, in welchem mit den Kunden zusammen nach tragfähigen Lösungen für alle gesucht wird! Dann besteht auch die Möglichkeit einer guten Identifizierung mit der eigenen Schule und damit einer angenehmen Atmosphäre für alle. Durch unsere „Tourneen", bei denen wir an anderen Schulen oder in Gremien wie dem Bezirkslehrerausschuss das Projekt vorstellen, ist das Team auch in Öffentlichkeitsarbeit geschult.

Sogar die Bundesministerin für Justiz, Frau Däubler-Gmelin, hat im Mai 2000 unsere Schule besucht und sich ein GGC vorspielen lassen. Sie war sehr beeindruckt und hat dann die Tragweite dieser Arbeit für die Gesellschaft in ihrer anschließenden Rede in den Vordergrund gestellt. Danach gab es viel lobende Presse.

Die Zukunft

Im Mediationsteam wurde der Wunsch geäußert, bei der Ausbildung von Konfliktlotsen mitzuarbeiten, auch an Schulen, an denen es das noch nicht gibt. Wir haben mit dem Team Ende 1999 ein Lehrvideo drehen lassen, um Mediation an Oberschulen kurz und deutlich darstellen zu können. Es gibt auch bereits die Bitte, an Schulen ohne Konfliktlotsen als „Feuerwehr" eine Klassenberatung durchzuführen. Sie wird bei den entsprechenden Klassen auf jeden Fall besser ankommen, als wenn Erwachsene das tun!

Durch Mediation ist ein Stein ins Rollen gekommen, der sich nicht mehr aufhalten lässt. Die Jugendlichen wollen Verantwortung übernehmen. Sie wollen zeigen, dass nicht überall die Hemmschwellen so gesunken sind, wie uns die Schlagzeilen in der Zeitung täglich glauben machen wollen. Und sie haben durch ihre sozialen Kompetenzen in der Berufswelt klar die Nase vorn. So wünsche ich mir – und vielleicht nicht nur ich – auf breiter Ebene unsere Zukunft.

5 Peer-Mediations-Training für Schülerinnen und Schüler

Peer Kaeding und Margit Leiß

Das folgende Training für Schülerinnen und Schüler ist eine Weiterentwicklung eines Trainingsprogramms, das wir im Rahmen unserer Diplomarbeit entwickelt und später in gekürzter Form veröffentlicht haben (Leiß/Kaeding 1998). Unser damaliges Ziel war es zu prüfen, ob ein kurzes Basistraining von ca. 20 Stunden ausreicht, um Schülerinnen die wichtigsten Kompetenzen der Peer-Mediation zu vermitteln. Wir fanden: Ja! Die Jugendlichen waren nach dem Training in der Lage und motiviert, bei Konflikten zwischen Mitschülern zu vermitteln.

Wie auch immer die finanziellen, strukturellen und personellen Rahmenbedingungen für Peer-Mediation an der Schule sind: Ein Training, das die Jugendlichen motiviert und befähigt, eigenständig Mediationsgespräche zu leiten, ist die Grundlage für alle weiteren Bemühungen. Wir haben die Erfahrung gemacht, dass die Schüler verstehen möchten, weshalb sie eine bestimmte Übung zu einem bestimmten Zeitpunkt machen sollen und wie diese mit ihrer zukünftigen Tätigkeit als Mediatoren in Beziehung steht. Der „rote Faden" des Trainings sollte den Schülerinnen deshalb immer wieder verdeutlicht werden. Der Aufbau dieses Trainingsprogramms orientiert sich dementsprechend an den fünf Phasen eines Mediationsgespräches. Im Laufe der Ausbildung werden diese fünf Phasen nacheinander durchschritten und die Schüler lernen die Kompetenzen, die sie für eine bestimmte Phase benötigen.

Wir hoffen mit diesem Programm eine Arbeitsgrundlage für unterschiedliche Ausgangsbedingungen geben zu können und möchten uns bei all denen bedanken, deren kritische Anregungen uns bei der Erstellung dieses Trainingsprogramms eine Hilfe waren. Neben den Schülerinnen und Schülern, Lehrkräften und Schulleitungen danken wir vor allem Dr. Alexander Redlich, der Hamburger Arbeitsgruppe „KoMeT", insbesondere Katharina Schulz, Kirsten Schroeter, Marina Pagel, Tim Pechtold und Christian Geißler.

Das Trainingsprogramm richtet sich an alle, die eine Gruppe von Schü-lerinnen und Schülern zu Peer-Mediatoren an einer Schule ausbilden möchten. Es ist ausgelegt für die Klassenstufen sieben bis zehn, wobei die Jugendlichen nicht aus einem Abschlussjahrgang stammen sollten. Die Gruppe sollte nicht größer als 12 Teilnehmerinnen und Teilnehmer sein. Das Trainingsprogramm umfasst 14 Einheiten, die jeweils ca. 100 Minu-ten dauern (nach 45 Minuten ist eine zehnminütige Pause sinnvoll).

Zum Schluss werden „weitere Schritte" vorgestellt, mit denen der Trans-fer der Mediation in den Schulalltag vorbereitet werden kann.

Die Vorbereitung des Trainings erfordert einigen Aufwand; es empfiehlt sich deshalb, das Training zu zweit durchzuführen. Voraussetzung ist, dass die Schülertrainerinnen selbst an einer Mediatorenfortbildung teilge-nommen haben.

Zeitstruktur

Die Einheiten können zeitlich flexibel durchgeführt werden, wobei wir empfehlen, sie als „Kompakttage" oder im Rahmen einer Projektwoche durchzuführen. Auch wenn das Training wöchentlich im Schulalltag unter-gebracht ist, sollten ganze Trainingstage (z. B. auch außerhalb der Schule) eingeschoben werden, um eine ungestörte und nur auf die Gruppe bezo-gene Lernatmosphäre zu schaffen. In jedem Fall ist es notwendig, dass alle zukünftigen Mediatoren Zeit bekommen, die Durchführung eines Mediationsgespräches ausführlich zu üben.

Gestaltung der Trainingssitzungen

Die dargestellten Übungen sind Vorschläge, wie das jeweilige Thema ziel-orientiert und erlebnisaktivierend vermittelt werden kann. Die Gestaltung einzelner Einheiten kann und soll gerne mit eigenen Ideen und Übungen bereichert werden. Wichtig ist, dass die Schülerinnen und Schüler so viel wie möglich selber machen und ausprobieren. Deshalb sollte kein Vortrag durch die Trainer länger als zehn Minuten dauern. In vielen Trainings-sequenzen werden Visualisierungsmedien wie Pinnwand, Karten oder Flipchart eingesetzt. Diese sollen das Verstehen und Behalten der Inhalte erleichtern oder die Schüler zur Beteiligung an Gesprächen und Ideen-sammlungen anregen.

Ausstattung der Räume für das Training

Am besten eignet sich ein Raum, der normalerweise nicht für den tägli-chen Unterricht verwendet wird, damit die benötigten Materialien nicht jedes Mal ab- und wieder aufgebaut werden müssen. Der Raum sollte groß genug sein, damit die Schülerinnen und Schüler auch bei Kleingruppen-übungen einigermaßen ungestört voneinander arbeiten können. Als Sitz-ordnung eignet sich am besten ein Stuhlkreis ohne Tische.

Für das Training benötigen Sie eine Grundausstattung des klassischen Moderationsmaterials:

- 2 Plakatwände (Nitor, Metaplan o. Ä.)
- 1 Flipchart-Halter
- Moderationskarten (ersatzweise bunte Karteikarten)
- dicke Filzstifte
- Pinn-Nadeln zum Anstecken von Karten an die Plakatwände

Inhaltlicher Aufbau des Trainingsprogramms

Das Training der Schülerinnen und Schüler gliedert sich in drei Teile:

Im *ersten Teil* lernt sich die Gruppe kennen und baut einen persönli-chen Bezug zum Thema auf. Da sich die Gruppe meist aus verschiedenen Klassenstufen zusammensetzt, haben die Schülerinnen zunächst aus-führlich Gelegenheit, sich untereinander, mit den Trainern und ihren Me-thoden vertraut zu machen.

In den folgenden beiden Einheiten werden die Erfahrungen der Jugend-lichen mit selbst erlebten Konflikten und mit verschiedenen Formen von Aggression aufgegriffen und in einen Zusammenhang mit Peer-Mediation gebracht. Damit ist der Boden bereitet für die nun folgenden Einheiten, die die eigentliche Mediationsausbildung darstellen.

Im *zweiten Teil* geht es um den Ablauf einer Mediation sowie die dafür erforderlichen Kompetenzen. Die zukünftigen Mediatorinnen und Media-toren lernen die fünf Phasen eines Mediationsgespräches nach und nach kennen und üben, sie in immer komplexeren Rollenspielen durchzuführen. Das Training orientiert sich in der zweiten Phase am Ablauf eines Media-tionsgespräches. Dafür lernen sie einige zentrale Gesprächsführungs-kompetenzen, wie z. B. auf sprachliche Fairness zu achten, zwischen Posi-tionen und Interessen zu unterscheiden, gutes Zuhören, Gefühle zu spie-geln sowie ein Brainstorming anzuleiten. Diese Fähigkeiten werden immer in der jeweiligen Gesprächsphase geübt, in der sie auch zum Einsatz kom-men. Hauptziel dabei ist, den Schülerinnen und Schülern Gesprächstech-niken und eine Gesprächsstruktur zu vermitteln, die ihnen das Gefühl geben, ihrer Rolle als Konflikthelfer gewachsen zu sein. Es geht also nicht darum, Jugendliche zu „kleinen Rechtsanwälten" oder Psychotherapeu-ten auszubilden, sondern um eine methodische und menschliche Hilfe-stellung, die sie bei ihrer neuen Aufgabe unterstützt.

Die Trainings-Einheiten

1. Einheit
Die Gruppe lernt sich kennen

2. Einheit
Konflikte sind normal!
- Eigene Konflikte
- Konflikthintergründe

Die Gruppe kennen lernen und einen persönlichen Bezug zum Thema aufbauen

3. Einheit
Aggression
- Umgang mit Aggressionen u. Gefühlen
- Verbale Aggressionen

4. Einheit
Was heißt Mediation?
- Einführung und Rollenerklärung

5. Einheit
Eine Mediation einleiten
- Einleitung üben

1. Phase der Mediation
Einleitung

2. Phase der Mediation
Sichtweisen klären

6. Einheit
Sichtweisen klären
- Zusammenfassen
- Auf sprachliche Fairnes achten

7. Einheit
Konflikterhellung
- Positionen, Interessen, Hintergründe
- Gutes Zuhören

Ablauf und Kompetenzen der Mediation üben

3. Phase der Mediation
Konflikterhellung

8. Einheit
Konflikterhellung
- Ich-Botschaften fördern

9. Einheit
Konflikterhellung
- Gefühle wahrnehmen und ausdrücken

4. Phase der Mediation
Lösungsideen sammeln

10. Einheit
Lösungsideen sammeln
- Brainstorming anleiten
- Lösungs-Check

11. Einheit
Vereinbarung treffen
- Gespräch abschließen
- Gesamtablauf üben

5. Phase der Mediation
Vereinbarungen treffen

12. Einheit
Mediation von A–Z
- Gesamtablauf üben I

13. Einheit
Mediation von A–Z
- Gesamtablauf üben II

14. Einheit
Kritische Situationen, Abschluss
- Tipps und Hilfen
- Das Training abschließen

Weitere Schritte
Transfer in den Schulalltag
- z. B. das Projekt an der Schule bekannt machen

Im *dritten Teil* wird, gemeinsam mit den betreuenden Lehrkräften, die zukünftige Arbeit geplant (Termine, Werbemaßnahmen, Abschlussfeier, usw.). Dieser Teil umfasst in der Praxis mehr als die eine hier dargestellte Einheit!

Alle Einheiten sind ausführlich mit Kurzvorträgen, Übungen und Arbeitsblättern für die Schülerinnen dargestellt, so dass sie wie angegeben durchgeführt werden können. Je nach Alter, Schultyp oder Vorerfahrungen kann es sinnvoll sein, bestimmte Themen zu vertiefen, abzukürzen oder zu ergänzen.

1. Einheit: Die Gruppe lernt sich kennen

Beim ersten Treffen sind viele Schüler unsicher, was sie erwartet. Sie möchten wissen, mit wem sie es die nächsten Treffen zu tun haben werden, welche Inhalte interessant sind und ob ihre neue Rolle von den anderen akzeptiert werden wird. Kurz gesagt, sie wollen wissen, ob es sich für sie persönlich lohnt, in dieser Gruppe langfristig aktiv mitzumachen.

Für die Trainerinnen sollte es somit ein wichtiges Ziel sein, die Jugendlichen zu motivieren und von Beginn an eine angenehme Arbeitsatmosphäre zu vermitteln, die eine Balance zwischen dem Spaßhaben und der Inhaltsvermittlung darstellt.

Besonders wenn die zukünftigen Mediatoren aus verschiedenen Klassenstufen kommen, kann es manchmal eine Weile dauern, bis auch die Jüngeren sich an diese neue Lernsituation gewöhnt haben. Viele Trainer versuchen deshalb, den Trainingsraum möglichst angenehm zu gestalten, und bieten den Jugendlichen z. B. Tee und Kekse an. Auf diese Weise bekommen die Schülerinnen auch gleich eine Anregung dafür, wie sie selbst die Atmosphäre in der Peer-Mediation ansprechend gestalten können.

1. Übung: den Anfang gestalten

- Getränke und Kekse anbieten
- Den Raum gemeinsam mit den eintrudelnden Schülern herrichten (Stuhlkreis, Pinnwand)
- Eine kleine Begrüßungsrede halten, z. B.: „Heute soll es in erster Linie darum gehen, dass wir uns besser kennen lernen. Wir werden ja eine ganze Zeit gemeinsam in der Gruppe arbeiten, und da finde ich es wichtig, dass wir wissen, wer die anderen sind und warum sie hier mitmachen. Ich möchte gerne anfangen ...“
- Anschließend können Sie einen Überblick über den Trainingsablauf geben.

Material: Plakat oder Handzettel

Zeit: ca. 15 Minuten

2. Übung: Namen lernen – „die lachende Lisa"

Methode: Gesprächsrunde – alle sind nacheinander an der Reihe
Durchführung:
- Eine Person beginnt und sagt ihren/seinen Namen und ein Adjektiv mit dem gleichen Anfangsbuchstaben, das zu ihr/ihm passt, z. B. „der putzige Peer" oder „die mutige Margit".
- Die Nächsten in der Reihe wiederholen Namen und Adjektiv der Vorgänger und fügen ihren eigenen Namen und ein Adjektiv an.
- Die Namen können parallel auf Kreppband oder Namensschildern mitgeschrieben und verteilt werden.

Material: Kreppband oder Namensschilder und Stift
Zeit: ca. 20 Minuten
Quelle: nach Walker 1995, S. 48

3. Übung: Aufstellen nach soziometrischen Merkmalen

Diese Methode dient dem vertiefenden Kennenlernen. Durch Aufstellen im Raum werden verschiedene Merkmale oder Wünsche der Gruppenmitglieder für alle sichtbar dargestellt.

Methode: Aufstellen im Raum
Durchführung:
- Die Leiter geben eine Fragestellung vor, z. B.: „Wo wohnt ihr?" Ein oder mehrere Schals oder Tücher markieren den Bezugspunkt, z. B. die Schule.
- Die Schülerinnen stellen sich entsprechend im Raum auf.
- Dann beschreiben sie kurz den Ort, an dem sie stehen und was es für sie bedeutet, gerade dort zu stehen.

Beispielfragen:
- Wo wohnt ihr? (Bezugspunkt Schule)
- Wo seid ihr geboren? (Bezugspunkt Stadt, in der die Schule ist)
- Wo möchtet ihr wohnen, wenn ihr 30 Jahre alt seid?
- Wie viele Geschwister habt ihr?
- Wen kennt ihr in dieser Gruppe gut? (Hand auf dessen Schulter legen)
- Wie viel wisst ihr über Peer-Mediation?

Material: mehrere bunte Schals oder Tücher
Zeit: pro Fragestellung ca. 5 Minuten
Quelle: Das so genannte soziometrische Aufstellen ist eine Technik aus dem Psychodrama nach J. L. Moreno. Weitere Ideen finden sich bei Hauck 2000.

4. Übung: Steckbriefe

Methode: Vorbereitung zu zweit, gegenseitige Vorstellung in der Großgruppe
Durchführung:

- Für jede Schülerin und jeden Schüler wird ein Steckbrief vorbereitet, auf dem bis zu sechs Fragen stehen.
- Immer zwei Schüler befragen sich gegenseitig und malen und schreiben den Steckbrief für ihre Partnerin/ihren Partner.
- Anschließend stellen sich die Partner gegenseitig anhand der Steckbriefe vor.

Material: ein Steckbrief (Plakat oder Flipchart) pro Teilnehmerin, dicke Buntstifte
Zeit: ca. 45 Minuten

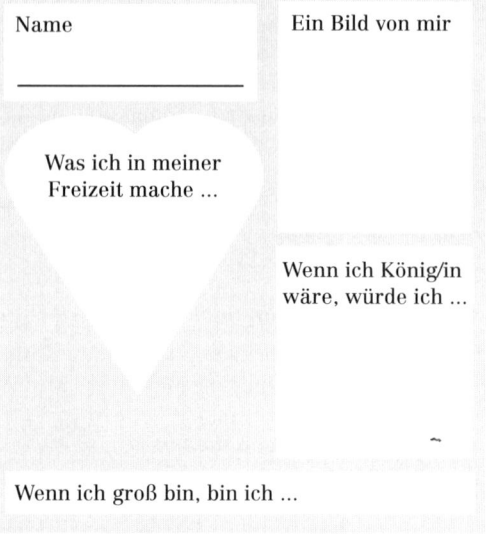

2. Einheit: Konflikte sind normal!

In dieser Einheit geht es darum, die Schüler an das Thema „Konflikte" heranzuführen. Dabei werden Modelle für ein konstruktives Konfliktverständnis vorgestellt und anhand selbst erlebter Konflikte der Jugendlichen besprochen und reflektiert.

Um eine gute Grundlage für das Verständnis von Mediation und damit für die folgenden Einheiten zu bilden, eignen sich Inputs und Lösungen, die die folgenden Lernziele vermitteln. Eine Vertiefung des Themas können Sie auch auf die Zeit nach dem Training verschieben.

Lernziele:

- Was ist ein Konflikt?
- Modelle für ein konstruktives Konfliktverständnis kennen lernen „Das Problem ist das Problem", „Eisberg"-Modell und „Bis zum bitteren Ende"
- Haltung von Konflikt-Helferinnen (Peer-Mediatoren) thematisieren: Konflikte sind normal und können eine Chance sein
- Sich selbst und andere in Konflikten wahrnehmen

1. Übung: „Mein Standpunkt in Konflikten" (Meinungsbarometer)

Methode: Aufstellen im Raum

Durchführung:

- Die Leiterinnen erläutern die Übung: „Ich werde euch gleich eine Frage stellen. Auf den Boden in jede Seite des Raumes lege ich zwei Kärtchen mit gegensätzlichen Antwortmöglichkeiten. Dazwischen könnt ihr euch eine Linie vorstellen, auf der ihr euch aufstellt, und zwar so nahe zu einer Karte, wie es eurer Antwort entspricht. Danach frage ich einige von euch, wieso ihr an dieser Stelle steht."
- Die Leiter stellen eine Frage. Durch Kärtchen werden zwei Antwortmöglichkeiten vorgegeben. Beispielfragen: Hat die Anzahl, nicht die Schwere, der Konflikte im Laufe eurer Schulzeit ab- oder zugenommen? Mit wem habt ihr häufiger Konflikte oder Streit: mit Erwachsenen oder mit Jugendlichen? Mit wem habt ihr persönlich häufiger Konflikte oder Streit: mit Mädchen oder mit Jungen?
- Die Schülerinnen stellen sich entsprechend im Raum auf.
- Ein Leiter geht durch den Raum und interviewt Einzelne kurz: „Warum stehst du gerade an dieser Stelle?" Die Schülerinnen erläutern dies. Die Antworten werden nicht diskutiert.

Material: vorbereitete Kärtchen

Zeit: ca. 15 Minuten für zwei Fragen

2. Übung: „Was ist ein Konflikt?"

Methode: Brainstorming in der Großgruppe mit anschließender Diskussion

Durchführung:

- Auf einem großen Plakat wird die Fragestellung deutlich angeschrieben: Was ist ein Konflikt?
- Alle Nennungen der Schüler werden mitgeschrieben.
- Die Sammlung bildet den Ausgangspunkt, um mit den Teilnehmerinnen zu einem gemeinsamen Verständnis über den Begriff „Konflikt" zu gelangen.
- Fazit: „Konflikte sind normal und gehören zum Leben dazu. Jeder Mensch hat Konflikte *(eventuell einen eigenen Konflikt als Beispiel ansprechen)*. Es geht also nicht darum, Konflikte aus der Welt zu schaffen oder zu bekämpfen. Wenn Konflikte zur Zufriedenheit aller Beteiligten ausgetragen werden, gewinnen alle Beteiligten etwas dabei: Selbstvertrauen in die eigenen Konfliktlösungsfähigkeiten, Stärke und Ansehen vor anderen und vielleicht sogar einen neuen Freund oder eine neue Freundin."

Material: ein vorbereitetes Plakat und ein Filzstift

Zeit: ca. 15 Minuten

Quelle: Leiß/Kaeding 1997, S. 55

3. Übung: Vertiefung zum Thema „Konflikte"

Um Schülern das Konstrukt *Konflikt* näher zu bringen, gibt es verschiedene Erklärungsmodelle, die in stark vereinfachender Weise die innerseelischen Beweggründe (Motive, Gefühle) und/oder zwischenmenschlichen Aspekte darstellen, die in Konflikten eine Rolle spielen können. Diese Modelle sollen die Schülerinnen dabei unterstützen, eine nicht bewertende, sondern subjektiv nachvollziehbare Sicht auf Konflikte zu entwickeln. Diese Sichtweise ist eine Grundvoraussetzung für die Mediatoren-Tätigkeit. Als Beispiel können die folgenden Modelle dienen.

Methode: Kurzvortrag

Durchführung: Sie erläutern die drei Modelle.

„Das Problem ist das Problem."

Im Streit fällt es manchmal schwer zu verstehen, warum die andere Person etwas anderes will als man selbst. Das kann dazu führen, dass man die Sache, um die es eigentlich geht, aus den Augen verliert und das Problem zunehmend in der Person des anderen sieht. Für den konstruktiven Umgang mit Konflikten ist es deshalb sinnvoll, sich klar zu machen, dass der Konflikt nicht in der anderen Person begründet ist, sondern in der Beziehung, die beide miteinander haben. Nicht die andere Person muss sich ändern, sondern beide müssen gemeinsam einen Weg finden, wie sie mit der Situation umgehen wollen.

In der Mediation geht es darum, beide Streitende so gut zu verstehen, dass sie wirklich das Gefühl haben, verstanden worden zu sein. Dabei steht nicht so sehr der „objektive" Sachverhalt im Vordergrund oder die Frage, wer „Recht" hat. Vielmehr geht es darum, zwei „subjektive" Sichtweisen zu klären. Das fällt vielen Schülerinnen und Schülern und auch Lehrkräften häufig schwer, weil im täglichen Schulleben schnelle Lösungen gefragt und üblich sind. Deshalb muss die Fähigkeit, „nach zwei Seiten gut zuzuhören", in der Mediationsausbildung intensiv geübt werden (siehe 7. Einheit).

Das Eisberg-Modell

Ein Modell, das den Unterschied zwischen verbalen Äußerungen und innerer Befindlichkeit veranschaulicht, ist das Eisberg-Modell. Bei einem Eisberg liegt der weitaus größte Teil unter der Wasseroberfläche verborgen. Ähnlich verhält es sich mit den Gefühlen, Interessen, Wünschen und Bedürfnissen von Streitenden. Oberflächlich wahrnehmbar ist für den anderen erst einmal nur, was jemand sagt und wie er sich verhält. In einem Konflikt sind es aber häufig die verborgenen, unausgesprochenen Wünsche, Gefühle und Befürchtungen, die zu Missverständnissen führen. Welche Beweggründe jemand hat und worum es ihm eigentlich bei dem Streit geht, ist unter der „Wasseroberfläche" oft nur schwer auszuloten (und manchmal muss man dafür auf „Tauchstation" gehen).
Quelle: Ortrud Hagedorn 1994, S. 91 ff.

Das Eisberg-Modell

„Bis zum bitteren Ende"

Die folgende Darstellung von Eskalationsstufen im Konflikt stammt von Friedrich Glasl (1994) und ist von Manja Mai für den Sprachgebrauch von Kindern und Jugendlichen aufgearbeitet worden. Ziel ist, deutlich zu machen, dass eine einvernehmliche Lösung eines Konfliktes immer schwieriger wird, je heftiger der Streit wird. Zum anderen verdeutlichen die Bilder, dass immer mehr Energie und aufwendigere Lösungsstrategien nötig werden, um eine Lösung des Konflikts zu erreichen, je weiter der Konflikt eskaliert ist.

Die Verwandlung der Eskalationsstufen *(Manja Mai)*

In meiner Ausbildung als Mediatorin lernte ich im Rahmen der Konflikttheorie die neun Eskalationsstufen eines Konfliktes (nach Glasl) kennen. An und für sich ein logisches Konzept. Doch wer versteht es in dieser Form?

Wenn von Verhärtung, Koalitionen, Zersplitterung und begrenzten Vernichtungsschlägen die Rede ist, dann weckt das schnell militärische Assoziationen.

Bei der Ausbildung von Mediatoren, die nicht im sozialen oder pädagogischen Bereich bewandert sind, also auch bei Kindern und Jugendlichen, erwies es sich bislang als schwierig, eine Verständnisebene zu finden, wenn man diesem Sprachgebrauch folgte. Die Eskalationsstufen müssen sich einer Verwandlung unterziehen, die es ermöglicht, die abstrakte Ebene zu verlassen, um anhand einer nachvollziehbaren Situation die Konfliktsteigerung erlebbar zu machen.

Ich habe deshalb versucht, die Eskalations- in „Streitstufen" zu übersetzen. Dabei halte ich die Kombination von Text und Bild für sehr wirkungsvoll. Setzen Sie die Seiten 171 und 172 als vergrößerte Fotokopie im Training ein.

Ausgangspunkt war eine alltägliche Szene, ein Beispiel, das mir aus meiner Arbeit mit Jugendlichen sehr vertraut ist: Welche Spirale beginnt sich zu drehen, wenn ein Jugendlicher sich zu Unrecht angestarrt fühlt. Dabei ist es meiner Erfahrung nach unerheblich, ob es sich um weibliche oder männliche Jugendliche handelt.

Je nach Temperament können sich daraus ganz verschiedene Situationen entwickeln.

Streitstufen: „Bis zum bitteren Ende"
oder wie man sich selbst sicher vernichten kann
(die neun Eskalationsstufen nach Glasl an einem (nicht) alltäglichen Beispiel)

1) Mir geht der Typ schon lange auf die Nerven.
  (Verhärtung)

- Er starrt mich immer an.
- Er redet immer über mich.
- Ich kann ihn einfach überhaupt nicht ausstehen.

2) Ich sollte mal mit ihm reden! (Debatte, Polemik)

- Ich texte ihn zu, laber ihn voll!
- Ich lasse mir nichts von ihm gefallen!
- Ich denke an seine schlechten Seiten und erzähle allen davon.

3) Dem werde ich es zeigen! (Taten statt Worte)

- Ich zeige ihm, was ich draufhabe.
- Das wird er sich merken.
- Ich verpasse ihm einen Denkzettel.

4) Ich suche mir Freunde und Verbündete.
  (Images und Koalitionen)

- Ich alarmiere meine Kumpel, mache sie scharf.
- Die Unschlüssigen ziehe ich auf meine Seite.
- Ich bin doch völlig unschuldig, er hat angefangen!

5) Blamiere ihn! (Gesichtsverlust)

- Ich bringe ihn in peinliche Situationen.
- Ich mache ihn vor anderen schlecht.
- Ich denke mir uncoole Eigenarten aus
  (z. B. popeln, heulen).

6) „Wenn ich dich erwische, dann ...“
  (Drohstrategien)
- Ich lasse mir etwas Gemeines einfallen.
- Ich drohe mit allem, was mir einfällt.

7) „ ... mache ich dich fertig!“
  (Begrenzte Vernichtungsschläge)
- Ich mache meine Drohungen wahr, so gut es geht.
- Ich will ihn nur noch am Boden sehen.

8) Ich kann jetzt nicht mehr zurück. (Zersplitterung)
- Ich höre nicht mehr auf die anderen,
  niemand kann mich verstehen.
- Es ist zu viel geschehen, um jetzt aufzuhören.
- Alles dreht sich nur noch um ihn und mich.

9) Geschafft! (Gemeinsam in den Abgrund)
Gemeinsam haben wir uns vernichtet. Es hat viel
Mühe und Kraft gekostet, aber wir haben es ge-
schafft. Ich weiß nicht mehr genau, worum es am
Anfang eigentlich ging – egal. Ich habe nicht auf-
gegeben, schließlich war doch der andere schuld!!

4. Übung: Selbst erlebte Konflikte sammeln und mit anderen austauschen (Konfliktlandschaft)

Methode: Kleingruppenübung mit anschließendem Austausch in der Großgruppe
Durchführung:
- Auftrag auf ein Flipchart schreiben
  1. Findet euch zu zweit oder zu dritt zusammen.
  2. Erzählt euch reihum von Konflikten, die ihr selbst erlebt habt:
     – Mit wem hattet (habt) ihr den Konflikt?
     – Worum ging (geht) es in dem Konflikt?

3. Schreibt für jeden Konflikt eine Stichwort-Karte. Ihr habt 20 Minuten Zeit.

- Weiterarbeit mit der Großgruppe:
  Eine Gruppe beginnt, legt ihre Karten auf den Fußboden und liest sie laut vor.
  Sie können den/die Karteninhaber/in nach seiner/ihrer Reaktion fragen, Stichworte auf einer Karte mitschreiben und dazulegen.
  Die folgenden Karten werden von den Teilnehmern dazusortiert, z. B. nach Konflikten mit den Eltern, mit Mitschülern, Lehrern usw.
  Die entstehende Konfliktlandschaft kann immer wieder neu gruppiert werden.

- Ziel ist, mit den Schülerinnen und Schülern darüber ins Gespräch zu kommen, dass Konflikte alltäglich sind, worin sich Konflikte unterscheiden oder inwiefern sie sich ähneln oder dass es unterschiedliche Möglichkeiten gibt, in Konflikten zu reagieren.

Material: vorbereitetes Flipchart sowie Kärtchen und Stifte
Zeit: ca. 45 Minuten
Quelle: nach Walker 1995, S. 131

3. Einheit: Umgang mit Aggression

Der Umgang mit Aggressionen spielt in unterschiedlichen Zusammenhängen in der Mediation eine wichtige Rolle. Deshalb wird das Thema an dieser Stelle eingeführt und kann in den jeweiligen Einheiten entsprechend vertieft werden. In dieser Einheit sollen zwei Formen von Aggression bearbeitet werden. Zum einen geht es um die körperliche Aggression, die als verletzende Handlungen gegen andere gerichtet ist. Damit verbunden ist die Auseinandersetzung mit der eigenen Wut und Möglichkeiten zum Schutz der eigenen Grenzen. Häufig sprechen Erwachsene Jugendlichen gegenüber nur von den Nachteilen von Gewalt. Für viele Jugendliche sind das nicht mehr als Lippenbekenntnisse, die sie nicht überzeugen. Zum einen sind Jugendliche im Alltag mit Erwachsenengewalt konfrontiert, sei es in den Medien, auf der Straße, durch strukturelle Gewalt in der Schule oder sogar durch körperliche Gewalt im Elternhaus. Zum anderen glauben viele Schüler, dass die meisten Erwachsenen keinen guten Einblick in die tatsächlichen Bedrohungssituationen von Jugendlichen haben.

Im Sinne einer offenen Wertediskussion sollten in der Mediationsausbildung somit auch die angenommenen „Vorteile" von Gewalt besprochen werden können. Ziel dabei ist, den Jugendlichen zu verdeutlichen, dass gewalttätiges Verhalten zwar nachvollziehbar ist, jedoch immer Gewinner und Verlierer hervorruft. Zum anderen geht es um die verbale Aggression, die z. B. in Form von Schimpfwörtern viele Konflikte unter Jugendlichen eskalieren lässt.

Je nach Intensität kann diese Einheit den üblichen Zeitrahmen von 100 Minuten überschreiten.

1. Übung: Anwärmen – Aggression im Alltag

Die folgenden Vorschläge können alternativ oder ergänzend verwendet werden, je nach Alter und Bedarf der Jugendlichen. Ziel ist es, das Thema Gewalt erlebnisaktivierend vorzustellen und im weiteren Verlauf Möglichkeiten des konstruktiven Umgangs mit Aggressionen zu erarbeiten.

Durchführung:

- Sie zeigen den Videofilm „Gewalt hat viele Gesichter".
  Darin werden 20 Filmausschnitte aus dem Fernsehen gezeigt, in denen unterschiedliche Formen von Gewalt (verbale, psychische, körperliche, strukturelle) auftreten.
- Alle notieren, während das Video läuft, welche Szenen für sie persönlich Gewalt darstellen und welche nicht.
- Die Bewertungen aller Schüler werden an der Tafel gesammelt (z. B. Szene 1: Gewalt: 13 Nennungen; keine Gewalt: 12 Nennungen).
- Diskussion der strittigen Szenen.

Material: Video „Gewalt hat viele Gesichter", ISBN 3-929061-11-2
Zeit: ca. 60 Minuten

2. Übung: „Gewaltbarometer"

Durchführung:

- Zwei Kärtchen werden in entgegengesetzte Seiten des Raumes gelegt. Auf dem einen steht „100 %" (ganz sicher Gewalt) auf dem anderen „0 %" (keine Gewalt).
- Ausgesuchte Szenen werden vorgelesen und die Schülerinnen stellen sich entsprechend auf. Anschließend werden die Jugendlichen nacheinander befragt, weshalb sie an dieser bestimmten Stelle stehen. Dabei ist wichtig, dass es nicht um ein Ausdiskutieren des „richtigen" oder „falschen" Standpunktes geht, sondern um einen Austausch von Sichtweisen zum Thema Gewalt.
- Folgende Gewaltbeispiele können verwendet werden: Ein Vater reißt sein Kind vor einem Auto von der Straße und tut ihm dabei sehr weh. Ein Mädchen klaut aus der Klassenkasse Geld. Ein Autofahrer jagt mit quietschenden Reifen von der Ampel los. Eine Mutter gibt ihrem Kind einen Klaps auf den Po. Ein Kind wird von den anderen aus der Klasse links liegen gelassen. Ein Fußballfan beschimpft einen gegnerischen Fan. Ein Lehrer gibt eine schlechte Note. Passanten schweigen, als ein Schwarzer beschimpft wird. Ein Mann versucht seine Freundin zu überreden, mit ihm zu schlafen, obwohl sie bereits Nein gesagt hat.
- Auswertung: Die Jugendlichen diskutieren, welche Beispiele ähnlich sind. Die Leiterinnen können die Stichworte „verbale/psychische Gewalt", „körperliche Gewalt" und „strukturelle Gewalt" einbringen.

Material: vorbereitete Kärtchen, Gewaltbeispiele
Zeit: ca. 30 Minuten
Quelle: Lünse/Rohwedder/Baisch (1995, S. 43)

3. Übung: „Provoboter"

Methode: Übung in Kleingruppen
Durchführung:

- Auf ein Plakat wird die Frage geschrieben: „Mit welchen Mitteln kann ich mich beruhigen, wenn ich provoziert werde, um nicht gewalttätig zu werden?"
- Alle Ideen mitschreiben. Die Ideen können von Ihnen abgeschrieben und in der nächsten Einheit als Kopien verteilt werden.
- Die Schülerinnen finden sich dann zu zweit zusammen. A soll B provozieren, z. B. durch Beleidigungen, Beschimpfungen oder Anschreien. Nicht aber durch Anfassen. B überlegt sich, welche der gesammelten Möglichkeiten zur Beruhigung sie ausprobieren möchte, und sagt A, welche Methode dies sein wird.
- A provoziert und B probiert die Methode aus. A provoziert so lange, bis B „Stopp!" sagt. A muss dann aufhören.
- Danach werden die Rollen gewechselt, bis jede Person drei Varianten ausprobiert hat.
- Auswertung: Welches Verhalten habt ihr ausprobiert und wie hat es funktioniert? Ist euch eine andere Möglichkeit eingefallen, bei Provokationen ruhig zu bleiben?

Zeit: ca. 30 Minuten
Quelle: Schwarzhans/Hauck 2000

4. Übung: Auf sprachliche Fouls reagieren

In der Mediation kann der Prozess der Eskalation nur dann gestoppt werden, wenn eine Atmosphäre erzeugt wird, die frei von Verbalattacken, Beschimpfungen oder Anfeindungen ist. Aufgabe der Mediatoren ist es, auf Einhaltung der beiden zentralen Gesprächsregeln (keine Beleidigungen, ausreden lassen) zu achten und die Streitenden ggf. zu ermahnen. In dieser Übung geht es zunächst darum, die Schülerinnen für den Umgang mit Sprache und Beleidigungen zu sensibilisieren.

Methode: Kleingruppen und Plenum
Durchführung:

- Schimpfwörter sammeln und ordnen.
- Dreiergruppen bilden. Jede Gruppe soll so viele Schimpfwörter auf je ein Kärtchen schreiben, wie ihr einfällt, auch derbe oder nichtdeutsche (sofern die deutsche Übersetzung dazugeschrieben wird).
- Auf dem Boden werden drei Bereiche eingeteilt:
  1. Nicht so schlimm
  2. Je nach Situation; kann gemein sein.
  3. Auf jeden Fall sehr schlimm!

- Die Jugendlichen lesen ihre Schimpfwörter vor, legen die entsprechenden Karten auf den Boden und bringen sie in eine Rangfolge.
- Die Karten mit den Schimpfwörtern werden gemischt und verdeckt an die Teilnehmer verteilt. Die Gruppe stellt sich im Kreis auf. Eine Person liest ein Schimpfwort vor. Alle haben die Möglichkeit, eine Reaktion in die Runde zu rufen. Variante: Jeweils zwei Personen treten in den Kreis. Eine Person liest ein Schimpfwort vor und die andere Person reagiert darauf. Die anderen können danach ihre Ideen ergänzen.

Material: Karten und Stifte, Kreppband
Zeit: ca. 20–30 Minuten
Quelle: Lünse/Rohwedder/Baisch 1995, S. 104

4. Einheit: Was heißt Mediation?

Mit dieser Einheit beginnt der Kern der Peer-Mediations-Ausbildung. Nun lernen die Jugendlichen die Methode kennen, die ihnen dabei helfen soll, in Konflikten zwischen Mitschülern zu vermitteln.

1. Übung: Drei Konfliktlösungsstrategien kennen lernen

Methode: Rollenspiel in der Großgruppe
Durchführung: Den Schülerinnen wird erklärt, dass im Folgenden drei Arten von Konfliktlösungen ausprobiert werden: Konfliktlösungen durch Eltern, durch Lehrkräfte und durch Peer-Mediatoren.

- Zwei Jugendliche spielen Geschwister, die sich streiten. Beispielstreit: Die eine hat ein neues Spiel für ihren Gameboy geschenkt bekommen und möchte es spielen. Ihr etwas älterer Bruder hat im Moment wenig Geld und kann sich keine neuen Spiele leisten und hat seiner Schwester deswegen das Spiel weggenommen. Beide streiten sich lautstark.
- Nacheinander spielen jeweils zwei andere Schüler die Eltern, Lehrer und Mediatoren und bearbeiten den Konflikt auf ihre Weise:
- 1. Szene: Der Konflikt wird von Eltern bearbeitet. Die Rollenspieler verwenden abschreckende Elternsprüche wie „Lasst mich in Ruhe!", „Wenn ihr euch nicht vertragt, gibt's heute Abend auch kein Kino, so einfach ist das!" usw.
- 2. Szene: Der Konflikt wird von einem Lehrer behandelt. „Ihr schon wieder! Sagt mal, habt ihr nicht Besseres zu tun, als euch ständig zu streiten?!", „So jetzt ist Schluss! Ihr kommt mit mir zum Schulleiter!", „Wer hat angefangen? Du? Gut, ich will dir mal was sagen: Mit deinen Noten kannst du dir so ein Verhalten nicht lange leisten!"
- 3. Szene: Der Konflikt wird durch Schüler-Mediatoren bearbeitet. Die Schülerinnen spielen die Mediatoren so, wie sie sie sich vorstellen
- Auswertung: Worin unterscheidet sich eine Konfliktlösung durch Mediatoren von anderen Konfliktlösungen? Antworten sammeln.

Material: leeres Flipchart
Zeit: ca. 25 Minuten
Quelle: nach Heidi Ruwe und Inge Rögener, Gesamtschule Eidelstedt, Hamburg

2. Übung: Grundlagen der Peer-Mediation

Methode: Kurzvortrag und Einzelübung
Die Schülerinnen werden grundlegend über die Hintergründe, den Ablauf und ihre zukünftige Rolle in der Peer-Mediation informiert. Außerdem wird der Ablauf eines Mediationsgespräches vorgestellt. Die theoretischen Einführungen sind notwendig, sollten allerdings möglichst kurz gehalten werden (zentral in dieser Einheit ist die Rollenspiel-Demonstration eines Mediationsgespräches). Dazu können Sie das folgende Arbeitsblatt (vergrößerte Fotokopie) einsetzen.

Arbeitsblatt: „Die Fähigkeiten von Mediatorinnen"
(Bitte Zutreffendes ankreuzen)

Mediatorinnen und Mediatoren sollten:

☐ sich zurückhalten können

☐ gute Klassenarbeiten schreiben

☐ sehr viel reden

☐ sich in andere hineinfühlen können

☐ viele Lösungsvorschläge machen

☐ bei den Lehrern beliebt sein

☐ körperlich stark sein

☐ das Gesagte vertraulich behandeln

☐ die Streitenden ernst nehmen

☐ die Klassenlehrer über den Streit und die Konfliktlösung informieren

☐ bei Beschimpfungen die Streitenden unterbrechen

☐ bei Straftaten die Polizei verständigen

☐ herausfinden, wer angefangen hat

☐ aufmerksam und genau zuhören können

☐ selbst keine Konflikte haben

☐ neutral sein

■ Die fünf Phasen der Mediation vorstellen:
Die fünf Phasen der Mediation werden den Schülerinnen zunächst im Überblick vorgestellt, noch nicht im Detail. Dieser erste Eindruck soll ihnen helfen, die folgende Rollenspiel-Demonstration nachzuvollziehen.
Material: Folien
Zeit: ca. 20 Minuten

3. Übung: Ablauf einer Mediation darstellen

Methode: Demonstrations-Rollenspiel
Durchführung:

- Zwei Teilnehmer übernehmen die Rollen der Konfliktparteien und bereiten sich anhand der Rollenanweisung (z. B. Fall 1, s. S. 214) vor.
- Die übrigen Teilnehmerinnen werden in fünf Beobachtergruppen entsprechend der fünf Phasen eingeteilt und haben die Aufgabe, genau zu beobachten, was die Mediatoren in der jeweiligen Phase machen.
- Die Leiterinnen übernehmen die Rolle der Mediatorinnen.
- Anschließend berichten und kommentieren zunächst die Mitspieler. Dann werden die Beobachterinnen befragt, welche Handlungen sie von den Mediatoren in den einzelnen Phasen wahrgenommen haben. Die Beiträge können auf Plakaten mitgeschrieben und hinterher besprochen werden.
- Im Anschluss an die Auswertung wird den Schülerinnen das Arbeitsblatt „Die fünf Phasen des Mediationsgesprächs" (s. S. 179) ausgehändigt und gemeinsam besprochen.

Material: Rollenanweisungen, Namensschilder für die Rollenspieler, Papier und Stifte für die Beobachter
Zeit: mit Auswertung ca. 45 Minuten
Quelle: weitere Ideen für Rollenspiele und Rollenanweisungen geben u. a. Faller/Kerntke/Wackmann 1996

5. Einheit: Eine Mediation einleiten

Die Einleitungsphase einer Mediation ist grundlegend für den weiteren Verlauf des Konfliktgespräches. Aufgabe der Peer-Mediatoren in dieser Phase ist es, sich und ihre Rolle vorzustellen und die Gesprächsregeln zu erläutern. Zentraler Punkt dabei ist ein mündlicher „Vertrag" mit den Kontrahenten: Sie erklären, dass sie bereit sind, freiwillig und unter Beachtung der Regeln (die andere Person ausreden lassen, keine Beleidigungen) an dem Gespräch teilzunehmen. Außerdem sollten die Mediatoren nur in solchen Konflikten vermitteln, die sich auch für eine Mediation durch Schülerinnen eignen.

Versäumnisse in dieser Phase, z. B. die Fortführung des Gespräches, obwohl eine Person offen zeigt, dass sie nicht freiwillig teilnimmt, erschweren den weiteren Verlauf des Gespräches und machen eine einvernehmliche Lösung unwahrscheinlich.

In dieser ersten Phase geht es also vor allem darum, Transparenz herzustellen. Dafür sollten die Mediatorinnen ihre Einleitung so verständlich wie möglich vortragen. Darüber hinaus haben die Streitparteien Gelegenheit, sich ein Bild von den Mediatoren zu machen und sich allmählich auf das bevorstehende Gespräch einzustellen. Neben den Sachinformationen sollte deshalb auch die Atmosphäre berücksichtigt werden, in der das Gespräch stattfindet.

Arbeitsblatt: „Die fünf Phasen des Mediationsgesprächs"

1. Das Gespräch einleiten

- Die Streitpartner begrüßen und sich vorstellen
- Die eigene Rolle erläutern: Vertraulichkeit und Neutralität zusichern; Hilfe bei der Suche nach Lösungen ...
- Ablauf des Gespräches erläutern
- Gesprächsregeln erläutern
- Einverständnis einholen

2. Sichtweisen nacheinander klären: Wie sieht die Sache aus der Sicht der jeweiligen Konfliktpartner aus?

- Wer fängt an?
- Sichtweisen nacheinander erzählen lassen
- Wiederholen, zusammenfassen, nachfragen
- Auf Einhaltung der Gesprächsregeln achten
- Gemeinsamkeiten/Unterschiede hervorheben

3. Konflikterhellung: Die persönliche Bedeutung des Konfliktes verstehen

- Ich-Botschaften fördern
- Auf Gefühle, Bedürfnisse und Interessen konzentrieren
- Augenblickliche Stimmung ausdrücken
- Kommunikation zwischen den Beteiligten fördern

4. Gemeinsam nach Lösungen suchen: Wer bietet etwas an?

- Lösungsmöglichkeiten sammeln und aufschreiben
- Vorschläge vorlesen
- Lösungs-Check: Ist der Lösungsvorschlag: realistisch, fair, angemessen, genau genug?

5. Einigung und Abschluss

- Sich auf eine gemeinsame Lösung verständigen
- Einigung schriftlich festhalten
- Vereinbarung unterschreiben lassen und jedem eine Kopie aushändigen
- Ein weiteres Treffen in ein bis zwei Wochen vereinbaren
- Für die Mitarbeit bedanken und verabschieden

1. Übung: Vorbereitung auf das Mediationsgespräch

Methode: Kurzvortrag
Durchführung:

- Wie finden Schülerinnen und Schüler den Weg in die Mediation? In vielen Schulen sind die Mediatoren jeweils bestimmten Klassen zugeordnet, ähnlich wie „Paten". Sie stehen dann in regelmäßigem Kontakt mit diesen Klassen und erfahren so, ob Schüler aus der Klasse eine Mediation wünschen. In der Anfangsphase des Projektes ist es häufig so, dass die Klassenlehrerinnen der jüngeren Klassen ihre Schüler aktiv auf die Mediation aufmerksam machen und sie fragen, ob sie ihren Konflikt in der Mediation lösen möchten.
- Die Sitzordnung in der Mediation ist wichtig. Wenn die Streitenden zu dicht beieinander oder direkt einander gegenüber sitzen, fällt es ihnen manchmal schwerer, bei sich selbst zu bleiben, als wenn sie die andere Person nicht direkt anschauen müssen. Die Folie „Sitzordnung für Mediationsgespräche" (s. Abb.) wird aufgelegt und besprochen. Vier Schülerinnen und Schüler demonstrieren die verschiedenen Anordnungen an einem Tisch. Die Leiter erklären, dass es bei besonders unruhigen und aggressiven Streitpartnern helfen kann, wenn sie sich erst einmal nicht direkt anschauen. Das kann zum Beispiel erreicht werden, indem die Streitenden gebeten werden, die Stühle etwas voneinander wegzudrehen.

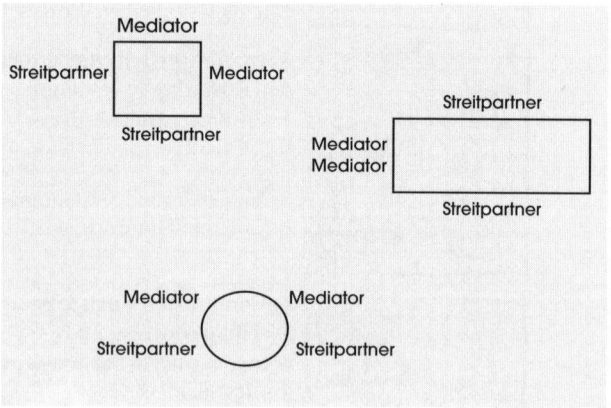

Material: Folien
Zeit: 10 Minuten

2. Übung: Die erste Phase „Einleitung" vorstellen

In der ersten Phase der Mediation wird der Grundstein für das Mediationsgespräch gelegt. Im Gegensatz zu den anderen Phasen reden hier überwiegend die Mediatoren. Die Kerngedanken der Einleitung werden anhand des Arbeitsblattes auf Seite 181 („1. Das Gespräch einleiten") vorgestellt und besprochen.
Methode: Besprechung in der Großgruppe

Arbeitsblatt „1. Das Gespräch einleiten"

Die Streitpartner begrüßen und sich vorstellen
Die Mediatoren begrüßen die Streitpartnerinnen und nennen ihren eigenen Namen. Sie bitten die Kontrahenten, sich zu setzen, und bieten ihnen eventuell Tee oder Kekse an.

Die eigene Rolle erläutern
Eine der Mediatorinnen erläutert den Kontrahenten die Rolle von Mediatoren: „Wir strukturieren dieses Gespräch. Ihr seid verantwortlich für das, was hier passiert. Wir versuchen, euch bei der Suche nach Lösungen zu unterstützen."

Vertraulichkeit zusichern
Danach sichern sie Vertraulichkeit und Neutralität zu: „Alles was wir hier bereden, bleibt in diesem Raum. Das heißt, wir erzählen anderen nicht, was wir hier besprechen, und möchten euch bitten, auch nichts zu erzählen!"

Ablauf des Gespräches erläutern
Die Mediatorinnen erklären kurz die nächsten Schritte:
- Sichtweisen nacheinander klären
- die persönliche Bedeutung des Konfliktes verstehen
- gemeinsam nach Lösungen suchen
- Vereinbarung und Abschluss

Gesprächsregeln erläutern
Die Mediatoren erläutern die wichtigsten Regeln für das Mediationsgespräch:
- die anderen nicht unterbrechen, sondern sich ggf. eigene Notizen machen
- die anderen nicht beschimpfen. Falls es doch zu Beschimpfungen kommt, können die Mediatorinnen das Gespräch abbrechen

Einverständnis einholen
Die Mediatoren holen die Zustimmung der Konfliktpartnerinnen zu den Regeln ein.
1) Es spricht immer nur eine Person.
2) Keiner verletzt den anderen oder kränkt ihn.
3) Unser Gespräch ist vertraulich.
Es ist sehr wichtig, dass alle Streitpartner den Gesprächsregeln klar und deutlich zustimmen!

Die Regeln der Mediation können auch als Plakat für alle sichtbar in den Mediationsraum gehängt werden.
Material: Arbeitsblatt „1. Das Gespräch einleiten"
Zeit: ca. 15 Minuten

3. Übung: Eingangs-Formulierungen in eigenen Worten

Methode: Kleingruppen und Auswertung in der Großgruppe
Durchführung:
- Kleingruppen von zwei bis drei Teilnehmern bilden
- Anhand des Arbeitsblattes Formulierungen für die einzelnen Schritte der Einleitung erarbeiten
- Die Ergebnisse in der Großgruppe vorstellen und besprechen. Wurde alles Wichtige benannt? Ist die Wortwahl angemessen?

Material: Arbeitsblatt „Eingangs-Formulierungen", Stifte
Zeit: 15 Minuten Gruppenarbeit, 15 Minuten Auswertung
Quelle: nach Faller/Kerntke/Wackmann 1996, S. 134

Arbeitsblatt „Eingangs-Formulierungen"

Wie würdest du die Schritte der Einleitung in eigenen Worten formulieren?
- Die Streitpartner begrüßen und sich vorstellen
- Die eigene Rolle erläutern
- Vertraulichkeit zusichern
- Ablauf des Gespräches erläutern
- Gesprächsregeln erläutern
- Einverständnis zum Einhalten der Regeln einholen

---

4. Übung: Einleitungen formulieren

Methode: Rollenspiele in Kleingruppen, Auswertung in der Großgruppe
Durchführung:
- Kleingruppen mit drei bis vier Teilnehmerinnen bilden (mit oder ohne Beobachter).
- Die Kleingruppen verteilen die Rollen für den ersten Durchgang: zwei Konfliktparteien, eine Mediatorin und eventuell ein Beobachter.
- Die Mediatorin übt, eine Einleitung zu moderieren. Die anderen spielen die Streitenden.
- Hinterher kurze Besprechung und Rollentausch, bis alle einmal dran waren.
- Währenddessen können die Leiter mit einer Videokamera durch die Gruppen gehen und einige Szenen aufnehmen, die anschließend angeschaut und besprochen werden.

Material: Arbeitsblatt „1. Das Gespräch einleiten" (s. S. 181), eventuell Videokamera und Abspielmöglichkeit
Zeit: insgesamt 20 Minuten für die Kleingruppen, ca. 20 Minuten für die Auswertung in der Großgruppe

6. Einheit: Sichtweisen klären

In der zweiten Phase der Mediation „Sichtweisen nacheinander klären"
geht es zunächst darum, zu verstehen, wie sich der Sachverhalt aus Sicht
der jeweiligen Konfliktpartei darstellt. Es geht also nicht um ein „Verhör",
um den „objektiven" Sachverhalt zu ergründen, sondern um genaues und
einfühlsames Zuhören mit dem Ziel, die subjektiven Sichtweisen und
Beweggründe aller Beteiligten zu verstehen. Für die Mediatoren ist es deshalb wichtig, dass sie den Ausdruck inneren Erlebens fördern und sich
nicht in erster Linie auf die Suche nach Recht oder „Wahrheit" begeben.

Ganz wichtig ist in dieser und der nächsten Phase, für „Lösungsauf-
schub" zu sorgen, also Geduld und Ruhe zu bewahren. Möglicherweise
empfinden die Beteiligten die Situation oder den Konflikt als so unangenehm, dass sie nach der erstbesten Lösungsmöglichkeit greifen, um diesen unangenehmen Zustand so schnell wie möglich zu beenden. Diesem
Druck müssen die Mediatorinnen widerstehen.

In dieser Einheit werden Übungen vorgestellt, die insgesamt den üblichen Zeitrahmen von 90 Minuten (+ 10 Minuten Pause) übersteigen. Je
nach Bedarf sollten also Übungen ausgelassen oder der Zeitrahmen erweitert werden!

1. Übung: Marsmensch baut Brötchen

Methode: Übung in der Großgruppe
Durchführung:
- Ein Leiter verkleidet sich als Marsmensch.
- Den Schülerinnen wird erklärt, dass der Marsmensch schon seit einiger Zeit
  Radioprogramme von der Erde empfangen hat. Er versteht also unsere
  Sprache. Was er überhaupt nicht versteht, sind die Gewohnheiten der Menschen. Nun ist der Marsmensch hungrig und möchte gerne ein Käsebröt-
  chen essen. Er hat sich ein Brötchen, Butter und Käse in sein Raumschiff
  „gebeamt" sowie Messer, Gabel und Löffel. Er hat Kontakt mit den Erden-
  menschen aufgenommen, weil er einfach nicht weiß, wie er mit diesen Dingen umgehen soll.
- Es ist also Aufgabe der Schüler, dem armen Marsmensch zu erklären,
  welche Handlungen er vornehmen soll, damit er sein Käsebrötchen essen
  kann.
- Der Leiter versteht die Anweisungen absichtlich etwas falsch. Wenn die
  Jugendlichen sagen: „Nimm das Messer in die Hand", kann er es an der
  Klinge anfassen. Wenn sie dann sagen: „Nein, die andere Seite", kann er es
  in die andere Hand nehmen. Wenn sie sagen: „Schneid das Brötchen auf",
  kann er es von oben nach unten durchschneiden usw.

- Fazit: Kommunikation in nur eine Richtung führt leicht zu Missverständnissen und Unklarheiten. In der Mediation sollen Missverständnisse vermieden werden. Für Mediatorinnen ist es also wichtig, durch Nachfragen und Zusammenfassen zur Klärung beizutragen.

Material: Marsmensch-Verkleidung (z. B. „Antennen", ein grüner Umhang, eine Maske). Brötchen, Butter, ein Stück Käse, Messer, Gabel, Löffel
Zeit: ca. 10 Minuten
Quelle: nach Walker 1995, S. 74

2. Übung: Zusammenfassen

Methode: Kurzvortrag und anschließende Kleingruppenübung
Durchführung: In einem Kurzvortrag erläutern Sie den Hintergrund für gutes Zusammenfassen: „In der Mediation ist es wichtig, dass die Streitenden das Gefühl haben, richtig verstanden zu werden. Die Mediatoren können dazu beitragen, indem sie das Gesagte wiederholen und somit überprüfen, ob sie alles richtig verstanden haben."

- Die Schüler finden sich zu zweit zusammen und einigen sich, wer anfängt.
- Themenvorschläge (je nach Schwierigkeitsgrad): Erzählt von eurem letzten Geburtstag! Erzählt von eurer Mutter/eurem Vater/euren Geschwistern! Erzählt von einem Streit, den ihr hattet!
- Aufgabe der Zuhörenden ist es, das Gesagte zusammenzufassen und in eigenen Worten wiederzugeben. Je nach Leistungsstand der Jugendlichen sollten sie dabei versuchen, wertende Aussagen in neutrale Sprache zu übersetzen sowie Gemeinsamkeiten und Unterschiede zwischen Personen zu benennen.
- Wechsel nach 5–10 Minuten
- Auswertung in der Großgruppe: Was war leicht, was schwierig?

Material: vorbereitetes Flipchart für Kurzvortrag
Zeit: ca. 20 Minuten

3. Übung:
Die zweite Phase „Sichtweisen nacheinander klären" vorstellen

Durchführung: Verteilen Sie das Arbeitsblatt (s. S. 185) „2. Sichtweisen nacheinander klären" und besprechen Sie es mit der Gruppe.

4. Übung: auf sprachliche Fouls reagieren

In der 3. Einheit „Aggression" wurde das Thema „sprachliche Fouls" bereits in Bezug auf Schimpfwörter bearbeitet. Nun geht es darum, Methoden aufzuzeigen, mit denen die Schülerinnen in der Mediation auf sprachliche Fouls reagieren können.
Methode: Zuruf-Frage und anschließender Kurzvortrag, Übung in der Großgruppe

(weiter S. 186)

Arbeitsblatt „2. Sichtweisen nacheinander klären"

Wie sieht die Sache aus der Sicht der jeweiligen Konfliktpartner aus?

Wer fängt an?

Die Mediatoren fragen die Kontrahentinnen, wer mit der Schilderung ihrer Sichtweise beginnen möchte. In den meisten Fällen können sich die Kontrahenten zumindest bei dieser Frage schnell einigen. Manchmal ist es sinnvoll, mit der Person anzufangen, die nicht von sich aus auf die Idee der Mediation gekommen ist. Sonst wird ausgelost, wer beginnt (z. B. Münze werfen).

Sichtweisen nacheinander erzählen lassen

Die Konfliktpartnerinnen tragen nacheinander ihre Sichtweise des Konfliktes vor. Die Mediatoren unterstützen sie dabei, indem sie folgende Fähigkeiten einsetzen:

- **Wiederholen, Zusammenfassen, Nachfragen**

  Die Mediatoren wiederholen die wesentlichen Punkte und fassen das Gesagte zusammen. Sie fragen, ob das so richtig war: „Aus deiner Sicht war das also so … Stimmt das so?"

- **Auf Einhaltung der Gesprächsregeln achten**

  Besonders „neue" Mediatoren müssen üben, die Streitenden zu unterbrechen und zu ermahnen, wenn sie die Gesprächsregeln verletzen:

  „Kannst du noch einen Moment warten, bis du an der Reihe bist?"

  „Bitte keine Beschimpfungen!"

  „Wenn ihr euch weiter beschimpft, können wir in die Mediation nicht fortfahren. Wir können erst weitermachen, wenn ihr euch beruhigt habt!"

- **Bei Beschimpfungen: Streitende voneinander wegdrehen**

  Wenn die Konfliktpartnerinnen sehr wütend und aufgeregt sind, können Beschimpfungen vermieden werden, indem die Stühle der Konfliktpartner so gedreht werden, dass sie sich nicht direkt anschauen. Wenn das Gespräch ruhiger wird und beide sich wieder ohne Aggressionen in die Augen schauen können, drehen sie sich meistens von selbst wieder zueinander.

- **Gemeinsamkeiten und Unterschiede hervorheben**

  Die Interessen und Gefühle der Konfliktpartner werden zusammengefasst, so dass Gemeinsamkeiten und Unterschiede deutlich werden:

  „Ich habe verstanden, dass ihr beide …"

  „Ihr unterscheidet euch darin, dass …"

  „Euch geht es beiden um …"

Durchführung:

- Zuruf-Frage: „Welche Arten von sprachlichen Fouls kennt ihr?"
  Alle Antworten mitschreiben und eventuell ergänzen (z. B. erniedrigen: „Die da"; verletzen: „Du bist so was von blöd!"; zynisch sein: „Das hast du gaaaanz toll gemacht!"; reizen: „Heul doch!" usw.)
- Es gibt zwei Möglichkeiten, in der Mediation auf sprachliche Fouls zu reagieren: entweder die Stühle der Streitenden voneinander wegdrehen, bis sie sich wieder beruhigen, oder mit Worten verwarnen:
  1. An die Regeln erinnern (ruhig)
  2. Gelbe Karte zeigen: „Wir können nur weitermachen, wenn ihr euch nicht beschimpft. Das sind die Regeln. Wenn das jetzt nicht geht, müssen wir das Gespräch unterbrechen."
  3. Rote Karte zeigen: „Im Moment ist die Atmosphäre zu aufgeheizt. Glaubt ihr, dass ihr nach einer kurzen Pause ohne Beschimpfungen weitermachen könnt, oder sollen wir ganz aufhören? Wir machen dann ein anderes Mal weiter."
- Methoden üben.
  Vier Stühle werden vorne aufgebaut. Die Leiter spielen die zwei Streitenden. Die Jugendlichen kommen im Tandem nach vorn und reagieren auf die sprachlichen Fouls der Streitenden. Dabei versuchen sie, die Methoden möglichst angemessen und sparsam einzusetzen. Jedes Tandem versucht eine Methode, dann kommt die nächste Gruppe an die Reihe.
- *Variation:* Kleingruppen mit vier Personen bilden, Rollenspiel-Fälle verteilen und Mediationsgespräche simulieren lassen (siehe Abschnitt „Hinweise für die Durchführung der Mediations-Rollenspiele", S. 211).
- Die Streitpartnerinnen bekommen in dieser Übung zusätzlich eine „Geheimaufgabe". Sie sollen sich gegenseitig heftiger beschimpfen, als sie es in Wirklichkeit tun würden. Die Mediatoren haben vor allem die Aufgabe, diese Beschimpfungen zu unterbinden. Allerdings sollten diese Beschimpfungen aufhören, wenn die Mediatorinnen die Streitenden verbindlich dazu auffordern.

Material: vorbereitete Flipcharts
Zeit: ca. 45–60 Minuten

7. Einheit: Konflikterhellung – Gutes Zuhören

Während es in der 2. Phase „Sichtweisen klären" um die *Darstellung* der Sachverhalte ging, geht es in der 3. Phase der Mediation „Konflikterhellung" um die persönliche *Bewertung* der Sachverhalte durch die Streitpartnerinnen. In den nächsten drei Einheiten werden Methoden vorgestellt, mit denen die Konflikthintergründe bei den einzelnen Streitenden erhellt werden können: gutes Zuhören, Ich-Botschaften fördern und Gefühle spiegeln.

Position – Interessen – Hintergründe	Erklärung	Übungsinhalte der folgenden Einheiten
	Position Wenn die Streitpartner das Gefühl haben, dass ihnen wirklich jemand zuhört, brauchen sie ihre Position nicht mehr starr zu vertreten und können sich auf das, was die andere Personen sagt, besser einlassen.	**Gutes Zuhören**
	Interessen Wenn die Streitenden nicht von sich sprechen, sondern die andere Person beschuldigen, ist eine einvernehmliche Lösungssuche nicht möglich. Es ist Aufgabe der Mediatoren, die Streitenden dazu zu bewegen, von sich selbst und ihren Interessen zu sprechen.	**Ich-Botschaften fördern**
	Hintergründe Erst wenn die Streitenden das Gefühl haben, dass sie wirklich verstanden werden, dass auch ihre Gefühle ernst genommen werden, können sie sich auf die andere Person zubewegen und zu einer einvernehmlichen Lösung finden.	**Gefühle spiegeln**

1. Übung: Positionen – Interessen - Hintergründe

Methode: Rollenspiel-Demonstration mit anschließendem Kurzvortrag
Durchführung:
- Simulieren Sie zu zweit ein Streitgespräch (mit einer Kollegin oder einer eingeweihten Teilnehmerin), in dessen Verlauf Sie sich zunehmend Vorwürfe machen und gegenseitig angreifen (Du-Botschaften).
- Fragen Sie die Schüler anschließend nach den Positionen, die die Streitparteien vertreten haben, und schreiben Sie diese in Sprechblasen auf ein Plakat, das sie ähnlich wie die Abbildung auf Seite 188 gestaltet haben.
- In einem zweiten Rollenspiel sprechen Sie nun eher von Ihren inneren Beweggründen, Wünschen und Interessen (Ich-Botschaften).
- Fragen Sie die Teilnehmerinnen, welche Interessen und Wünsche sie jetzt von den Beteiligten verstanden haben, und tragen Sie die Vorschläge in die Bäuche auf dem Plakat ein.

- Anschließend können Sie mit der Gruppe z. B. darüber sprechen, worin der Unterschied zwischen Positionen, Interessen und Bedürfnissen liegt, warum Ich-Botschaften ungewohnt sind und welche Chancen und Gefahren sie bergen.

- Stellen Sie den Zusammenhang zwischen Positionen, Interessen und Bedürfnissen in einem Kurzvortrag dar und besprechen Sie die Inhalte mit den Schülern. Die Inhalte ähneln dem „Eisberg-Modell" (vgl. 2. Einheit), sind in diesem Modell allerdings differenzierter dargestellt und auf den Umgang mit Konflikten zugeschnitten.

Position Standpunkt, den ich durchsetzen will	Wird oft als allgemein gültig hingestellt, z. B. - „Das ist doch klar, dass ..." - „Alle sagen das ..."
Interessen Ziele, Absichten	- „Worum es mir dabei geht" - „Was ich erreichen möchte ..." - „Mir ist wichtig ..."
Bedürfnisse in Form von Wünschen, Gefühlen	- „Was ich (nicht) möchte, dass es passiert ..." - „Wie ich vor den anderen (nicht) dastehen möchte ..." - „Was ich im Streit manchmal selbst aus den Augen verliere ..."

Erläutern Sie den Schülern, dass die Übungsinhalte aufeinander aufbauen: Erst wenn ich richtig zuhöre, werden die Streitenden bereit sein, von sich selbst und ihren Interessen zu sprechen. Erst wenn die Streitenden von sich selbst sprechen, werden sie gewillt sein, auf ihre Gefühle einzugehen. Wenn die Gefühle, die mit einem Konflikt zusammenhängen, angesprochen werden, ist die Chance größer, dass eine Lösung gefunden wird, die beiden Streitpartner am Herzen liegt.

Die Schülerinnen finden sich zu zweit zusammen und bearbeiten das Arbeitsblatt „Positionen – Interessen – Hintergründe" (s. S. 189).

Material: vorbereitetes Plakat mit Sprechblasen, vorbereiteter Kurzvortrag, Arbeitsblätter „Positionen – Interessen – Hintergründe"
Zeit: 45 Minuten

Arbeitsblatt: „Positionen – Interessen – Hintergründe"

1. Stefanie und Klaus streiten sich um den gemeinsamen Computer. Stefanie möchte ein Referat abtippen, das sie morgen abgeben muss. Klaus möchte das neue Spiel ausprobieren, das er sich gerade gekauft hat.

Personen	Stefanie	Klaus
Position	Möchte an den Computer	Möchte an den Computer
Interesse		
Hintergrund-bedürfnis/Gefühl		

2. Eine alte Frau steigt in die Bahn ein. Alle Plätze sind besetzt. Sie würde sich gerne hinsetzen, weil ihr Bein weh tut. Auf einem Behindertenplatz sitzt ein Jugendlicher, der jedoch nicht aufsteht. Er kommt gerade aus der Schule und ist sehr müde.

Personen		
Position		
Interesse		
Hintergrund-bedürfnis/Gefühl		

3. Michael und Thomas sind zum Reinigungsdienst eingeteilt worden. Michael weigert sich, mit Thomas den Dienst zu übernehmen. Die letzten zwei Male, die sie gemeinsam den Reiningungsdienst hatten, ist Thomas einfach verschwunden und Michael musste alleine putzen. Als Thomas von der Weigerung erfährt, ist er sehr beleidigt.

Personen		
Position		
Interesse		
Hintergrund-bedürfnis/Gefühl		

Aus: Karakus 2000, Anhang S. 1

2. Übung: Gutes und schlechtes Zuhören demonstrieren

Methode: Demonstration
Durchführung:
- Kündigen Sie der Gruppe lediglich an, dass Sie gleich ein Rollenspiel vorführen werden, das die Gruppe gut beobachten soll.
- Dann fordern Sie eine Teilnehmerin auf, Ihnen ein Erlebnis aus der vergangenen Woche (vom letzten Urlaub, aus dem Heimatland) zu erzählen. Hören Sie schlecht zu (wegschauen, dazwischenreden, in der Tasche herumkramen usw.).
- Bitten Sie nun eine andere Teilnehmerin, etwas zu erzählen und hören Sie diesmal gut zu. (Sie sollten die zwei Teilnehmerinnen bereits am Anfang des Tages ansprechen und fragen, ob sie bei einer Übung mitmachen möchten.)
- Auswertung: Wie haben sich die Mitspieler von Ihnen behandelt gefühlt? Was haben die Zuschauerinnen beobachtet? Alle Antworten auf einem Plakat mitschreiben.

Material: Plakat
Zeit: ca. 20 Minuten
Quelle: nach Walker 1995, S. 84

3. Übung: Gutes Zuhören

Durch diese Übung sollen die Jugendlichen verstehen, dass gutes Zuhören eine wichtige Fähigkeit für Mediatoren ist. Ein kurzer Ausschnitt aus dem Kinderroman „Momo" von Michael Ende soll dabei helfen, die Schüler auf eine ruhige und offene Haltung einzustimmen. Deshalb ist es wichtig, sich für diese Übung Zeit zu nehmen.

Methode: Vorlesen in der Großgruppe, danach Kleingruppen
Durchführung:
- Textzitat aus „Momo" vorlesen und kurz besprechen
- Kurzvortrag: Worum geht es beim guten Zuhören?
- Schülerinnen finden sich zu dritt zusammen. Eine Person erzählt, eine Person ist Momo, d. h., hört zu, eine Person beobachtet. Die Beobachter achten auf die Zeit und machen sich Notizen, z. B.: Was dir gut gelungen ist ... oder Was du noch verbessern könntest ...
- Ein Thema vorgeben, z. B.:
  Als ich das letzte Mal einen Streit hatte ...
  Was ich mir wünschen würde, wenn ich eine gute Fee träfe ...
  Das Beste an Jungen/Mädchen ist ...
  Die „Momos" hören aktiv zu und dürfen allenfalls unterbrechen, wenn es zu viel wird.
- Wechsel der Rollen nach 5–10 Minuten für alle, z. B. durch Gong oder Glocke. Neues Thema vorgeben.
- Auswertung in der Großgruppe: Worin unterscheiden sich diese Gespräche von anderen Gesprächen?

Material: Arbeitsanweisung auf Flipchart, Textzitat aus Michael Ende, Momo, S. 15 f., Gong
Zeit: ca. 45 Minuten

8. Einheit: Konflikterhellung – Ich-Botschaften

In dieser Einheit wird die 3. Phase „Konflikterhellung" vertieft. Es werden Möglichkeiten gesammelt, wie man die Konfliktparteien dazu bewegen kann, von sich selbst zu sprechen anstatt andere anzugreifen. Die Jugendlichen lernen, zwischen „Ich-Botschaften" und „Du-Botschaften" zu unterscheiden, und üben, Ich-Botschaften zu fördern.

1. Übung: Offene und geschlossene Fragen unterscheiden

Methode: Kurzer Input mit anschließender Zuruf-Frage in der Großgruppe
Durchführung:

- Kurz erläutern: „Es gibt Fragen, die laden ein, mehr zu erzählen, und solche, die ein Gespräch schwierig machen. In der Mediation ist es wichtig, dass die Streitenden von ihrer Sichtweise erzählen, deswegen ist es wichtig, dass ihr ihnen Fragen stellt, die sie ausführlicher beantworten können. Es gibt geschlossene und offene Fragen. Geschlossene Fragen sind zum Beispiel: ‚Hast du heute nach der 5. Stunde Schluss, Goran?' oder: ‚Wie gerne magst du Käse, Lena?' Man kann sie mit Ja oder Nein oder einem kurzen Satz beantworten. Offene Fragen hingegen laden ein, mehr zu erzählen, z. B.: ‚Erzähl mal, was du gerne isst, Jens!' oder: ‚Was gefällt dir an dieser Ausbildung, Jana?' "
- Eine Person soll auf eine der folgenden Fragen antworten. Danach soll die Gruppe sagen, ob eine offene oder geschlossene Fragen gestellt worden ist. Beispiele: Wer hört gerne Sasha? Warum möchtest du Peer-Mediatorin werden? Was macht dein Vater/deine Mutter beruflich? Hast du Angst? Wie hat sich der Konflikt entwickelt? Findet dein Freund das auch? Was hält deine Mutter davon? Sollen wir mit dieser Übung weitermachen?

Material: Beispielfragen
Zeit: ca. 15 Minuten
Quelle: nach Hauk 2000, S. 108

2. Übung: Ich-Botschaften fördern

Methode: Brainstorming, Kurzvortrag und Gruppenarbeit
Durchführung:

- Schildern Sie folgendes Szenario: „Ihr macht eine Mediation und die Streitparteien vertreten starr ihre Positionen und beschuldigen sich gegenseitig. Was könntet ihr sagen und tun, um die Konfliktparteien dazu zu bewegen, von ihren Interessen und Wünschen zu sprechen?"
- Schreiben Sie alle Beiträge auf einem Plakat mit.

- Stellen Sie vor, was zu einer guten „Ich-Botschaft" (siehe Arbeitsblatt S. 193) gehört, und geben Sie ein persönliches Beispiel zur Veranschaulichung. Bearbeiten Sie weitere Beispiele gemeinsam, bis alle die Thematik verstanden haben.
- Die Schüler finden sich in Paaren zusammen. Aufgabe ist es, das Arbeitsblatt „Ich-Botschaften formulieren" zu bearbeiten. Auswertung in der Großgruppe.

Material: vorbereitetes Plakat, Beispielsituation für eine persönliche Ich-Botschaft überlegen, Arbeitsblätter „Ich-Botschaften formulieren", Stifte
Zeit: ca. 30 Minuten
Quelle: vgl. Cohen 1995
Tipp: Sammeln Sie die Vorschläge der Schülerinnen und Schüler und fertigen Sie daraus einen „Spickzettel", den Sie in der nächsten Sitzung verteilen.

3. Übung: Kompetenzen der Mediation im Rollenspiel

Am Ende dieser Einheit ist es sinnvoll, die bisher kennen gelernten Kompetenzen im Rahmen eines Mediations-Rollenspieles zu üben. Dabei sollte der Fokus auf der „Konflikterhellung" liegen. Bei der Auswertung sollte die Frage im Mittelpunkt stehen, inwieweit die Mediatoren das Gefühl haben, beide Seiten verstanden zu haben, und nicht, ob eine Lösung gefunden wurde.
Durchführung:
- Siehe Abschnitt „Hinweise für die Durchführung der Mediations-Rollenspiele" (S. 211)
- Fallempfehlung: Fall 3 (s. S. 215)
Zeit: mit Einweisung, Gruppenaufteilung und Auswertung ca. 45 Minuten

9. Einheit: Konflikterhellung – Gefühle erkennen und benennen

In dieser Einheit wird die 3. Phase „Konflikterhellung" abgeschlossen. Zusätzlich zu den bereits erlernten Gesprächstechniken üben die Schülerinnen, auch auf die Gefühle der Konfliktpartner einzugehen. Besonders jüngeren Schülern fällt es schwer, Gefühle differenziert wahrzunehmen und auszudrücken. Es besteht dann die Gefahr, dass wichtige persönliche Beweggründe in der Mediation ignoriert oder „unter den Teppich gekehrt" werden. Gerade in Konflikten spielen Gefühle aber eine zentrale Rolle. Erst wenn die Streitpartnerinnen das Gefühl haben, dass ihnen für ihre Sichtweise echtes Verständnis entgegengebracht wurde, sind sie bereit, die Sicht und Interessen der anderen Person an sich herankommen zu lassen.

Arbeitsblatt „Ich-Botschaften formulieren"

Eine Ich-Botschaft enthält folgende Informationen:

„Wenn du ...

(Verhalten des anderen benennen)

fühle ich mich ...

(eigenes Gefühl benennen)

weil ich dann ...“

(Auswirkungen des Verhaltens auf mich)

Formuliere Ich-Aussagen zu folgenden Situationen:

1) Jemand leiht sich dein Fahrrad und bringt es mit einem Platten zurück.

Wenn du _____

fühle ich mich _____

weil ich dann _____

2) Du vertraust jemandem ein Geheimnis an und erfährst, dass er/sie es weitererzählt hat.

Wenn du _____

fühle ich mich _____

weil ich dann _____

3) Deine Freundin/Dein Freund hat dir versprochen, dir bei der Vorbereitung für die nächste Mathearbeit zu helfen. Jetzt sagt er/sie kurzfristig ab.

Wenn du _____

fühle ich mich _____

weil ich dann _____

1. Übung: Verbale und nonverbale Signale erkennen

Methode: Brainstorming
Durchführung:

■ Geben Sie eine kurze Einführung zum Thema Gefühle: „Die Leute kommen in die Mediation, weil sie ihren Konflikt alleine im Moment nicht besprechen und klären können. Sie sind so wütend oder verletzt, dass sie Unterstützung brauchen, mit diesen gemischten Gefühlen umzugehen. Aufgabe der Peer-Mediatoren ist es, die Gefühle der Streitenden zu verstehen und ernst zu nehmen."

■ Auf einem Plakat werden verbale und nonverbale Signale gesammelt, an denen man die Gefühle einer Person erkennen kann.

Material: Plakat, Stifte
Zeit: ca. 15 Minuten

2. Übung: Gefühle erkennen und benennen

Methode: Vorbereitung in Kleingruppen, Pantomime-Spiele in der Großgruppe
Durchführung:

■ In Kleingruppen sammeln die Schülerinnen alle Gefühle, die ihnen einfallen, und schreiben jedes Gefühl groß auf eine Karte.

■ Nach der Kleingruppenarbeit lesen die Schülerinnen ihre Ergebnisse vor.

■ Die Karten können dabei nach Ähnlichkeit auf dem Fußboden sortiert werden.

■ In einer Pause suchen Sie sich einige Karten heraus (2–3 für jede Kleingruppe) und verteilen sie an die Kleingruppen.

■ Die Kleingruppen überlegen, wie sie die Gefühle pantomimisch darstellen können (Bedingungen: Alle Kleingruppen-Mitglieder sollen mitspielen und keine Worte oder Laute benutzen!).

■ Eine Gruppe beginnt, die anderen raten, um welches Gefühl es sich handelt.

Material: Karten, dicke Stifte
Zeit: ca. 45 Minuten
Quelle: nach Walker 1995, S. 91

3. Übung: Sich in andere hineinversetzen und Gefühle ausdrücken (Spiegeln)

In dieser Übung können die bisher kennen gelernten Kompetenzen für ein gutes Zuhören (Zusammenfassen, gutes Zuhören) vertieft werden. Im Mittelpunkt stehen dabei die Gefühle der Personen. Sie sollen erkannt und in einer Form angesprochen werden, die von den Streitenden akzeptiert werden kann.
Methode: Brainstorming, Kurzvortrag und Übung zu zweit
Durchführung:

■ Die Frage „Was geht in jemandem vor, der (zum ersten Mal) zu euch in eine Mediation kommt?" auf ein Plakat schreiben und alle Antworten mitschreiben.

- Wie beim Zusammenfassen und beim guten Zuhören geht es beim Spiegeln darum, etwas mit eigenen Worten wiederzugeben, das den Streitenden wichtig ist. Wie ein Spiegel das Licht reflektiert, geben die Mediatoren das wieder, was sie von den Personen verstanden haben. Beim Spiegeln geht es dabei vor allem um die Gefühle der Streitenden.
- Hilfreiche Satzanfänge:
  „Wenn ich dich richtig verstanden habe, geht es dir ... Stimmt das?"
  „Könnte es sein, dass du ...?"
  „Ich habe den Eindruck, du bist traurig (sauer, gekränkt usw.), weil ... Stimmt das?"
  „Im Moment wirkst du auf mich sehr traurig (sauer, gekränkt usw.). Stimmt das?"
- Die Schülerinnen finden sich zu zweit zusammen. Person A schildert ein kleines Problem. Wie in der „Momo-Übung" gibt Person B mit eigenen Worten wieder, was A gesagt hat. Diesmal geht es darum, die Gefühle der anderen Person herauszufinden. Dazu kann B die vorgestellten Satzanfänge verwenden. Am Ende fragt B nach, ob A sich richtig verstanden gefühlt hat. Wenn nicht, erzählt A noch einmal und B spiegelt wieder. Wenn A sich verstanden fühlt, kann A weitersprechen. Nach 10 Minuten werden die Rollen gewechselt.
- Auswertung der Paar-Übung. Was war schwierig für die Zuhörer? Was hat gut geklappt?

Material: vorbereitetes Flipchart „Gefühle spiegeln"
Zeit: ca. 30 Minuten
Quelle: Hauk 2000, S. 75

10. Einheit: Lösungsideen sammeln

In dieser Einheit lernen die Schülerinnen und Schüler, eine tragfähige Lösung des Konfliktes vorzubereiten. Zunächst soll die gemeinsame Suche nach Lösungsideen in Form eines Brainstormings angeleitet werden. Die gesammelten Lösungsideen werden mit Hilfe einer „Checkliste für eine gute Lösung" überprüft.

1. Übung zur Einleitung

Methode: Kurzvortrag
Durchführung: Erläutern Sie Folgendes: Die Phase der Lösungssuche wird erst dann eingeleitet, wenn sich die Gesprächsatmosphäre deutlich entspannt hat, die Konfliktpartner einander wieder ohne Aggressionen in die Augen schauen können und bereit sind, wieder in Ruhe miteinander zu sprechen. Die Zeit ist dann reif für eine gemeinsame Sammlung von Lösungsideen. Es ist hilfreich, wenn die Mediatoren dem Lösungsdruck der Konfliktpartner in

(weiter auf S. 196 unten)

Arbeitsblatt „3. Konflikterhellung:
Die persönliche Bedeutung des Konfliktes verstehen"

„Was bedeutet das Ganze für dich?"
Die Mediatoren leiten die Konflikterhellung mit der Frage nach den persönlichen Hintergründen und Interessen ein.

Auf Gefühle und Interessen konzentrieren
Die Mediatorinnen versuchen zu erreichen, dass sich die Kontrahenten auf ihre Interessen und Gefühle konzentrieren. Dabei verwenden sie offene Fragen, wie:
„Was hast du gedacht/wie hast du dich gefühlt, als du ...?"
„Was ist dir wichtig?"
„Was möchtest du erreichen?"

Ich-Botschaften fördern
Die Kontrahenten können ihre eigenen Anteile am Konflikt besser erkennen, wenn sie von sich selbst sprechen, anstatt andere zu beschimpfen:
„Kannst du sagen, was du zum Konflikt beigetragen hast?"
„Wenn es nur nach dir ginge, was würdest du dann machen?"

Augenblickliche Stimmung ausdrücken
Manchmal kommt das Gespräch ins Stocken, weil die Gesprächspartner nichts mehr sagen. Dann hilft es manchmal, wenn die Mediatorinnen nach der augenblicklichen Befindlichkeit oder Stimmung der Streitenden fragen:
„Wir kommen vielleicht ein Stück weiter, wenn ihr sagen könnt, wie es euch jetzt im Augenblick geht."

Direkte Kommunikation zwischen den Konfliktpartnern herstellen
Wenn die Streitpartnerinnen sich wieder ohne Aggressionen begegnen und mehr von sich selbst erzählen, können die Mediatoren den Dialog zwischen beiden fördern:
„Sag ihr das mal direkt!"
„Wie reagierst du darauf? Sag ihr mal, wie du das findest!"
„Sag ihr mal direkt, was du von ihr verstanden hast!"

dieser Phase widerstehen und nicht die erstbeste Lösung annehmen. Lösungsideen in Konflikten zu sammeln ist vergleichbar mit der Pilzsuche im Wald: Man findet sie nur schwer; wo einer ist, sind auch andere und man weiß nicht genau, welche genießbar und welche gefährlich sind. Am besten ist, erst einmal alle einzusammeln und später zu prüfen, welche sich tatsächlich eignen!
Material: vorbereitetes Flipchart
Zeit: ca. 5 Minuten

2. Übung: Was ist Brainstorming?

Methode: Brainstorming in der Großgruppe
Durchführung:
- Ein Brainstorming zu der Fragestellung „Was wisst ihr über Brainstorming?" mit den Jugendlichen durchführen.
- Anschließend erläutern Sie die Regeln des Brainstormings nach folgendem Schema:
Brainstorming: Was ist dabei zu beachten?
 – Fragestellung für alle lesbar anschreiben!
 – „Die Ampel ist grün" – Alles ist erlaubt!
 – Alle können etwas sagen, bunt durcheinander!
 – Spontan, so viele Ideen wie möglich!
 – Mediatoren schreiben jeden Vorschlag auf!
 – Keine Idee wird kommentiert oder bewertet!
 – Bei zähem Ideenfluss zu noch mehr Vorschlägen motivieren!
Material: ein leeres Plakat für das Brainstorming, ein vorbereitetes Flipchart mit den Brainstorming-Regeln
Zeit: 10 Minuten

3. Übung: Brainstorming anleiten

Methode: Kleingruppen
Durchführung:
- Bereiten Sie Zettel vor, auf denen jeweils ein Brainstorming-Thema steht.
- Bilden Sie Kleingruppen mit drei bis vier Personen.
- Jede Kleingruppe erhält verdeckt verschiedene Brainstorming-Themen (für jedes Mitglied eins).
- Die Gruppen verlosen die Themen und einigen sich, wer anfängt.
- Reihum leitet nun jede(r) ein Brainstorming an (ca. 5–10 Minuten).
Beispiel-Themen:
Was muss alles organisiert werden, damit das nächste Klassenfest unvergesslich wird?
Was kannst du tun, wenn du verliebt bist, um die Aufmerksamkeit desjenigen/derjenigen auf dich zu lenken?
Was können Streitpartner tun, um sich in Zukunft aus dem Wege zu gehen, damit sie nicht aneinander geraten?
- Auswertung: Was war schwierig?
Material: Papier, Stifte, vorbereitete Themen auf Karten
Zeit: ca. 30 Minuten

4. Übung: Lösungs-Check

Nachdem in der Mediation möglichst viele Lösungsideen gesammelt worden sind, bereiten die Mediatorinnen eine Einigung vor. Dafür lesen sie noch einmal alle Ideen vor und fragen die Beteiligten, welche Vorschläge sie am besten finden, wo sie Bewegungsspielraum für ihre eigene Position sehen und worauf sie sich einigen können. Diese Vorschläge werden eingekreist oder neu formuliert. Auf diese Weise stehen am Ende eine Reihe von Vorschlägen, aus denen in der nächsten Phase eine Einigung formuliert werden kann. Diese Übung dient dem Kennenlernen und Üben dieser Schritte.

Methode: Brainstorming, Übung in der Großgruppe, Kurzvortrag

Durchführung:

- Brainstorming in der Großgruppe: „Woran erkennt man eine gute Lösung?" Alle Vorschläge mitschreiben.
- Gute und schlechte Lösungsvorschläge an einem Beispielfall bearbeiten: Der Raum wird in der Mitte durch einen Schal oder Kreppband geteilt. In der einen Hälfte liegen Kärtchen mit der Aufschrift „gute Lösung", in der anderen mit „schlechte Lösung". Zwei Freiwillige bekommen Karten mit den Rollenanweisungen und lesen sie vor. Die Leiterin liest die Lösungsvorschläge vor und die Schülerinnen und Schüler stellen sich in die Hälfte, die ihrer Meinung nach richtig ist.
- Verteilen Sie das Arbeitsblatt mit dem Beispielfall:

Arbeitsblatt „Beispielfall"

Annika

Wir haben gemeinsam an einem Aufsatz gearbeitet und Ines hat sich ein Buch von mir ausgeliehen und es nie zurückgegeben. Deshalb wurde die Leihfrist in der Bücherei überschritten. Bestimmt hat Ines das Buch irgendwo unter ihrem ganzen Krempel verschüttet. Meine Eltern haben gesagt, wenn ich das Buch nicht finde, muss ich es bezahlen.

Ines

Annika sagt, ich habe das Buch aus der Bücherei verloren. Aber ich bin mir sicher, dass ich es ihr zurückgegeben habe, bevor die Leihfrist ablief. Ich habe das Gefühl, als wollte sie mir nur die Schuld zuschieben. Ich vergesse zwar manchmal Sachen, aber diesmal war ich es bestimmt nicht! Auf jeden Fall habe ich nicht genug Geld, um es zu bezahlen. Außerdem haben wir doch die ganze Zeit zusammen gearbeitet. Vielleicht fällt Annika ja ein, wo es sein könnte.

- Das weitere Vorgehen erläutern: „Ihr führt mit Annika und Ines eine Mediation durch. Bei der Lösungssuche habt ihr die folgenden Ideen gesammelt. Im nächsten Schritt geht ihr die Lösungen durch und bewertet sie danach, ob sie brauchbar für eine Einigung sind."

Lösungsvorschläge:
- Ines bezahlt das Buch, weil sie es verloren hat
- Beide warten erst einmal ab, vielleicht taucht es ja noch auf.
- Beide fragen ihre Mütter, ob sie zur Bibliothek gehen und den Mitarbeitern sagen, dass das Buch gestohlen ist.
- Beide gehen zur Bibliothek und fragen dort nach dem Buch.
- Annika muss das Buch bezahlen, weil es auf ihren Leseausweis gebucht ist.
- Beide durchsuchen gemeinsam beide Zimmer.
- Beide teilen sich die Kosten, wenn sie das Buch nicht mehr finden.
- Die „Checkliste für eine gute Lösung" vorstellen.
- Die Checkliste anhand des Beispielfalls durchgehen.
- Die Entscheidung für eine konkrete Lösung liegt bei den Streitparteien.

Material: Beispielfall, vorbereitete Kärtchen, Arbeitsblatt „Checkliste für eine gute Lösung"

Zeit: ca. 30 Minuten

Checkliste für eine gute Lösung

Ist die Lösungsidee ...

- **fair?**
  Beide Konfliktparteien übernehmen einen vergleichbaren Anteil an der Lösung; keine Seite wird benachteiligt.
- **eine Lösung?**
  Das Problem wird wirklich gelöst und nicht nur auf später verschoben.
- **angemessen?**
  Die Lösung bringt keine zusätzlichen Probleme mit sich (z. B. zu teuer; jemand anderes wird benachteiligt; zu aufwändig).
- **realistisch?**
  Die Konfliktparteien sind in der Lage, aus eigener Kraft die Lösung durchzuführen.
- **konkret?**
  Jeder weiß, was sie/er bis wann zu tun hat.

5. Übung: Das Arbeitsblatt für die 4. Phase „Lösungsideen sammeln" vorstellen

Durchführung: Das folgende Arbeitsblatt verteilen und gemeinsam durchsprechen.

Arbeitsblatt „4. Gemeinsam nach Lösungen suchen: Wer bietet etwas an?"

Lösungsmöglichkeiten überlegen und aufschreiben
Die Mediatorinnen leiten ein Brainstorming an, bei dem die Konfliktpartner versuchen, Lösungsideen zu finden. Alle Lösungsvorschläge werden aufgeschrieben. Hilfreiche Fragestellungen:

- „Was könnt ihr tun, um das Problem zu lösen?"
- „Was wärst du bereit zu tun?"
- „Was wünschst du dir vom anderen?"

Wenn keine Ideen kommen, können die Konfliktpartner auch einzeln Lösungsideen aufschreiben.

Vorschläge vorlesen und zuhören
Alle Lösungsmöglichkeiten werden vorgelesen und angehört. Kommentare werden nicht zugelassen.

Lösungs-Check
- Entsprechen die Lösungsvorschläge den „Regeln für eine gute Lösung"?
- Sind die Vorschläge: fair, realistisch, angemessen, konkret?
- Wird das Problem dadurch gelöst?
- Welchen Vorschlag findet ihr am besten, oder kann es eine Kombination von Lösungsvorschlägen geben?
- Sich auf eine gemeinsame Lösung verständigen
- Es werden mündlich die möglichen Vereinbarungen genannt und es wird geprüft, ob die Konfliktpartnerinnen diesen Lösungsvorschlägen zustimmen können.

Erst wenn sich die Konfliktpartner wirklich einig sind, geht es in die 5. Phase!

Zeit: ca. 10 Minuten

6. Übung: Wie kann ich die Konfliktpartner unterstützen, damit sie zu einer Einigung kommen?

Nicht immer sind die Konfliktparteien in der Lage, gemeinsam nach konstruktiven Lösungen zu suchen. Aufgabe der Mediatoren ist es in diesem Fall, den Streitenden weitere Hilfestellungen anzubieten, ohne sie zu drängen. Wichtig ist, dass das Prinzip der Freiwilligkeit auch und gerade in schwierigen Situationen aufrecht erhalten wird.

Methode: Kurzvortrag

Durchführung: Vermitteln Sie folgende Punkte:

- **Sich nicht verantwortlich fühlen, die Probleme anderer zu lösen**

  „Es liegt in der Verantwortung der Parteien, eine Lösung für ihren Konflikt zu finden. Ihr müsst euch nicht verpflichtet fühlen, eine Lösung für andere zu finden. Ihr könnt versuchen, sie bei der Klärung ihres Konfliktes zu unterstützen. Es ist ihre eigene Entscheidung, ob sie sich annähern oder nicht."

- **Zurück in die 3. Phase**

  Unvereinbarkeit kann ein Indiz dafür sein, dass in der vorherigen Phase die Hintergründe des Konfliktes nicht ausreichend erhellt worden sind und die Konfliktparteien sich nicht genügend verstanden fühlen. Dann muss eventuell noch einmal nachverhandelt werden.

- **Getrennt nach Lösungen suchen**

  Wenn es den Konfliktparteien schwer fällt, gemeinsam Lösungen zu finden, können sie auch getrennt, eventuell mit jeweils einer Mediatorin an der Seite, nach Lösungsideen suchen.

  Fragestellung „Was könntest du selbst zu einer Lösung beitragen und welche Wünsche hast du an die andere Seite?" Ideen auf Kärtchen schreiben.

- **Nicht durchführbare Ideen streichen**

  Wenn die Konfliktparteien Schwierigkeiten bei der Auswahl der Ideen haben, können zunächst im Ausschlussverfahren alle Ideen gestrichen werden, mit denen eine Partei gar nicht leben kann.

- **Ideen verhandeln**

  Außerdem können Ideen „verhandelt" werden: Die Parteien machen Vorschläge, wie die Ideen verändert/ergänzt werden könnten, damit sie ihnen zustimmen können.

- **Mediatoren machen selbst Vorschläge**

  Eventuell können auch die Mediatoren durch eigene Vorschläge dazu beitragen, Bewegung in starre Positionen zu bringen. Allerdings nur als Anregung, wenn die Parteien keine Ideen haben. Wichtig ist, dass die Streitenden das Gefühl behalten, aus eigenem Antrieb eine Lösung gefunden zu haben. Man kann auch Quatschvorschläge machen, z. B.: „Wenn ihr euch begegnet, guckt ihr immer an die Decke."

- **Lösung: Sich aus dem Weg gehen**

  Die Mediatorinnen sollten auch „Sich aus dem Weg gehen" als eine mögliche Konfliktlösung in Betracht ziehen und sich nicht unter den Druck setzen, jeden Konflikt in harmonischer Eintracht lösen zu können und zu müssen. Ihre Aufgabe besteht in solch einem Fall darin, mit den Konfliktparteien Möglichkeiten der „Entflechtung" zu suchen, z. B. in einem neuen Brainstorming: „Wie können wir uns in Zukunft aus dem Weg gehen, so dass wir nicht aneinander geraten?" oder „Was machen wir, wenn wir uns trotzdem begegnen?"

- **Provokante Vorschläge machen**

Zeit: 20 Minuten

11. Einheit: Vereinbarungen treffen

Am Ende des Mediationsgespräches wird der bisherige Prozess in einer einvernehmlichen Vereinbarung festgehalten. Die Mediatoren lernen in dieser Einheit, den Abschluss der Mediation ruhig und verbindlich zu gestalten. Die Schülerinnen üben, die gefundene Einigung in einem Einigungsvertrag zu formulieren und die Konfliktpartner zu einem weiteren Treffen einzuladen. Die verbleibende Zeit kann dazu genutzt werden, den Gesamtablauf der Mediation in Kleingruppen zu üben, wie es in der 12. und 13. Einheit ausführlich geschieht.

1. Übung: Die fünfte Phase „Einigung und Abschluss" vorstellen

Die in der vorigen Phase gesammelten Lösungsvorschläge werden in der 5. Phase „Einigung und Abschluss" auf ihre Brauchbarkeit hin überprüft. Gemeinsam mit den Konfliktpartnern wird eine Einigung formuliert und auf dem Einigungsformular festgehalten. Die Einigung wird von allen Beteiligten und den Peer-Mediatoren unterschrieben. Damit ist das Mediationsgespräch beendet. Die Mediatoren danken den Kontrahenten für ihr Vertrauen und ihre Geduld und laden sie ein, in ca. einer Woche zu einem Überprüfungstermin wiederzukommen.

Durchführung: Das Arbeitsblatt „5. Einigung und Abschluss" wird verteilt und gemeinsam besprochen.
Zeit: 10 Minuten
Material: Arbeitsblatt „5. Einigung und Abschluss"

2. Übung: Eine Einigung formulieren

Methode: Kleingruppenarbeit
Durchführung:
- Dreiergruppen bilden
- Arbeitsblatt „5. Einigung und Abschluss" und „Vertrag" austeilen
- In den Kleingruppen formulieren die Schülerinnen gemeinsam eine Vereinbarung aus den Lösungsideen der letzten Rollenspiele.
- Die Ergebnisse werden anschließend in der Großgruppe ausgetauscht und besprochen.

Material: Arbeitsblatt „5. Einigung und Abschluss", „Vertrag", Rollenanweisungen
Zeit: ca. 20 Minuten
Quelle: nach Faller/Kerntke/Wackmann 1996, S. 145

3. Übung: Mediation durchspielen

Mit dieser Übung wird bereits die nächste Einheit „Mediation von A bis Z" eingeleitet. Ziel ist es, dass jede Schülerin und jeder Schüler in dieser oder der nächsten Einheit einmal die Rolle der Mediatorin oder des Mediators in einem längeren Rollenspiel üben.

Methode: Rollenspiele im Plenum oder in Kleingruppen
Durchführung: siehe 12. Einheit und Abschnitt „Hinweise für die Durchführung der Mediations-Rollenspiele" (S. 211)
Zeit: ca. 45 Minuten

Arbeitsblatt „5. Einigung und Abschluss"

Einigung schriftlich festhalten
Die Vereinbarung wird aufgeschrieben. Sie muss genau formuliert sein: Wer tut was wo bis wann?

Vereinbarung unterschreiben lassen und jedem eine Kopie aushändigen
Ist die Vereinbarung formuliert, wird sie den Konfliktpartnern vorgelesen. Wenn alle Einzelheiten angenommen wurden, fragen die Mediatoren, ob die Vereinbarung insgesamt okay ist oder ob noch Fragen offen sind, Ergänzungen oder Veränderungen gewünscht werden.
Es werden Kopien angefertigt und an die Konfliktbeteiligten ausgehändigt. Das Original wird im Mediatorenordner abgeheftet.

Sich für die Mitarbeit bedanken
Die Mediatorinnen bedanken sich für die Mitarbeit bei diesem Konfliktgespräch und können sagen, wie es für sie gewesen ist:
„Vielen Dank für eure Mitarbeit, ich glaube, ihr seid jetzt einen Schritt weitergekommen."
„Für mich war das ein interessantes (schwieriges, trauriges, lustiges, nettes) Gespräch."

Ein weiteres Treffen in etwa einer Woche vereinbaren
Die Mediatorinnen bieten den Konfliktpartnern ein weiteres Treffen an:
„Lasst uns einen Termin am Montag in einer Woche abmachen, um zu sehen, ob ihr eure Vereinbarung eingehalten habt."

Sich verabschieden

Vertrag

Konfliktpartei A: **Konfliktpartei B:**

_____   _____

_____   _____

Mediatoren:

_____   _____

Worum ging es?

- Meinungsverschiedenheit
- Wegnehmen einer Sache
- körperlicher Angriff
- Beschädigung einer Sache

- Ausgrenzung
- Beleidigung
- Verletzen einer Regel
- _____

Wir haben am _____ an einer Mediation teilgenommen und uns freiwillig auf Folgendes geeinigt:

_____

_____

_____

_____

_____

Wir nehmen die Vereinbarung an.

_____   _____
(Konfliktpartei A)   (Konfliktpartei B)

_____   _____
(Mediator/in)   (Mediator/in)

12. und 13. Einheit: Mediation von A bis Z

Nachdem die Schülerinnen in den vorangegangenen Sitzungen den Ablauf der Mediation sowie alle nötigen Kompetenzen kennen gelernt und geübt haben, sollen diese beiden Einheiten dazu genutzt werden, alle Einzelschritte miteinander zu verbinden. Alle Schülerinnen und Schüler sollen im Laufe der Ausbildung eine ganze Mediation durchführen. Dazu üben sie den Ablauf zunächst in Kleingruppen. Danach wird ein Mediationsrollenspiel in der Großgruppe durchgeführt und ausgewertet.

1. Übung: Den Gesamtablauf der Mediation in Rollenspielen üben

Methode: Kleingruppen, Auswertung in der Großgruppe
Durchführung:
- Die Schüler finden sich zu fünft zusammen. Zwei sind die Mediatoren, zwei die Konfliktpartner und eine die Beobachterin.
- Die Mediatoren sprechen sich ab, wer was in welcher Phase übernimmt; die Streitenden lesen ihre Rollenanweisungen.
- Dann wird die Mediation durchgeführt.
- Rollenspiele in der Großgruppe auswerten: Was lief gut, was war schwierig für die Mediatoren? Was hätten sie anders machen können?

Material: Rollenanweisungen (Fallempfehlung: Fall 7 oder Fall 8 [s. S. 217 ff.]), „Checkliste" für Beobachterinnen, Arbeitsanweisung auf Flipchart
Dauer: ca. 60–90 Minuten

2. Übung: Mediation im Plenum durchspielen

Methode: Rollenspiel in der Großgruppe
Durchführung:
- Neben Mediations-Rollenspielen in Kleingruppen sollte spätestens in der 13. Einheit auch einmal ein Mediationsgespräch in der gesamten Gruppe vorgespielt werden. Die zukünftigen Mediatorinnen und Mediatoren können sich auf diese Weise noch einmal vergegenwärtigen, worauf es in der Mediation ankommt. Vier Schülerinnen und Schüler simulieren eine Mediation, die anderen beobachten. Die Beobachter schreiben auf Karten, was sie in welcher Phase gut fanden (grüne Karten) und welche zusätzlichen Ideen (orangefarbene Karten) ihnen für eine bestimmte Szene einfallen.
- Auswertung: Die Rollenspielerinnen bleiben auf der Bühne sitzen. Auf einer Plakatwand werden die Karten mit den gelungenen Aktionen der Mediatoren (grün) und den Ergänzungsideen der Beobachterinnen (orange) gesammelt. Die Beobachter nehmen den Platz der Mediatorinnen ein und probieren ihre Ideen auf der Bühne aus. Danach tragen die nächsten Beobachter ihre Karten vor und probieren sie aus. Wichtig ist, dass zunächst positive Rückmeldungen gegeben werden, um eine kooperative Arbeitsatmosphäre

zu wahren und die Mediatorinnen nicht in eine Rechtfertigungshaltung zu drängen.

- Offene Fragen sammeln. Möglicherweise treten bereits in dieser Einheit allgemeine Fragen zur Mediation auf, die in dem zeitlichen Rahmen nicht ausreichend beantwortet werden können. Diese offenen Fragen werden auf Karten geschrieben, die in der folgenden Einheit gemeinsam mit anderen Fragestellungen bearbeitet werden.

Material: Arbeitsanweisung auf Flipchart, Rollenspielanweisungen (Fall 6, S. 216), „Checkliste für Beobachter", Karten
Zeit: ca. 45 Minuten

14. Einheit: Kritische Situationen und Abschluss

Nachdem die Jugendlichen den Ablauf und die grundlegenden Fähigkeiten der Mediation in den vorangegangen Einheiten kennen gelernt und geübt haben, werden zum Abschluss des Trainings die Schwierigkeiten und offenen Fragen der Schülerinnen bearbeitet. Dabei geht es weniger darum, den Schülern detaillierte Informationen als vielmehr das Gefühl zu vermitteln, mit unterschiedlichen Situationen in der Mediation fertig zu werden. Eine gemeinsame Seminarauswertung schließt das Mediationstraining ab.

Je nach Intensität kann diese Einheit den üblichen Zeitrahmen von 100 Minuten überschreiten.

1. Übung: Schwierige Situationen in der Mediation

Methode: Brainstorming und Kurzvortrag, „Actstorming" (siehe Hinweise zur Durchführung eines übenden Rollenspiels, S. 211)
Durchführung:

- Schwierige Situationen im Brainstorming sammeln: „Stellt euch vor, nächsten Montag ist eure erste Mediationssitzung. Es kommen zwei Streithähne aus der 7. Klasse. Welche schwierigen Situationen könnt ihr euch vorstellen?"
- Die gesammelten „schwierigen Situationen" gemeinsam gewichten und eine Reihenfolge für die Bearbeitung festlegen.

„Actstorming" durchführen:
Zwei Jugendliche spielen schwierige Streitende, die sich z. B. anschweigen, sich beschimpfen, den Engel und den Teufel spielen usw. Zwei Mediatoren sprechen sich kurz ab und probieren eine Intervention in der Situation aus. Danach kommen die nächsten Mediatorinnen im Tandem an die Reihe und probieren spontan eine weitere Intervention aus. Alle kommen einmal an die Reihe. Die Leiterinnen schreiben alle Interventionen auf jeweils eine Karte. Für die Auswertung werden die Karten auf einer weiteren Plakat-

wand aufgehängt. Die Schüler bekommen Klebepunkte und kleben sie, ohne sich abzusprechen, auf die Intervention, die sie sich selbst vorstellen können anzuwenden. Danach werden die Interventionen besprochen.

Mögliche Fragestellungen:

„Wie habt ihr euch in der Situation gefühlt?"

„Wenn euch das in einer richtigen Situation passiert, glaubt ihr, ihr könnt damit umgehen?"

„Warum gefällt euch welche Intervention am besten?"

- Zum Abschlus dieser Einheit das Arbeitsblatt „Umgang mit schwierigen Situationen" verteilen (ggf. ergänzen) und besprechen.

Material: zwei Plakatwände, vorbereitetes Plakat, Moderationskarten und Stifte, Arbeitsblatt „Umgang mit schwierigen Situationen", Klebepunkte

Zeit: 60–90 Minuten

Quelle: vgl. Hauk 2000, S. 133 ff. und Jefferys/Noack 1995, S. 147 f.

Arbeitsblatt „Umgang mit schwierigen Situationen"

Die Streitenden beschimpfen sich ständig.

Niemand kann gezwungen werden, an der Mediation teilzunehmen. Wer an der Mediation teilnimmt, muss sich allerdings an die Regeln halten. Eine Mediation kann nur funktionieren, wenn die Regeln eingehalten werden. Wenn die Streitenden sich ständig beschimpfen, einander nicht zuhören und ins Wort fallen, verstoßen sie gegen die Regeln.

Mögliche Reaktionen:

- Ruhe in das Gespräch bringen. Mit einer Handbewegung oder einem kurzen Satz wie „Moment, du bist gleich dran" langsam eingreifen. Nicht gleich verwarnen.
- Die Streitenden bitten, ihre Stühle voneinander wegzudrehen.
- An die Regeln erinnern und fragen, ob die Streitenden freiwillig in der Mediation sind.
- Gelbe Karte (Verwarnung)
- Die Mediation unterbrechen und getrennte Gespräche führen.
- Rote Karte (Mediation abbrechen)

Ein Teilnehmer oder eine Teilnehmerin beginnt zu weinen.

In der Mediation darf geweint werden. Weinen ist völlig normal. In der Mediation dürfen Gefühle gezeigt werden. Nicht nur Wut und Aggression, sondern auch Verletztheit, Angst und Trauer.

Mögliche Reaktionen:

- Gefühle ansprechen und anerkennen: „Du weinst. Das ist hier völlig okay!"
- Überprüfen: „Wie traurig bist du? Sollen wir eine kurze Pause machen?"
- Taschentücher anbieten.

Du merkst, dass du nicht mehr neutral bleiben kannst.
Am besten ist es, wenn man als Mediator oder Mediatorin keine Fälle übernimmt, wenn Freunde oder Bekannte beteiligt sind. Trotzdem kann es
manchmal sein, dass man die eine Person besser verstehen kann und die
andere überhaupt nicht leiden kann. Um beiden Streitenden bei der Klärung ihres Konfliktes zu helfen, muss man als Mediator professionell und
neutral bleiben.
Mögliche Reaktionen:
- Versuchen, auch die andere Person zu verstehen.
- Wenn du es nicht schaffst, sei einfach still und lass deinen Partner weitermachen.
- Die Schwierigkeiten in der Nachbesprechung mit den Betreuerinnen
bearbeiten.
Die Streitparteien schweigen die meiste Zeit.
Einige Schüler sind still oder schüchtern. Einige sind auch einfach nicht
gewohnt über persönliche Angelegenheiten zu sprechen. Das ist auch okay
so.
Mögliche Reaktionen:
- Nicht drängeln, sondern beruhigen: „Lass dir Zeit."
- Genaue Fragen stellen, z. B.: „Was ist dir noch wichtig?", „Möchtest du
noch etwas sagen?"
- In Einzelgesprächen herausfinden, warum die Person nicht spricht. Mit
ihr nach Möglichkeiten suchen, die ihr die Mediation erleichtern.
Bei Gewalttätigkeiten während der Mediation das Gespräch abbrechen!

2. Übung: Offene Fragen klären

Fragen, die an dieser Stelle noch offen sind, sollten in Ruhe beantwortet wer-
den.
Durchführung:
- Offene Fragen, die in den vorangegangenen Einheiten auf Karten geschrie-
ben wurden, werden auf einem Plakat aufgehängt.
- Weitere offene Fragen werden in der Großgruppe gesammelt und dazu-
gehängt.
- Die Fragen werden sortiert und nacheinander besprochen. Schwierige Fra-
gestellungen können auch von den Schülerinnen in Kleingruppen beant-
wortet werden.
Material: Plakat, Karten, Stifte
Zeit: 15–45 Minuten

3. Übung: Das Training abschließen

Für die Seminarauswertung bieten sich unterschiedliche Methoden an, je nachdem, wie intensiv die Rückmeldungen der Jugendlichen sein sollen.

Fragebogen „Give me five"

Auf die Fragebögen wird eine Hand mit fünf Fingern gemalt. Jeder Finger steht für eine Aussage:

- Daumen: „Hat mir gut gefallen"
- Zeigefinger: „Da ist mir ein Licht aufgegangen"
- Mittelfinger: „Hat mir nichts gebracht. Fand ich blöd."
- Ringfinger: „Wie war die Gruppe?"
- Kleiner Finger: „Was ist zu kurz gekommen?"

Alle Schüler bekommen einen eigenen Fragebogen und füllen ihn aus. Die ausgefüllten Fragebögen werden verdeckt eingesammelt und eventuell für eine Dokumentation von den Leiterinnen anonymisiert aufbereitet.

4. Übergabe der Zertifikate

In einem angemessenen Rahmen werden die Zertifikate (s. Abb. S. 210) verteilt. Statt der Gruppe ihre Urkunden bereits an dieser Stelle auszuhändigen, können sie z. B. auch auf einer Schulveranstaltung durch die Schulleitung überreicht werden. Auf diese Weise wird das Projekt insgesamt aufgewertet.

In jedem Fall sollten die Zertifikate nur das bescheinigen, was die Jugendlichen auch wirklich erlernt haben. Ob dafür eine Prüfung durchgeführt wird, liegt im Ermessen der Leiter. Wenn es sein sollte, dass ein Jugendlicher trotz Ausbildung als Mediator nicht geeignet ist, sollte es ein Einzelgespräch geben, bei dem die Betreuerin und der Jugendliche überlegen, welche Aufgabe besser für ihn geeignet ist. Er sollte dann auch ein anderes Zertifikat erhalten. Häufig erkennen die betroffenen Jugendlichen selbst, dass sie für die Aufgabe als Mediator nicht geeignet sind.

Weitere Schritte: Transfer in den Schulalltag

Am Ende des offiziellen Trainings gibt es immer noch eine Menge Fragen und Organisatorisches zu klären. Im Anschluss an das Training sollte Zeit dafür reserviert und gleichzeitig ein deutlicher Schnitt zwischen Trainingsphase und Beginn der Mediatoren-Tätigkeit gemacht werden. Die dargestellten Übungen sind als Anregungen gedacht, wie die Verankerung der Mediation an der Schule gefördert werden kann. Sie können im Rahmen eines Wochenendseminars durchgeführt werden.

Die Inhalte in dieser Einheit sind zentral für den Bekanntheitsgrad, den das Projekt an der Schule haben wird. Zwei Dinge stehen deshalb im Vordergrund: eine Präsentation in den Klassen planen und üben sowie die Öffentlichkeitsarbeit an der Schule und im Stadtteil insgesamt. Außerdem werden in diesen Sitzungen organisatorische Absprachen getroffen.

Zertifikat

Die Schülerin / der Schüler

_____

hat in der Zeit von _____ bis _____
an der Ausbildung zur/zum Mediatorin/Mediator teilgenommen und ist
befähigt, bei Streitigkeiten zwischen Mitschülern zu vermitteln.

In der Ausbildung hat sie/er folgende soziale Fähigkeiten erlernt:

- _____

- _____

- _____

- _____

_____
Datum

_____   _____
Unterschrift Schulleitung   Unterschrift Ausbildungsleitung

---

1. Übung: Präsentation des Projektes in der Schule vorbereiten

In der Großgruppe sammeln:

Was können wir tun, um das Mediationsprojekt an der Schule bekannt zu
machen?

(Beispiele)
- Einen „originellen" Namen für die Gruppe ausdenken
- Flugblätter schreiben
- Plakate malen
- Fotostory „Mediation" in der Schülerzeitung veröffentlichen
- Artikel in der Schülerzeitung
- Klassensprecher als Multiplikatoren einsetzen
- Die Teilnahme am Projekt als Mediator/in könnte auch durch die Erwähnung im Zeugnis „aufgewertet" werden

- Vorstellung in den Klassen (z. B. durch kurze Rollenspiele und Vorstellung der Gruppe, ihrer Aufgaben, wo und wie sie zu erreichen sind)
- Einen Videofilm drehen und in den Klassen zeigen und besprechen
- Vorstellung auf Schulveranstaltungen und in (Schüler-) Gremien
- Vorstellung auf einer Lehrerkonferenz
- Artikel in einer Stadtteilzeitung veröffentlichen
- Internet-Präsentation für das Projekt erstellen
- Eltern/Elternvertreter über den Start des Projektes informieren

2. Übung: Kreatives Arbeiten

Mit den Schülerinnen die Punkte aus der obigen Übersicht auswählen, die sie am wirkungsvollsten finden und zu deren Umsetzung sie am meisten Lust haben. Gemeinsam werden die Aktionen vorbereitet und ausgeführt.

3. Übung: Rollenspiel-Präsentation für die Vorstellung in den Klassen

Eine mögliche Form der Präsentation ist eine Rollenspiel-Präsentation der Mediatorinnen. Dabei werden drei Szenen dargestellt, in denen sich zwei Schüler streiten. Zwei Mediatorinnen spielen die Streitenden, zwei weitere die jeweiligen Konflikthelfer (vgl. 4. Einheit). Dazu eignen sich auch gut reale Konflikte aus der Erfahrungswelt der Jugendlichen. Die Klassenlehrkräfte oder Betreuerinnen werten mit der Klasse aus, worin sich die Szenen unterscheiden.
Material: Rollenspielanweisungen

4. Übung: Organisatorische Absprachen treffen

Organisatorische Absprachen
- Termine für die Vorstellung in den Klassen vereinbaren
- Wie werden die Fälle an euch herangetragen?
- Planung der Mediationssitzungen (Ort, Zeit, Dauer)
- Raum einrichten
- Wann darf eine Mediationssitzung auch in die Unterrichtszeit gehen?
- Wann finden die nächsten Treffen statt? Auf Verbindlichkeit achten.

Hinweise zur Durchführung der Mediations-Rollenspiele

Die Mediations-Rollenspiele sind ein zentraler Bestandteil des Trainings. Hier erfahren die Jugendlichen die Hürden und Stolpersteine, aber auch die Möglichkeiten und Wirksamkeit der Methode Mediation „live". Sie sind sozusagen „Generalproben", die den Schülerinnen ihre Fähigkeiten aufzeigen sollen, solange noch niemand wirklich betroffen ist. Gleichwohl bekommt man schon einen recht guten Eindruck vom komplexen und manchmal unvorhersehbaren Zusammenspiel der Akteure. Je intensiver und ernsthafter diese Auftritte geprobt werden, desto sicherer fühlen sich die zukünftigen Mediatoren in ihrer „Premiere" ...

Die Anleitung eines Mediations-Rollenspiels besteht aus drei Phasen:

1. Einweisung

- Kleingruppen mit vier bis fünf Personen bilden. Damit sich die Gruppe besser kennen lernt, ist es hilfreich, die Schüler zu Beginn der Ausbildung einzuteilen. Aufgabe ist es, eine Mediation durchzuführen.
- Einigen: Wer ist zuerst Mediator? Wer Konfliktpartei? Wer beobachtet?
- Eine Leiterin weist die „Mediatoren" ein und hilft ihnen beim Aufbau der Tische usw.
- Die andere Leiterin verteilt die Rollenanweisungen an die Streitpartner.
- Die Beobachterinnen werden eingewiesen und erhalten eine „Checkliste" in die sie ihre Eindrücke während des Rollenspiels eintragen:

Checkliste für Beobachter

Zu den Streitenden

1. Haben die Streitenden gut zusammengearbeitet? Wenn nicht, was hat sie daran gehindert?
2. Hattest du den Eindruck, dass die Streitenden offen und ehrlich gewesen sind?
3. Haben die Streitenden sich gegenseitig zugehört? Wenn nicht, woran lag das?

Zu den Mediatoren

4. Haben die Mediatoren mit ihrer Körperhaltung Interesse für beide Streitenden gezeigt? Oder nur für eine Seite?
5. Haben die Mediatoren das Gespräch durch alle fünf Phasen geleitet? Was ist dir in den einzelnen Phasen aufgefallen?
   1. Phase: Einleitung
   2. Phase: Sichtweisen nacheinander klären
   3. Phase: Konflikt erhellen
   4. Phase: Lösungsideen sammeln
   5. Phase:Einigung und Abschluss
6. Was ist dir noch am Verhalten der Mediatoren aufgefallen?

2. Mediation durchführen

Die Leiterinnen sollten bei den Arbeitsgruppen hospitieren, also dabeisitzen und zuschauen. Allerdings sollten sie nicht zu früh eingreifen, wenn es mal nicht so gut läuft, sondern den Jugendlichen die Möglichkeit geben, selbst mit Schwierigkeiten fertig zu werden. Eine simulierte Mediation dauert in den meisten Fällen zwischen 15 und 30 Minuten.

3. Mediation auswerten
Auswertung der Mediations-Rollenspiele in den Kleingruppen:
1. Bericht der Mediatoren: Was ist mir gut gelungen? Wo war ich unsicher?
2. Bericht der „Streitenden": Wie ging es mir zum Schluss in der Rolle? Welche Fragen haben mir weitergeholfen? An welcher Stelle hätten die Mediatorinnen mehr nachhaken oder mich mehr unterstützen sollen?
3. Feedback der Beobachter (Ergänzungen)
4. Entlassung aus den Rollen! Namensschilder abnehmen, die Rolle „abschütteln", aufstehen, Plätze wechseln; die Beobachterin sagt: „Du bist jetzt nicht mehr ... (Rolle), sondern wieder du selbst."
5. Schwierigkeiten sammeln: „Wie kann man als Mediator ... ohne zu ...?" Stichworte auf Karten schreiben!
Dauer: 15 Minuten

Auswertung in der Großgruppe

- Auf einem Plakat sammeln: „Was war schwierig?"
- Themen kurz gewichten, in eine Rangfolge bringen
- Themen, die schnell beantwortet werden können, schnell beantworten
- Themen, die sehr allgemein oder noch zu schwierig sind, notieren und eventuell am Ende der Ausbildung bearbeiten (Einheit „Kritische Situationen")
- Alle anderen Themen bearbeiten. Dazu eignet sich, neben einem einfachen Brainstorming, ein „actstorming". Das heißt, die Fragestellung (z. B. „Was machen die Mediatoren, wenn die Streitenden die Mediation nicht ernst nehmen?") wird ebenfalls im Rollenspiel bearbeitet. Die Rollenspieler der Kleingruppe, die diese Frage eingebracht hat, spielt die betreffende Szene noch einmal vor, bis das Problem sichtbar wird. Dann wird die Szene angehalten und alle anderen Tandems kommen an die Reihe und probieren eine eigene Intervention aus. Die Leiterinnen schreiben alle Versuche auf einem Flipchart mit. Anschließend werden die Streitenden gefragt, welche Intervention aus ihrer Sicht am sinnvollsten war. Danach kann in der Großgruppe diskutiert werden.
- Eventuell ein weiteres Mediations-Rollenspiel mit anderen Rollenbesetzungen durchführen
Zeit: pro Mediations-Rollenspiel mit Auswertungen ca. 60–90 Minuten

Konfliktfälle für Rollenspiele

Fall 1:

Situation: Zwei Schüler haben einen Konflikt, weil einer von ihnen sich dauernd in der Warteschlange in der Cafeteria vordrängelt. Einer von ihnen hat eine Peer-Mediation vorgeschlagen.

Tufans Position: Jeden Tag drängelt sich Frank in der Schlange in der Cafeteria vor. Die Schlange ist sehr lang, aber Vordrängeln ist verboten, jeder muss warten, bis er an der Reihe ist. Du hast in der letzten Woche schon der Aufsicht in der Cafeteria erzählt, dass Frank sich nicht daran hält, aber nichts hat sich geändert. Du bist sauer, weil Frank immer noch vordrängelt.

Hintergrundinformation: Du glaubst, Frank ist ein Schläger, aber du hast keine Angst, dein Problem anzusprechen, weil er eine klare Schulregel gebrochen hat und du sicher bist, dass dich die Lehrer in dieser Sache unterstützen werden.

Franks Position: Du hast regelmäßig Magenprobleme, deshalb brauchst du längere Zeit zum Essen. Jeden Tag hält dir ein Freund einen Platz in der Schlange in der Cafeteria frei, damit du schneller dran bist. Tufan erzählt nun überall herum, dass du dich immer vordrängelst. Dabei ist das notwendig für dich, weil du halt mehr Zeit zum Essen brauchst.

Hintergrundinformation: Du glaubst, dass Tufan ein großes Maul hat und immer seine Nase in fremder Leute Angelegenheit steckt. Deine Mutter glaubt, du hast vielleicht ein Magengeschwür, und hat dich zu einer Untersuchung bei einem Arzt angemeldet.

Fall 2:

Situation: Zwei Schüler hatten eine lautstarke Auseinandersetzung in der Klasse. Ein Lehrer hat ihnen eine Mediation vorgeschlagen.

Tobias' Position: Yunus, ein Schüler in deinem Mathekurs, ärgert dich immer. Heute hat Yunus gegen deinen Tisch getreten und deine Bücher auf den Boden gestoßen. Inzwischen bist du schon so sauer, dass du dich mit ihm schlagen würdest.

Hintergrundinformation: Der Mathekurs ist schwer für dich und du hast das Gefühl, dass die Leute in dem Kurs dich niedermachen wollen.

Yunus' Position: Du glaubst, dass Tobias immer nur blöde Fragen stellt, die den Unterricht ständig unterbrechen. Die ganze Klasse sitzt dann gelangweilt herum, während der Lehrer Tobias' dumme Fragen beantwortet.

Hintergrundinformation: Du glaubst, Tobias sollte in einem anderen Mathekurs sein. Du hast nicht viel Geduld mit Leuten, die du für dumm hältst.

Fall 3:

Situation: Zwei Schülerinnen sind sehr sauer aufeinander wegen eines verlorenen Bücherei-Buches. Eine von ihnen hat eine Mediation vorgeschlagen.

Annikas Position: Du und Ines streitet euch wegen eines verlorenen Buches aus der Bücherei. Ihr habt gemeinsam an einem Aufsatz gearbeitet und Ines hat sich das Buch von dir ausgeliehen und es nie zurückgegeben. Deshalb wurde die Leihfrist in der Bücherei überschritten. Wenn du das Buch nicht findest, musst du dafür bezahlen.

Hintergrundinformation: Du hast nicht das Geld, um das Buch zu bezahlen. Du hast die meiste Arbeit in den Aufsatz gesteckt. Ines war eine gute Freundin.

Ines' Position: Annika sagt, du hast das Buch aus der Bücherei verloren. Aber du bist dir sicher, dass du es ihr zurückgegeben hast, bevor die Leihfrist ablief. Du hast das Gefühl, als wollte sie nur dir die Schuld zuschieben.

Hintergrundinformation: Annika ist eine gute Freundin. Du hast schon öfter Dinge verloren oder vergessen und du arbeitest nicht sonderlich hart für die Schule. Aber auf jeden Fall bist du dir sicher, dass es nicht deine Schuld ist, dass das Buch weg ist.

Fall 4:

Situation: Zwei Schüler streiten sich miteinander und sind bereit sich, zu prügeln. Ein Lehrer schlägt eine Mediation vor.

Hennings Position: Du bist an dieser Schule neu. In den letzten Monaten hat Christoph immer wieder Gerüchte über dich verbreitet und dir einen schlechten Ruf verpasst. Gestern hat er dich in der Pausenhalle angerempelt und wollte sich mit dir prügeln.

Hintergrundinformation: Du vermisst deine alten Freunde und willst gerne in der neuen Schule neue Freunde finden.

Christophs Position: Du bist sauer auf Henning, weil er als Neuer in die Schule kam und dir all deine Freunde weggenommen hat. Wenn das weiterhin seine Absicht ist, wird er Schwierigkeiten mit dir bekommen.

Hintergrundinformationen: Du bist der Anführer einer großen Gruppe von Schülern. Du hast viel Einfluss, so dass du entscheiden kannst, ob ein neuer Schüler von den anderen akzeptiert oder zurückgewiesen wird.

Fall 5:

Situation: Eine Schülerin hat einen Schüler „Alkoholiker" genannt und die Aufsicht in der Cafeteria hat beiden eine Mediation vorgeschlagen.

Pinas Position: Du hast ganz friedlich in der Cafeteria gesessen, als Jörn hereinkam und anfing herumzuschreien, dass du allen erzählt hättest, er wäre ein Alkoholiker.

Hintergrundinformation: Du weißt, dass Jörn fast jedes Wochenende betrunken ist, und du hast einem Freund gegenüber erwähnt, dass du glaubst, er brauche professionelle Hilfe. Du magst ihn nämlich ganz gern und würdest gern mit ihm befreundet sein.

Jörns Position: Du gehst gern auf Partys, aber du glaubst nicht, dass du ein Problem mit zu viel Alkohol hast. Zwei Leute haben dich heute einen Trinker genannt und da bist du ziemlich sauer geworden. Dabei glaubst du, dass Pina sogar mehr trinkt als du.

Hintergrundinformation: Einer aus deiner Familie ist ein Alkoholiker und du bist sehr empfindlich, wenn dich jemand Trinker nennt.

Fall 6:

Martin: Ich bin nicht sehr gut beim Fußball, aber ich spiele trotzdem gerne mit. Meistens bin ich einer der Letzten, der für eine Mannschaft ausgewählt wird, und die anderen ärgern mich ab und zu.

Peter ist ein Freund von mir, er ist viel sportlicher als ich. Wir gehen in eine Klasse und albern viel zusammen rum.

Vor kurzem habe ich eine neue Sporthose von meinen Eltern bekommen. Als wir gestern Fußball gespielt haben, kam dieser Ali aus der anderen Klasse und ist da draufgetreten. Zuerst wurde ich total sauer, aber dann habe ich gemerkt, dass es nur aus Versehen war, und Ali hat gesagt, dass es ihm Leid tut.

Auf einmal fingen alle anderen an, über meine neue Hose zu laufen, und sie haben gelacht und „Uuuuups!" gesagt. Ich stand daneben und wusste nicht, was ich machen sollte. Ich war wütend, habe mich aber nicht gewehrt, weil ich Angst hatte. Besonders sauer war ich auf Peter, er hat nämlich mitgemacht!

Als wir später im Matheunterricht waren und Peter kurz rausgegangen ist, habe ich mir seinen Kuli genommen – ein guter Kuli mit verschiedenen Farben – und habe ihn zertreten. Uuuuups!

Als Peter zurückkam und gesehen hat, dass sein Stift kaputt war, ist er total sauer geworden. Dirk hat auf mich gezeigt und gesagt, dass ich es war (er muss das gesehen haben). Jetzt bedroht Peter mich, er hat gesagt, er macht mich fertig.

Dass Peter mitgemacht hat, als die anderen mich gedemütigt haben, hat mich verletzt. Ich möchte gerne weiter mit Peter befreundet sein. Wenn er sich entschuldigt, bin ich auch bereit, ihm den Stift zu ersetzen.

Peter: Martin und ich sind gute Freunde. Wir gehen zusammen in eine Klasse und haben viel Spaß zusammen. Er ist nicht sehr sportlich und die anderen Jungen ärgern ihn oft, aber ich mag ihn.

Heute bin ich kurz aus der Klasse gegangen, weil ich zur Toilette musste. Als ich wiederkam, war mein neuer Kuli kaputt. Der Stift war mir sehr wichtig, weil ich gerne male und der Stift vier Farben hatte. Es sah aus, als wenn jemand draufgetreten war. Dirk, einer aus unserer Klasse, hat gesagt, dass Martin es war.

Ich war so sauer, dass ich gleich zu Martin ging und ihm gedroht habe, er soll mir den Stift ersetzen, sonst gibt es echten Ärger.

Heute Morgen nach dem Fußballspiel sind alle auf Martins Sporthose rumgetrampelt. Ich habe mitgemacht, weil ich mir in dem Moment nichts dabei gedacht habe. Hinterher tat es mir Leid, aber das habe ich ihm nicht gesagt. Vielleicht war Martin deswegen so sauer, dass er meinen Kuli kaputt gemacht hat.

Er hätte aber nicht meinen Stift kaputt machen sollen. Ich bin echt sauer. Der Stift hat 15 Euro gekostet und war ein Geschenk von meiner Oma.

Ich bin zur Mediation gekommen, weil ich möchte, dass Martin mir den Stift ersetzt. Ich möchte gerne weiter mit Martin befreundet sein. Es tut mir Leid, dass ich auf seiner Hose rumgetrampelt bin.

Fall 7:

Hanna: Mareike und ich sind seit längerer Zeit gut befreundet. Vorgestern waren wir in einem Kaufhaus und haben uns ein bisschen umgesehen. Wir gehen da öfter hin, um CDs anzuhören oder Klamotten anzuprobieren. Meistens kaufen wir nichts, weil das meiste zu teuer ist.

Auf jeden Fall haben wir uns vorgestern CDs angehört und fanden beide die neue von ... total gut. Leider hatten wir nicht genug Geld dabei. Mareike hat dann aus Spaß gesagt, wir können sie ja klauen.

Wir haben uns dann noch ein paar andere CDs angehört, aber die gefielen uns nicht so gut. Dann ist mir plötzlich aufgefallen, dass bei einer CD, die ich gerne haben wollte, das Sicherheitssiegel zerbrochen war. Ich habe Mareike das gezeigt und wir haben darüber gesprochen, dass wir die CD einfach mitnehmen können, weil ja kein Alarm ausgelöst wird. Mareike hatte eine große Handtasche dabei, deshalb habe ich die CD da reingetan.

Wir sind dann ziemlich schnell raus aus der CD-Abteilung und wollten auf den Ausgang zulaufen. Plötzlich ist der Alarm doch losgegangen! Ich habe mich total erschreckt und bin einfach losgelaufen, raus aus dem Kaufhaus. Was hätte ich denn sonst tun sollen?

Na ja, und dann haben sie Mareike gekriegt. Sie haben sie mitgenommen, die CD bei ihr gefunden und eine halbe Stunde lang verhört. Dann ist die Polizei gekommen und hat sie nach Hause gebracht.

Das tut mir natürlich Leid, dass sie dafür jetzt eine Anzeige und natürlich auch Ärger mit ihren Eltern gekriegt hat. Aber was soll ich denn machen?! Ich kann doch nicht zur Polizei gehen und sagen, dass ich die CD in ihre Tasche getan habe, dann kriege ich auch eine Anzeige. Davon hat sie auch nichts.

Ich möchte, dass Mareike versteht, dass es mir echt Leid tut und dass ich trotzdem weiterhin ihre Freundin bleiben möchte. Aber ich habe total Angst, zur Polizei zu gehen.

Mareike: Hanna und ich sind seit längerer Zeit gut befreundet. Vorgestern waren wir in einem Kaufhaus und haben uns ein bisschen umgesehen. Wir gehen da öfter hin, um CDs anzuhören oder Klamotten anzuprobieren. Meistens kaufen wir nichts, weil das meiste zu teuer ist. Auf jeden Fall haben wir uns vorgestern CDs angehört und fanden beide die neue von ... total gut. Leider hatten wir nicht genug Geld dabei. Ich habe dann aus Spaß gesagt, wir können sie ja klauen. Das war doch nur Spaß! Ich habe damit nicht gemeint, dass Hanna die CD wirklich klauen soll. Ich bin nämlich mit 13 schon einmal beim Ladendiebstahl erwischt worden. Damals wurde ich nicht angezeigt, aber es gab richtig Ärger mit meiner Mutter.

Dann ist Hanna plötzlich aufgefallen, dass bei einer CD, die sie gerne haben wollte, das Sicherheitssiegel zerbrochen war. Sie hat mir das gezeigt und wir haben darüber gesprochen, dass wir die CD einfach mitnehmen können, weil ja kein Alarm ausgelöst wird. Auf jeden Fall hat Hanna die CD einfach in meine Handtasche getan (weil die so schön groß ist), hat mich an die Hand genommen und aus der CD-Abteilung gezogen. Ich habe ihr gesagt, dass ich das nicht will, aber sie hat gesagt, dass nichts passieren kann. Natürlich ist der Alarm doch losgegangen! Und was macht Hanna?! Haut einfach ab und lässt mich alleine mit diesen Sicherheitssheriffs! Das waren die schlimmsten Stunden meines Lebens! Die haben mich über eine Dreiviertelstunde verhört und gesagt, dass ich dafür vorbestraft werde usw. Ich habe immer gesagt, dass ich nicht weiß, wie die CD in meine Tasche gekommen ist und dass ich das andere Mädchen, das weggelaufen ist, nicht kenne. Ich habe Mareike also noch geschützt!

Nicht nur, dass sie die CD geklaut und mir nicht geholfen hat. Jetzt will sie mich auch noch im Stich lassen, wenn es darum geht, der Polizei zu erzählen, wie es wirklich gewesen ist. Ich bin total enttäuscht! Ich dachte, sie wäre meine Freundin!

Ich möchte, dass Mareike mit mir zur Polizei geht und zugibt, dass sie die CD in meine Handtasche getan hat und dass ich nicht klauen wollte, damit die Anzeige zurückgezogen wird. Wenn sie das nicht macht, kann sie sich gleich eine neue Freundin suchen. Und selbst, wenn sie mit mir zur Polizei geht: Ich bin total enttäuscht. Meine Freundin klaut, rennt weg, wenn es gefährlich wird, lässt mich im Stich und will mir nicht helfen. Was versteht sie denn unter Freundschaft???

Fall 8:

Maisoun: Alexandra und ich sind seit langem befreundet. Wir sind zusammen zur Grundschule gegangen und haben nahe beieinander gewohnt, so dass wir viel gemeinsam unternommen haben. In der letzten Zeit lief es nicht mehr so gut zwischen uns. Ich habe seit über zwei Monaten nicht mehr mit ihr gesprochen. Früher mochte ich sie wirklich gerne.

In der letzten Zeit hat sie mehr mit anderen Mädchen gemacht, mit denen ich nicht so viel anfangen kann. Die sind immer total cool, finden sich ganz toll, weil sie rauchen, kaufen sich ständig neue Klamotten und benehmen sich anderen gegenüber manchmal echt unfair. Sie lästern über andere und lachen auch mal Leute aus, wenn die nicht so „toll" sind wie sie.

Ich verstehe nicht, warum es nicht so sein kann wie früher. Wir haben uns alles erzählt und haben viel verrückte Sachen gemacht und viel gelacht.

Neulich habe ich sie angesprochen, als sie gerade mit ihrer Clique auf dem Schulhof stand, und sie gefragt, ob wir nicht mal wieder etwas zusammen unternehmen können. Die anderen fingen an, mich total blöd anzumachen, und haben so etwas gesagt wie: „Oh nein, die schon wieder!" Das hat mich ziemlich sauer gemacht. Als dann aber noch Alexandra anfing, mich lächerlich zu machen, nach dem Motto: „Du bist noch zu klein und blöd, um mit mir etwas machen zu dürfen", war ich den Tränen nahe. Das hat mich sehr verletzt. Aber das wollte ich den anderen nicht zeigen. Ich war so wütend und konnte mich nicht mehr beherrschen, dass ich Alexandra eine Ohrfeige gegeben und gesagt habe, sie sei eine fiese Sau. Danach haben wir gerangelt, bis jemand kam und uns trennte. Die Rangelei fand ich zwar doof und unnötig, aber schlimmer noch empfinde ich die Verletzung, die Alexandra mir mit Worten angetan hat.

Zu den Konflikt-Vermittlern bin ich gekommen, weil ich hoffe, dadurch Alexandra wieder für mich gewinnen zu können. Wenn sie mich zu sehr angreift, erzähle ich vielleicht auch etwas von dem, was in mir vorgeht.

Ich finde, dass Alexandra sich verändert hat, und zwar zum Schlechten hin. Früher war sie viel offener und ich glaube, dass sie jetzt unglücklicher ist als früher. Ich will ihr doch helfen.

Ein bisschen neidisch bin ich aber auch. Es macht den Eindruck, als wenn die Clique viele interessante und aufregende Sachen macht. Ich habe im Moment niemanden, mit dem ich das machen kann, und manchmal wünsche ich mir, ich wäre auch in so einer Clique. Aber nicht in der von Alex, die sind mir zu arrogant.

Alexandra: Maysoun und ich sind seit langem befreundet. Wir sind zusammen zur Grundschule gegangen und früher haben wir viel gemeinsam unternommen.

Jetzt bin ich mehr mit den Mädchen aus meiner Clique zusammen, mit denen ich viele aufregende Dinge unternehme. Wir gehen neue Klamotten kaufen, mit Jungs aus oder einfach nur so durch die Stadt bummeln. Wir haben viel Spaß miteinander und wir lästern gerne darüber, wie merkwürdig andere Leute rumlaufen oder sich benehmen.

Neulich standen wir zusammen auf dem Schulhof, als Maysoun angeschlichen kam und sich lächerlich gemacht hat, indem sie mich mit ihrer schüchternen Babystimme gefragt hat: „Du, Alexandra, wann machen mir mal wieder was?" Das war mir total peinlich. Ich bin doch kein Kind mehr. Die anderen haben angefangen, sich über sie lustig zu machen, und ich habe gesagt, sie soll abhauen und mich in Ruhe lassen mit ihrem Gequake. Da ist sie ausgeflippt und hat mir eine gescheuert. Einfach so, aus heiterem Himmel. Das wollte ich mir nicht bieten lassen und ich habe mich gewehrt. Wir haben so lange gerangelt, bis jemand kam und uns trennte.

Ich möchte, dass Maysoun sich bei mir für die Ohrfeige entschuldigt und dass sie mich in Zukunft nicht mit ihrem Gejammer nervt. Wenn sie versteht, dass ich zur Zeit andere Interessen als früher habe, kann ich auch versuchen, mich ihr gegenüber netter zu verhalten.

Maysoun ist einfach nicht so weit wie ich. Ich habe jetzt andere Interessen als früher, das scheint sie nicht zu verstehen. Pferde und einfach so treffen und reden ist out. Schöne Klamotten und mit Jungen ausgehen ist in. Ich fühle mich erwachsener und genieße diese Zeit mit meinen Mädels.

Auf der anderen Seite vermisse ich den ehrlichen und unkomplizierten Umgang mit Maysoun. Wir waren sehr gute Freundinnen und haben uns alles erzählt. Ich möchte nicht, dass sie verletzt ist, aber sie ist manchmal so naiv, da muss sie sich nicht wundern.

Ich kann mir vorstellen, dass wir irgendwann wieder mehr miteinander zu tun haben. Zurzeit geht das aber nicht.

Anhang

Literatur

Akademie für Lehrerfortbildung und Personalführung Dillingen/Aktion Jugendschutz/ Landesarbeitsstelle Bayern e.v.: Wenn sich zwei streiten ... Jugendliche vermitteln bei Konflikten. Dillingen 2000

Bateson, Gregory: Ökologie des Geistes. Frankfurt/M. 1996

Besemer, Christoph: Mediation. Vermittlung in Konflikten. Stiftung gewaltfreies Leben/ Werkstatt für gewaltfreie Aktion, Königsfeld 1993

Besemer, Christoph: Mediation in der Praxis. Erfahrungen aus den USA. Werkstatt für gewaltfreie Aktion, Königsfeld 1996

Böttger, Gudrun/Reich, Angelika: Soziale Kompetenz und Kreativität fördern. Spiele und Übungen für die Sekundarstufe I. Berlin 1998

Bründel, Heidrun/Amhoff, Birgit/Deister, Christiane: Schlichter-Schulung in der Schule. Eine Praxisanleitung für den Unterricht. Dortmund 1999

Bush, Robert A./Baruch, Joseph P. Folger: The Promise of Mediation. Responding to Conflict Through Empowerment and Recognition. San Francisco 1994

Cohen, Richard: Students Resolving Conflict. Peer Mediation in Schools. Glenview 1995

Dalin, Per/Rolff, Hans G./Buchen, Herbert: Institutioneller Schulentwicklungsprozess, Soest 1995

Dölling, Dieter u.a.: Täter-Opfer-Ausgleich in Deutschland. Bestandsaufnahme und Perspektiven. Godesberg 1998

Dulabaum, Nina L.: Mediation: Das ABC. Die Kunst, in Konflikten erfolgreich zu vermitteln. Weinheim und Basel 1998

Edelmann, Dee u.a.: Tribe Teachers Guide. Asheville, NC 1996

Ende, Michael: Momo, Stuttgart 1973

Faller, Kurt/Kerntke, Wilfried/Wackmann, Maria: Konflikte selber lösen. Mediation für Schule und Jugendarbeit. Mühlheim/Ruhr 1996

Faller, Kurt: Mediation in der pädagogischen Arbeit. Ein Handbuch für Kindergarten, Schule und Jugendarbeit. Mühlheim/Ruhr 1998

Glasl, Friedrich: Konfliktmanagement. Ein Handbuch für Führungskräfte und Berater. Bern/Stuttgart 1990

Glasl, Friedrich: Selbsthilfe in Konflikten. Konzepte – Übungen – Praktische Methoden. Stuttgart/Bern 1998

Goldstein, Arnold P./Apter, Steven I./Haroofunian, Berj: School Violence. New Jersey 1984

Hagedorn, Ortrud: Vom Ich-Heft zur bewussten Selbststeuerung – Gefühle ausdrücken, erkennen, mitfühlen – Hilfe anbieten, annehmen, herbeiholen. Reihe Konstruktiv Handeln. BIL Berlin 1994

Hagedorn, Ortrud: Konfliktlotsen. Lehrer und Schüler lernen die Vermittlung im Konflikt. Stuttgart 1995

Hagedorn, Ortrud: Schulmediation mit Konfliktlotsen, III. Potsdamer Kolloquium, GpK, Potsdam 1997

Hagedorn, Ortrud: Hilfe bei gewalttätigen Konfliktaustragungen in der Schule. In: Sörensen, Bernd (Hrsg.): Bevor Kinder zu „Fällen" werden. Seelze-Velber 1997, S. 67–78

Hagedorn, Ortrud/AG Gewaltfreie Schulkultur: Von Fall zu Fall. Pädagogische Methoden zur Gewaltminderung. Berliner Institut für Lehrerfort- und -weiterbildung und Schulentwicklung 2000

Hauk, Diemut: Streitschlichtung in Schule und Jugendarbeit. Das Trainingshandbuch für Mediationsausbildung. Mainz 2000

Hensel, Rolf: Schule und Gewalt. Gutachten der Arbeitsgruppe Schule der Unabhängigen Kommission zur Verhinderung und Bekämpfung von Gewalt in Berlin, Berlin 1994

Horstink, Han: Gewaltfreier Widerstand gegen Kriminalität, unveröff. MS, BIL, Berlin 1992

Jeffreys, Karin/Noack, Ute: Förderung von Konfliktfähigkeit. Ein Programm für die Klassen 1–8. In: Informationen zur Schulberatung, Landesinstitut für Schule und Weiterbildung Soest, Heft 17/1993

Jeffreys, Karin/Noack, Ute: Das Schüler-Streit-Schlichter-Programm. In: Informationen zur Schulberatung, Landesinstitut für Schule und Weiterbildung Soest, Heft 18/1993

Jefferys, Karin/Noack, Ute: Streiten – Vermitteln – Lösen. Lichtenau 1995

Jones, Tricia S.: Research Supports Effectiveness of Peer Mediation. In: The Fourth R. Conflict Resolution Education Network/National Institute for Dispute Resolution, Volume 82, March/April 1998, S. 1 ff.

Jones, T./ Kmitta D./ Vesgo B.: An Abbreviated Report of the Comprehensive Peer Mediation Evaluation Project. Paper Presented at the American Educational Research Association, San Diego 1998

Karakus, Muradiye: Wie können Jugendliche Konflikte konstruktiv bearbeiten. Materialien „Beratung und Training", FB Psychologie, Universität Hamburg, Band 23, 2000

Kasper, Horst: Mobbing in der Schule. Probleme annehmen, Konflikte lösen. Lichtenau 1998

Korn, Judy/Thomas Mücke: Gewalt im Griff. Band 2: Deeskalations- und Mediationstraining. Weinheim und Basel 2000

Krappmann, L./Oswald, H.: Schulisches Lernen in Interaktion mit Gleichaltrigen, Zeitschrift für Pädagogik, Heft 3/1985

Lay, Conrad: „Mit denen setze ich mich nicht an einen Tisch". Konfliktvermittlung im Stadtteil. In: Sozialmagazin Heft 1, 24. Jahrgang, Januar 1999, S. 33–34

Leiß, Margit/Kaeding, Peer: Peer-Mediation an Schulen. Ein Trainingsprogramm. Hamburg 1997

Limmer, Christa/Becker, Dieter/Riebl, Andreas: 88 Impulse zur Gewaltprävention. Landesinstitut für Praxis und Theorie der Schule, Krohnshagen bei Kiel 1995

Lünse, Dieter/Rohwedder, Jörg/Baisch, Volker: Zivilcourage – Anleitung zum kreativen Umgang mit Konflikten und Gewalt. Münster 1995

Maroshek-Klarman, Uki: Miteinander – Erziehung zur Demokratie, Jerusalem 1996

Metzger, Tilman: Gemeinwesenorientierte Mediation als Form der Friedensarbeit. In: Friese/Fricke (Hrsg.): Die Wahrheit einer Absicht ist die Tat. Friedensfachdienste für den Süden und den Norden, Idstein 1997, S. 185–192

Metzger, Tilman: Mediation im Nachbar-, Miet- und Verbraucherrecht. In: Breidenbach/Henssler (Hrsg.): Mediation für Juristen. Köln 1997, S. 183–194

Metzger, Tilman: Gemeinwesenmediation. BürgerInnen setzen sich für eine zivile Streitkultur ein. In: Dokumentation der DFV-Fachtagung „Mediation in der Familienbildung" am 18.11.1999, Magdeburg. Deutscher Familienverband Sachsen-Anhalt, S. 32–36

Mickley, Angela: Mediation in Schulen: Respekt für die Streitenden in der Konfliktbearbeitung. In: Spreiter, Michael (Hg.): Waffenstillstand im Klassenzimmer. Weinheim und Basel 1993, S. 252–279

Müller, Bernd: Berühren, Kooperieren, Kämpfen, BIL Berlin 1994

PZ-Information 14/97: Streitschlichtung durch Schülerinnen und Schüler. Schüler regeln untereinander gewaltfrei und selbstverantwortlich ihren Streit. Pädagogisches Zentrum Rheinland-Pfalz 1997

Rademacher, Helmolt: Konfliktbearbeitung in der Klasse/Der Lehrer als Mediator. In Faller (Hrsg.) 1998, S. 89–94

Redlich, Alexander: KonfliktModeration. Handlungsstrategien für alle, die mit Gruppen arbeiten, Hamburg 1997

Schley, Wilfried: Organisationsentwicklung an Schulen: Das Hamburger Modell. In: Greber: Auf dem Weg zur „guten Schule", Weinheim und Basel 1991

Schwarzhans, Fraucke/Hauck, Tim: Streittraining – faires Streiten lernen in der Grundschule. Materialien „Beratung und Training", FB Psychologie, Universität Hamburg, Band 27/2000

Schwind, Hans-Dieter u.a. (Hrsg.): Ursachen, Prävention und Kontrolle von Gewalt. Analysen und Vorschläge der Unabhängigen Regierungskommission zur Verhinderung und Bekämpfung von Gewalt (Gewaltkommission). Berlin 1990

Singer, Kurt: Zivilcourage wagen, München 1997

Tillmann, Klaus-Jürgen: Gewalt in der Schule – Situationsanalyse und Handlungsperspektiven. In: Neue Sammlung 2/1995, S. 89–104, 1995 a

Tillmann, Klaus-Jürgen: Gewalt: in der Schule nichts Neues? Überlegungen gegen den Strich. In: Melzer 1995, S. 26–27, 1995 b

Tillmann, Klaus-Jürgen/Holler-Nowitzki, Birgit/Holtappels, Heinz-Günter/Meyer, Ulrich/Popp, Ulrike: Schülergewalt als Schulproblem. Verursachende Bedingungen, Erscheinungsformen und pädagogische Handlungsperspektiven. Weinheim und München 1999

Video „Gewalt hat viele Gesichter" ISBN 3-929061-11-2

Walker, Jamie: Children's Creative Response to Conflict – Ein amerikanischer Ansatz zur Reduzierung gewaltsamer Konfliktaustragung in seiner pädagogischen Bedeutung für Schule und Erwachsenenbildung (unveröff. Diplomarbeit, Freie Universität Berlin 1986)

Walker, Jamie: Gewaltfreiheit im Klassenzimmer. In. päd.extra Heft 10/1986

Walker, Jamie: Heftreihe beim Pädagogischen Zentrum bzw. Berliner Institut für Lehrerfort- und -weiterbildung und Schulentwicklung: Konstruktive Konfliktbehandlung im Klassenzimmer – Heft 1-7, Berlin 1991-1998

Walker, Jamie: Gewaltfreier Umgang mit Konflikten in der Sekundarstufe I, Frankfurt/M. 1995

Watzke, Ed: Äquibrilistischer Tanz zwischen Welten. Neue Methoden professioneller Konfliktmediation. Bonn 1997

Weidner, Jens: Gewalt im Griff. Weinheim und Basel 1997